心智·新思

共享现实

SHARED REALITY

What Makes Us Strong and Tears Us Apart

是什么让我们成为人类

[美] 托里·希金斯 —— 著　　张彦彦 —— 译

E. Tory Higgins

中国人民大学出版社
·北京·

目　录

致　谢

　　如果没有朋友、家人、同事和老师们的帮助和支持，我就难以完成本书的撰写工作，他们为本书的成型做出了许多不同的贡献。首先要感谢的是麦吉尔大学的沃利·兰伯特（Wally Lambert），他向我展示了语言、思维和社会彼此间的影响是多么奇妙。我现在意识到，沃利在双语教育中的开创性视角在于，他认识到学习一门外语并不仅仅是学习新语言的语法或句法，更多是想要与那种新语言所在的社会群体分享情感、思维和关切。本科毕业后，我来到伦敦政治经济学院，在诺曼·霍托普夫（Norman Hotopf）的指导下学习。诺曼对于语言、思维和社会的看法受到了他的博士生导师伯特兰·罗素（Bertrand Russell）以及他的博士后合作导师弗雷德里克·巴特莱特（Frederick Bartlett）的共同影响。尤其是巴特莱特，作为研究共享现实的先驱，他的研究表明，信息在与他人共享的过程中会被修改。在哥伦比亚大学社会心理学系读博士时，我与鲍勃·克劳斯（Bob Krauss）一起工作，他是人际沟通发展研究的开拓者。受到他的研究的启发，我的博士论文考察了人际沟通的发展和社会阶层差异。那是我第一次研究语言、思维和社会的关系。

　　离开哥伦比亚大学以后，我开始更专注于研究语言和思维，而非语言、思维和社会的关系。很久之后我才再次开始严肃地思考"社会"这部分内容。但回顾过去，我意识到我受到了沃利、诺曼和鲍勃的很大影响。我非常感激他们。

我也非常感激杰拉尔德·埃希特霍夫（Gerald Echterhoff）。当我回到哥伦比亚大学当老师时，杰拉尔德是鲍勃·克劳斯的博士后。当时我刚写了一篇论文，综述了我之前关于人际沟通的研究工作，那是我第一次把研究中出现的现象称为"沟通者与听众建立**共享现实**（shared reality）"。杰拉尔德问我是否开展了任何新的研究来检验这个"共享现实"的想法。我告诉他还没有。之后的事大家就都知道了。他与他的研究生［尤其是勒内·科皮茨（René Kopietz）］在十几年间做出的贡献，对于理解人际沟通中共享现实的运作方式至关重要。谢谢你，杰拉尔德。

我还非常感激约翰·莱文（John Levine）。同样，约翰从一开始就对共享现实这个想法非常感兴趣。我们之间有过许多关于共享现实本质的精彩对话。毫不奇怪，鉴于约翰对于社会心理学中群体问题研究的历史性贡献，他将共享现实的重要性从人际沟通层面拓展到社会群体层面。我很幸运有机会与他合作并扩展了共享现实的研究视角。他对我关于共享现实的思考做出了重要的贡献。谢谢你，约翰。

我还需要向一个人表示特别的感谢，那就是马娅·罗西格纳克-米隆（Maya Rossignac-Milon）。几年前马娅决定来哥伦比亚大学读研究生并特别想就共享现实问题与我展开合作研究，这于我而言是十分幸运的事。"世界真小"，马娅以前在麦吉尔大学与唐纳德·泰勒（Donald Taylor）共事，唐纳德与沃利·兰伯特是亲密的同事和合作者。马娅主要关注共享现实和人际交往之间的关系，包括伴侣在建立共享现实后会经历一种"心有灵犀"的状态。多年来通过与马娅对话，我学到了很多。谢谢你，马娅。

关于共享现实，通过与其他学生和同事的许多对话，我也学到了非常多的东西，我无法逐一致谢。但我必须提到下面这些人的名字：詹姆斯·康韦尔（James Cornwell）、贝卡·弗兰克斯（Becca Franks）、奥里耶·克鲁格兰斯基（Arie Kruglanski）、费代丽卡·皮内利（Federica Pinelli）、比亚内·施马尔巴赫（Bjarne Schmalbach），以及雅各布·特罗佩（Yaacov Trope）。我尤为感谢与他们的讨论。他们极大地影响了我关于共享现实的思考。

本书还得益于那些提供了极其有思想和价值的意见与修改建议的人。我尤为感谢以下这些朋友、家人和同事，他们阅读了本书并为本书的每一章提供了建议：凯拉·希金斯（Kayla Higgins）、珍妮弗·乔纳斯（Jennifer Jonas）、菲利普·基切尔（Philip Kitcher）、奥里耶·克鲁格兰斯基、约翰·莱文、比尔·冯·希佩尔（Bill von Hippel），以及罗宾·韦尔斯（Robin Wells）。他们的意见和修改建议极大地提升了本书的质量。我也非常感谢那些在刚开始和后期为我提供支持性和有价值反馈的人：杰拉尔德·埃希特霍夫、马娅·罗西格纳克-米隆、戴安娜·鲁布尔（Diane Ruble）、雅各布·特罗佩，以及西摩·温加滕（Seymour Weingarten）。我尤其想感谢约翰·莱文，在写作的最后阶段，他慷慨地花费了大量时间重新通读本书。我知道他一定会使这本"已经完成"的书变得更好。他专业的修改意见也确实让本书有了很大改善。谢谢你，约翰。

我也想特别感谢牛津大学出版社的琼·博塞特（Joan Bossert）。她自始至终大力支持本书的出版。我尤其要感谢她自愿担任本书的编辑。我觉得非常幸运能够得到她的反馈，这才使我能写出我想要写的这本书。我也想谢谢菲尔·韦利诺夫（Phil Velinov）和牛津大学出版社的出版编辑苏吉塔（Sujitha），有了他们的帮助，这本书才得以出版。

我的女儿凯拉和我的妻子鲁宾（Robin）是我生命的"书立"。没有她们的支持和智慧，我就无法写成本书。我将本书献给她们。

引　言

"真希望你也在这儿!"对于印有落日海滩的明信片上的这种经典留言,我们多数人十分熟悉。这句话最早出现在 19 世纪末的明信片上,并且很快就流行开来。这是为什么呢? 有时,留言始于"祝你玩得愉快",然后就是"真希望你也在这儿",意思是说我希望你也可以在日落时分的海滩享受时光。但我认为不止于此。于我自己而言,"真希望你也在这儿"是说我希望我的伴侣或密友与我在一起,这样的话**我的**体验就会更好、更美妙。如果不与亲密的人分享,那我的体验似乎就不那么真实。为了让我的体验**十分**真实,我需要我的伴侣或朋友与我一同体验。为了真实性,我需要一种**共享**的现实。这种需要是人类共有的。事实上,它造就了人类。

本书采用几种不同的视角来审视一个古老的问题,即是什么造就了人类。历史上,对于是什么造就了人类以及是什么造就了我们与世界相处的方式,答案往往是:因为我们与其他动物有着不同类型的智力。本书提供了一种很不一样的答案。确实,人类与其他动物有着不一样的智力,但我们也有着不一样的**动机**。人类共享现实的动机,即与他人分享我们的情感、思维和关切的动机,是人类所特有的。它蕴藏在那句"真希望你也在这儿"之中。当我们远离亲人时,我们希望可以与他们分享我们的经历。当与他人散步时,我们会指向一些东西来吸引同伴注意,而这正是为了分享我们认为有趣的事。当与密友聊天时,我们会根据对方的情绪和想法来修改和调整我们的措辞,目的是与他们共享现实。当我们与他人共享我们

2　的体验时，共享的内容会变得更加真实。事实上，共享的现实成了真相，成了全部的真相，成了至高无上的真相。有时候，为了建立共享的现实，人们也会对真相加以调整，就如同在聊天时会进行措辞一样。

与人类的智力一样，人类的动机也是特殊的，这里的"特殊"是指"了不起"。人类的独特性在于，我们想要分享我们的情感、信念和关切。就犹如日落的海滩一样，我们想要有一种与我有关联的世界——值得注意的那些事物和问题——对于他人来说同等重要的体验。换言之，我们与他人所**共享**的就是我们所体验的**真实**。这就是**共享现实**。本书所讲述的就是人类这种非比寻常的动机如何定义人类本身的故事。它描述了这种动机如何使我们变得强大。它也描述了这种动机如何将我们割裂开来。

我们都必须搞清楚我们与他人建立共享现实的动机的来龙去脉，因为这种人类动机对于人类来说**既**存在重要的作用**又**造成巨大的损失。从好的方面来看，我们想要与他人建立共享现实的动机对于我们与家人、朋友和社群中的其他成员相互配合、合作和相处来说都是至关重要的。我们甚至在人类婴儿的行为中就能够见到这种动机。他们想要与我们分享他们觉得有趣或是有关联的事物，并通过用手指向它试图获得我们对它的注意和欣赏。他们也会通过观察我们（即与我们确认）来习得他们是否应该对某件事或是某个物体做出积极或消极的反应。历史上，建立共享现实一直是人类社会与文化一个重要的组成部分。这种动机就是从他人那里学习他们知道而我们不知道的，以及教会他人我们会而他们不会的。它为我们提供了与他人的基本关联以及我们的归属感。通过建立与他人的共享现实，我们逐渐了解了世界的**真相**，即什么是真实的世界。共享现实使得世界于我们而言变得有意义。共享现实的这些益处是我们作为人类的基础。

然而，我们与他人建立共享现实的动机也会给人类造成巨大的损失。当我们与内群体成员建立共享现实时，这些共享现实就变成与情感和信念相关的真相，而那些我们所不从属的、对世界持有不同情感和看法的群体，不论是不同的种族、宗教还是政治群体，都可能成为我们不信任甚至是恐惧的对象。（我们会认为）他们不仅仅持有"备选的事实"（alternative facts）或是不同的观点，他们持有的还可能是虚假的信念和危险的情感。我们是对的而他们是错的，他们必须被禁止传播这些思想。由此，我们与内群体成员而不是外群体成员建立共享现实的动机就会导致群际仇恨和冲突，并使得数百万人因此而丧生。共享现实的这一重要弊端可见于当代的政治冲突，它毒害着公共话语并造成世界范围内的伤害。

因此，我们与他人建立共享现实的动机不仅反映了我们最好的一面，它也折射出我们最坏的一面。不存在一种好的人类动机和另外一种坏的动机。共享现实只是单一的动机，但它既具有积极面（帮助内群体成员）又具有消极面（攻击外群体成员）。因此，我们必须确切地知道它是什么，了解它如何起作用，以及它在我们日常生活中扮演什么角色。本书的目的就是讲清楚人类与他人建立共享现实的来龙去脉。

人类建立共享现实的动机与是什么造就了人类的问题很不一样。关于后者，通常的答案会强调我们的智力。比如，我们经常会列举人类使用语言的独特性来证明我们拥有特殊的高智商。这类答案的其他版本在内容上通常也都是"看看我们有多了不起！"之类的话。毕竟我们都是人类。但当谈到动机时，我们就不那么确定人类的动机是否比别的动物更高级了。事实上，心理学家和其他一些科学家一直认为我们的基本动机和许多其他动物（包括老鼠和鸽子）

3

是一样的。与智力不同，我们对于自己的动机并不总是感到那么自豪。我们不会自豪于攻击自己的同类，包括屠杀无辜的儿童。当这样的事发生时，你不会听到"看看我们有多了不起！"这样的话。或许这就是为什么我们不愿意将动机等同于"是什么造就了人类"的问题。

人类动机的潜在弊端也将"共享现实"与"人类智力"这两个版本的故事区分开来。关于人类智力不同于动物智力的讨论通常会强调我们进化出了高级智力的**优势**，例如我们对高级工具的使用、我们的法律和伦理原则、我们不同的艺术形式，以及我们对语言的使用。我们甚至决定自称"Homo *sapiens*"（拉丁语，意为"有智慧的人"），以将我们的物种区别于"*Homo*"（人属以及其他人科）这一生物分类里的其他物种。

但是，当我们试图理解是什么造就了人类时，是否真的应当强调我们的特殊智力呢？答案并不明确。毕竟在几十万年前，当智人和尼安德特人由共同的祖先进化而来时，我们并不确定智人是否比尼安德特人更聪明。有研究表明，我们可能没尼安德特人聪明（例如在脑的大小方面）。因此，智力以外的某种东西可能给予了我们优势。不论这种东西是什么——我认为可能是我们与他人建立共享现实的一些方法——它的差异性都使得我们作为物种生存了下来，而所有其他人科（包括尼安德特人）都没能存活。不论是以前还是现在，它都是"我们是谁"以及"我们为什么生存下来"的关键答案。在人类合作与彼此协作的特殊方式上，与其说是我们的智力，不如说是我们与他人建立共享现实的动机更为重要。正如我们随后将要看到的，人类婴儿在智力方面不如成年猩猩，但他们会想要与他人分享他们觉得这个世界中有趣的和一些相关的事物，而猩猩们并不会这样做。

　　再者，如果我们是如此聪慧，我们的智力和智慧是如此了不起，那么为何我们作为不同宗教或政治群体的成员却很难和睦相处，甚至都不愿倾听彼此的意见呢？为何我们作为个体经受着这么严重的抑郁和焦虑呢？关于作为人类意味着什么，还有哪些是"人类高级智力"这个版本的故事所**没能**告诉我们的呢？如果还有什么其他的、最基本的东西可以用来解释我们的优势和劣势，那我们必须识别它并理解它是如何运作的。只有这样，我们才能做点什么来使人类生活得更好。而且，确实**存在**某种其他的东西：我们与他人建立共享现实的动机。这种动机折射出了我们最好和最坏的一面。它造就了伟大的文化成就，也导致了大规模的战争；它让人们自我牺牲来拯救他人的子女，也使得人们通过自我了结的方式来**杀害**他人的子女（想一想那些自杀式炸弹袭击者）。

　　当我说与他人建立共享现实的动机是人类的一个重要部分时，我是想说它是一种普遍的人类动机，强调的是我们的情感、我们的信念、我们的奋斗目标，以及我们如何彼此关联从而使我们不同于其他动物。关于人类"共享现实"的故事版本，这一关于"动机"的故事版本，它与"人类有着比其他动物更高级的智力"的故事是不一样的。想象一下，有两个来自同一家庭的动物坐在一起环顾四周。如果它们是有手臂的动物且能够发出声音，其中一个举起手臂指向什么东西并发出声音来吸引另外一个动物的注意，这并不是一件需要特别高的智商才能做到的事。人类 6 个月大的婴儿就能做到。他们发现了什么有趣的就会指向它并发出类似"哦哦"的声音。不需要是爱因斯坦才能做到。就智商而言，这不是什么了不起的事。但关键问题是，其他灵长类动物并**不会**这么做。它们不会因为觉得什么有趣就一起去关注它。不是说它们不能指向或是不能发出声音来吸引同伴注意。它们只是没有动机这么去做。人类婴儿想要与他

5

人分享他们觉得有趣的事物。但对于其他灵长类动物而言，它们并不感兴趣。这是动机上的差异，而不是智力上的差异。

你们可能还注意到了在这个例子里，人类婴儿所做的事与语言也无关。"哦哦"的声音并不是语言。实际上，即使不发出任何声音，婴儿也可以让他们的抚养者看向他们感兴趣的东西。比如，我的女儿会拽着我的衬衫并兴奋地指着什么东西，同时观察我是否也在朝同样的方向看。当我确实看了并且笑了，她就会开怀大笑。当人类婴儿在出生的第一年里与他人分享他们感兴趣的东西时，这其实是他们与他人共享情感的一个重要方面，包括从他人那里习得应该喜欢什么和不喜欢什么。这是人类儿童与他人建立共享现实的开端，而其他动物并不会这样做。它在人类婴儿身上如此常见，以至于我们都习以为常。这也没什么了不起的。不过，这确实是一件了不起的事，因为它使得我们成为人类而不是其他动物。它从儿童发展初期就开始了，在符号思维形成或是其他高智商的表现产生之前就出现了。

我写本书的灵感之一就是想要讲述一个故事，即作为人类，儿童是如何通过与他人建立各种共享现实的形式而发展的（第 2 章和第 3 章）。随着婴儿长大（6～12 个月），他们开始与照护者共享情感，例如通过用手指的方式来共享他们看到的令他们感到兴奋的东西。之后在幼儿阶段（18～24 个月），他们共享社会实践，例如与他人共享他们的社群里大家是如何吃东西的。接下来，作为大一点的学龄前儿童（3～5 岁），他们共享重要他人为他们设定的目标和标准，例如与父母共享他们的成就目标。在共享现实的最后一个发展阶段，学龄儿童（9～13 岁）学习社会角色，并根据他人的角色调整自己的角色来互为补充，例如与运动队里的其他成员共享对不同角色的期望。共享现实的每种新形式对于儿童做什么和怎么做都具有重要影响。儿童因获得这些新形式的共享现实而受益匪浅，但也有潜在的代价——这就是作为人类的利弊两面性（trade-offs）。

除了在儿童发展阶段的共享现实，人类物种在进化的过程中也发生了一些事。这个故事也很重要，因为它可以帮助解释我们与他人建立共享现实的动机的来源。例如，我在第4章讨论了作为两足动物，我们的新生儿尤为孱弱，人类儿童超长的依附期造成了进化和自然选择的压力，迫使人类儿童只有与他们的照护者共享情感、思维和关切，才能得到他们维持生存所需的足够的帮助。

人类共享现实的发展在日常生活中扮演怎样的角色呢？这是本书的主要关注点。我将描述共享现实如何影响人类，包括**我们的所感**（第5章）、**我们的所知**（第6章）、**我们对自己的认知**（第7章）、**我们的态度和观点**（第8章）、**我们的奋斗目标和我们认为有价值的事物**（第9章）、**我们如何奋斗**（第10章），以及**我们如何相处**（第11章）。我首先介绍成年人如何通过人际沟通来与他人建立共享现实（第1章）。我从这个部分开始讲是因为人际沟通是人类彼此建立共享现实的基础，并且它明确地阐述了我们的共享现实（不管是不是真相）是如何被我们当作真相的。在我们与他人的日常互动中，我们与他们沟通交流周围正在发生的事，当我们这么做时，我们会修改和调整我们所说的话以便与他们的情感和思维保持一致。由于我们会为了建立共享现实而调整与沟通对象交流时的措辞，我们所说的通常是被扭曲或是带有偏差的。但正是**这种**共享现实被当作了真相。我们的共享现实成为我们所知和所处的世界：耳听为虚，**共享为实**（sharing is believing）。加之在狭隘的人际网络中，人们仅仅彼此对话，于是这些共享现实就成为滋生人际泡沫的温床。

——

第一部分

共享现实的产生

——

第1章 ⫿⫿⫿⫿

共享为实

你参加了一场聚会并第一次见到一个叫迈克尔的人。在聚会上，你观察迈克尔的行为举止。后来你和一个朋友聊天，你知道他和迈克尔在同一个俱乐部，所以你提到那场聚会上你第一次见到了迈克尔。你的朋友说："哦……我不是很喜欢迈克尔。你对他的印象如何？"如果你像我（以及大多数人）一样，那么当知道你的朋友对迈克尔持有负面印象后，你接下来说的话就会受到影响。大概率情况下，你对迈克尔的评价会朝着你朋友对他的感受的方向发展。这意味着你会用一种更消极的方式来描述迈克尔。而且，我们大多数人会这么做。可问题是：我们之后还记得迈克尔在聚会上的**实际**表现吗？为了回答这个问题，让我们回过头来想想心理学是怎么告诉我们的。

眼见为实（seeing is believing）。在很长一段时间里，别人一直是这样告诉我们的。这句俗语可以追溯到几百年前。它认为，只有客观的或具体的证据才能真正使我们信服。在社会心理学中，现代社会心理学之父利昂·费斯汀格（Leon Festinger）区分了**物理现实**（physical reality）和**社会现实**（social reality）。物理现实是指我们自身对事物的亲身体验所提供的信息，而社会现实是指社会上的他人所提供的信息。[1]

与"眼见为实"相一致，费斯汀格认为，物理现实胜过社会现实。社会现实可能很重要，但只有当来自物理现实的信息不清楚时它才重要。很多时候，我们自己的观察就是我们的主要信息来源。如果我们亲眼看到了什么，比如迈克尔在聚会上的行为，那它就是真相。只有当我们不确定我们所观察到的东西时，我们才会向他人确认我们应该如何描述它。是的，为了就某个话题保持礼貌或是为了照顾某人的感受，比如顺应我们的朋友对迈克尔的印象，我们可能会采用不同的方式来描述究竟发生了什么事，去迎合他人对这个话题的看法。根据不同的听众，我们可能会**说**不同的话。然而，我们**真正**的看法并没有因此改变。我们看到了我们所看到的，比如迈克尔在聚会上的表现，并且不管我们是怎么说的，我们也都会相信我们所看到的。毕竟，"眼见为实"。但是，如果事实**并非**如此呢？如果我们所**看到**的并不重要，而我们所**说**的才重要呢——尤其是当我们所说的和我们所看到的并**不相符**时？如果存在一种"言表为实"（saying-is-believing）效应而不是"眼见为实"效应呢？

我的大学教育始于麦吉尔大学，我主修的是社会学和人类学。当时我最关心的问题是语言、思维和社会如何相互影响。我是本杰明·李·沃尔夫（Benjamin Lee Whorf）所提出的"语言相对论"（linguistic relativity，也称沃尔夫假说）的粉丝，即相信来自不同社会的语言各自塑造了每个语言群体成员的世界观。简单地说，你使用的语言的语法结构会影响你的感知和思维。[2] 我们每个人都生活在一个由本土语言为我们塑造的世界里。

与"眼见为实"的视角非常不同，从沃尔夫的视角来看，我体验到的世界是由我的语言（英语）为我创造的，而不是由我的感官赋予的。作为哥伦比亚大学的一名研究生，我试图通过创造一种属于我自己的新型语言来验证这个想法，这种新型语言有自己的语法，它对物体的分类也不同于英语语法。我的研究表明，被试在学习了新语言后，可以学会对物体进行不同的分类。不幸的是，在我做了这么多的努力之后，尽管研究是成功的，但我开始觉得这并没有多大意义。这就好像被试只是在解决我给他们提出的一个问题。它并没有改变他们对周围事物的认识或感受。

当我离开哥伦比亚大学去普林斯顿大学开启学术生涯时，我开始认为，在语言、思维和社会如何相互影响的问题上，我对语言的研究关注点是错误的。也许对人们世界观的形成产生重大影响的并不是语言的结构（句法或语法），甚至不是语义（词或短语的含义）。或许真正重要的是语言的**使用**，即当为了实现我们的目标而相互交流时，人类采取行动的一些特定方式——这被称为**语用学**。著名哲学家路德维希·维特根斯坦（Ludwig Wittgenstein）曾提到"语言游戏"（language game）这个概念，以强调词语是在行动的框架中被使用的。20 世纪 50 年代，符号互动主义领域的著名社会学家欧文·戈夫曼（Erving Goffman）和哈罗德·加芬克尔（Harold Gafinkel）提出，人际沟通是一种游戏，参与者遵循的规则是由自己在沟通中的角色决定的。[3]

11

沟通游戏中的角色包括说者角色和听者角色，游戏中的参与者通常在这两个角色之间来回切换，并且在扮演每个角色时总是会考虑到另一个角色。这与语言结构或句法无关。为了采取行动来实现某个目标，必须考虑共享的角色和共享的规则，从而协调社会互动。在迈克尔的例子里，尤为值得关注的就是说者（或是写作者）必须遵守的游戏规则。[4]

说者角色的规则

1. 说者应该考虑听众的特征。

2. 说者提供的信息应当与他们的沟通意图或目的相适应。

3. 说者应该传达他们看到的真相。

4. 说者应该尽可能让别人理解（前后连贯、易于理解）。

5. 说者提供的信息不能太多也不能太少。

6. 说者应该切题（紧扣主题）。

7. 说者提供的信息应当与上下文和语境相适应。

总体来说，说者在沟通时确实试图遵循这些规则。当他们这样做时会发生什么呢？这是我感兴趣的问题。当说者遵循规则时，接下来会发生什么呢？是"眼见为实"效应还是"言表为实"效应？请注意，即使出现了一种"言表为实"的效应，那也与沃尔夫的观点不同。此时，并非说者所使用的句法塑造了他们的思维，而是语用引起了"言表为实"效应。即，说者遵循了"说者规则 1"——根据听众的特征来表达主题信息，从而使得基于相同主题的**相同信息**，在具有不同特征的听众看来是**不同**的。说者的信息将根据其特定听众的具体特征得到调整，因此，同一信息的内容对于不同的听众而言是不同的。当我们为了迎合听众对迈克尔的负面印象而对迈克尔的行为进行更消极的描述时，上述这种情况就会发生。

但这只是你表达出来的信息，不管你说出来的是英语里的"message"还是什么其他语言里的"schmessage"。考虑到所有的说者看到的都是完全**相同**的信息，如果要求说者随后回忆关于主题的原始信息（要求准确地"逐字"回忆），那么"眼见为实"效应就应当显现出来。不论说者是否遵循了"说者规则 1"，并且根据特定听众的特征调整了信息，所有的说者都应当基本上能够记住相同的信息。

但是，如果事实并非如此呢？相反，如果说者对原始信息的个

14

人记忆**的确受到**他们所说的话的影响，情况会怎样呢？如果他们的记忆偏离最初的信息而偏向他们根据听众进行过调整的信息呢？这将导致"言表为实"而不是"眼见为实"效应。这种记忆效应并非来自沃尔夫式的句法。它来自沟通者在与他人交往时所遵守的说者角色的规则（即从语用学而来）。它是一种沃尔夫**式**的观点，但它是以语用形式出现的，而不是以句法形式出现的。就像多年前我在一次关于这个主题的会议报告中所说的，它就是一只"披着羊皮的**沃尔夫**"①。

说者的"黄金法则"

来到普林斯顿大学后，我决定开展一项研究来检验这种"披着羊皮的**沃尔夫**"效应。研究主题是对一个叫唐纳德的人的模糊行为的评价，比如下面这个有关唐纳德**执着 – 固执**这一特征的模棱两可的描述："不管要花多长时间，不管过程有多难，一旦唐纳德下定决心去做一件事，这件事就都跟已经做完了一样。即使有时他改变主意的话，结果很可能会更好，他也很少会改变主意。"⁵

这项研究中的被试都被分配了沟通者的角色，他们需要向一名听众描述唐纳德的行为。在这个角色中，他们需要遵循"说者规则 1"：**说者应该考虑听众的特征**。在本研究中，沟通者需要纳入考虑的听众特征是听众对唐纳德的态度，即他是在普林斯顿的同一个俱乐部认识唐纳德的。沟通者了解到，他们的听众要么"有点喜欢"唐纳德，要么"有点不喜欢"唐纳德。有了这些关于听众对唐纳德态度的信息，普林斯顿的这些学生被试是否会遵循"说者规则 1"呢？

---

① "沃尔夫"（whorf）音同"狼"（wolf）。——译者注

是的，他们确实这么做了。当这名听众"有点喜欢"唐纳德时，被试给他的行为贴上了更多积极而非消极的特征名标签（例如"执着"）；当听众"有点不喜欢"他时，被试给他的行为贴上了更多消极而非积极的特征名标签（例如"固执"）。在接下来的几十年里，我们从许多研究中都发现，人们很少会不遵守"说者规则1"。它可以被称为沟通者的**黄金法则**。

由于沟通者几乎总是遵循"黄金法则"，他们会倾向于迎合听众对唐纳德的态度去描述唐纳德的行为，这意味着他们会篡改"说者规则3"：**说者应该传达他们看到的真相**。但大多数时候，沟通者并没有意识到他们篡改了"说者规则3"。即使是为了迎合听众对唐纳德的态度而改变了对他的看法时，他们也认为自己遵循了这一规则。这是因为他们为了迎合听众所说的话对于他们而言已经**变成真相**。它变成真相的原因是，说者想要通过他们传达的信息来与听众建立一种共享现实。这才是重要的。

我们在这项最初的研究中发现，沟通者会遵循"说者规则1"，也就是被我们称为**听众调谐**（audience tuning）的策略。但这并不是我们全部的发现。我们还发现，这么做之后，沟通者对目标人物的后续记忆和评价所基于的信息就会偏向根据听众进行过调整的信息。此外，这些评价偏差对随后记忆和态度的影响并没有随着时间的推移而减弱。如果非要说有什么变化的话，那就是它们随着时间的推移变得更强了。就好像他们对目标人物的看法和感受变成了他们所**说**的那样，而不是他们所**看到**的那样（即在研究中读到的）。他们对唐纳德的评价与他们的听众的态度相匹配，而这成为有关唐纳德的真相，即他们与听众共同创造了一种共享的评价。正因为如此，沟通者对唐纳德行为的记忆被重构，这些记忆并不与他们最初读到的关于唐纳德的行为相匹配，而是为了符合这一共享的评价。这不是唐纳德行为的真实情况，即**不是**"眼见为实"。这是被创造出来的真相，是为了迎合听众的态度而进行过调整的信息。这就是为什么我将这种效应称为"言表为实"。

什么导致了"言表为实"效应？

由于我们总是遵循"说者规则 1"，"言表为实"效应就显得很重要。当我们在日常生活中遵循这条规则时，我们就认为我们表达的信息似乎也会遵循"说者规则 3"。也就是说，我们似乎认为我们所表达的信息传递了关于某个话题的**真相**。毫不奇怪，关于这个话题的真相，即我们认定的真相，会呈现在我们的记忆和我们对该话题的态度中。实际情况是，我们与听众建立了一种关于信息话题的共享现实——在前面这个例子中就是关于目标人物唐纳德的共享现实。而共享现实使这种真相成为全部的真相；也就是说，我们把共享现实体验为一种**客观**的真相。[6]

但是，我们如何才能真正明白这个道理，即建立的共享现实才是导致"言表为实"效应的原因？会不会是发生了什么别的事情？事实上，当我在普林斯顿开展我的第一项研究时，我想到了"披着羊皮的**沃尔夫**"现象，但我还没有想到共享现实本身。作为一位社会认知心理学家，当时我脑子里想到的是一种与共享现实不同的机制。有大量的文献表明，当一个人给一张模棱两可的图片贴上标签时，这会影响他以后对这张图片的记忆。例如，如果有一张模糊的图片，它看起来既有点像眼镜又有点像锻炼用的哑铃，那么把它命名为"眼镜"或"哑铃"会导致记忆再次生成时朝着名称的方向发生扭曲。比如当它被命名为"眼镜"时，记忆再次生成时会使它更像是眼镜的原型。[7]

　　事实上，在研究"言表为实"效应的同时，我也在研究当一个人先前不经意地看到一个词后——**言语启动**（verbal priming）效应——这会对他的判断和记忆产生什么影响。研究表明，当被试在最初的研究中接触了一个或另一个单词时，比如"执着"或"固执"，他们在随后（表面上"不相关"）的研究中，对目标对象模糊的行为的判断和记忆会偏向于启动词，进而出现评价偏差。在言语启动偏差效应研究中，我所使用的唐纳德的模糊行为与我在"言表为实"效应研究中的材料相同。值得注意的是，被试并非有意识地记住了最初"不相关"研究中的启动词。[8] 因此，我的言语启动研究导致我认为潜藏在"言表为实"效应之下的是一种不同的认知机制。

　　从严格的认知视角来看，人们可以争辩说，在"言表为实"研究中，关于唐纳德的模糊行为，沟通者对于他们接收到的信息可能存在两种不同的心理表征。他们对最初读到的唐纳德行为的原始信息有着一种表征，他们也会给信息贴上一个评价性的标签。鉴于标签对记忆的已知影响，沟通者对原始信息的重构可能朝着信息中包含的评价性方向扭曲。这仍是一种"言表为实"效应，但此时共享现实机制并不是其潜在基础。这是一种严格的认知机制，即言语启动。

　　在很长一段时间里，我满足于用"言语启动"来解释"言表为实"效应。如果不是因为一些意外的发现，我可能会一直如此。我曾被邀请在一个国际会议上做关于语言、思维和社会的主题报告——是的，这个主题是我大学时期的"初恋"。我得知会议期间还有另一场罗杰·布朗（Roger Brown）的主题演讲，他写了那部经典著作《词与物》（*Words and Things*）[9]。这是一本超赞的书，也是他的众多杰作之一，他是我心目中的英雄。由于他可能会来听我的报告，我觉得我需要尽力把我的报告做好。因此，我又把我的所有研究重新看了一遍，也看了其他人关于"言表为实"效应的研究。我用批判的眼光重新看了一遍，并且更重要的是，我采用了全新的视角去审视。在这个过程中，我开始对用"言语启动"来解释"言表为实"效应感到不满。我更认真地思考了我多年前研究过的"沟通游戏"。[10] 沟通者的目标是什么？我认为他们的目标是与他们的听众建立一种关于目标人物的共享现实。这种新视角体现在我的如下报告题目里：《在沟通游戏中达到"共享现实"：一种创造意义的社会行动》。[11]

从认知的角度来看，重要的问题在于通过听众调谐，沟通者就目标人物生成了有偏差的评价性信息。这样的信息就会使重构记忆产生偏差。然而，从共享现实的角度来看，仅仅说沟通者会调整他们关于目标人物的信息以匹配听众对目标人物的评价态度是不够的。它不仅仅是关于信息本身的问题。它也是关于**为什么**沟通者要调整他们的信息以迎合听众态度的问题。听众调谐的目的是什么？它是不是为了建立一种与听众之间的共享现实？从共享现实的视角来看，为了使根据听众进行过调整的有关唐纳德的信息被当作有关唐纳德的客观真相，沟通的目标必须是想要与听众建立一种共享现实。

鉴于人们与他人建立共享现实的动机是如此强烈，他们通常会根据听众的态度来调整他们的信息，以便就当前的话题与听众建立一种共享现实——在前面这个例子中就是围绕"唐纳德这个人是什么样的"这个问题建立起共享现实。但是，沟通者根据听众的态度进行信息调整也可能出于其他原因。他们可能只是出于礼貌；他们可能有不可告人的或是工具性的动机，比如想要通过与听众达成一致来让听众喜欢他们或者避免与他们的听众发生冲突；他们也可能把听众的态度当作一个娱乐的机会，因此会顺着他们的态度所暗示的方向进行夸大。

16

从认知的角度来看,听众调谐的目标是什么并不重要。重要的是,信息的表征是一种带有评价偏差的表征,如果是这样,它应该会对记忆产生评价性的偏差。然而,从共享现实的角度来看,听众调谐的目标是什么**确实**很重要。如果我们的目标不是与听众建立共享现实呢?如果听众调谐的目标仅仅是让沟通者成功地调整他们的信息以符合听众的态度,从而获得某种奖励呢?如果是这样,那么信息就不会被认为是有关该话题的**真相**,"言表为实"效应就应该被削弱甚至消失。因此,当听众调谐的目标不再是与听众建立共享现实时,认知视角和共享现实视角对接下来会发生的事情就会做出不同的预测。

我们设计了一项研究来直接检验当听众调谐的目标不是与之建立共享现实时,听众调谐会对记忆产生什么影响。[12]它检验了当听众调谐的目标不是与听众建立共享现实,而是出于纯工具性动机(别有用心的动机)或只是为了开心(娱乐动机)时,在上述情境中会发生什么。处于工具条件的被试了解到,他们可以从调整信息以匹配听众的态度中获得好处。他们得知,那些调整信息以匹配听众观点的沟通者将被识别出来,其中三人将被随机挑选出来,在研究期间将获得一笔相当于 20 美元的金钱奖励。在娱乐条件下,被试得知通过调整信息来迎合听众的态度可以获得乐趣。他们被告知应当通过尽可能夸大信息来迎合听众的态度的方式,尽自己最大的努力来取悦他们的听众。

研究中的沟通者被随机分配到工具目标、娱乐目标或标准的共享现实目标三种条件。重要的是,对于所有这些目标,沟通者都显著地调整了他们的信息以适应他们的听众的态度。在任何条件下,他们都遵循说者的"黄金法则"。事实上,并不意外的是,相比共享现实目标条件,在工具目标和娱乐目标条件下,沟通者基于听众进行了**更多**的调整；换言之，这些信息的评价性偏差更大。随后，从认知的角度来看，根据听众进行过调整的信息应该会对沟通者的记忆产生更大的影响，即出现更大的"言表为实"效应。但事实**并非**如此。实际上，在前面两种条件下，"言表为实"效应**消失**了！它消失的原因是信息调整的目标并不是与听众建立共享现实，因此人们并没有把信息当作真相来对待。相反，在标准的共享现实目标条件下，信息被当作真相来对待，因此发生了通常的"言表为实"效应。

当"言不为实"时

因此，即使沟通者调整他们的信息以适应他们的听众，"言表为实"效应也未必会发生。当沟通者的目标不是与他们的听众建立共享现实时，这一效应便不存在。在前文的例子中，他们的目标是工具和娱乐目标。可能还有其他原因会导致沟通者的目标不是与听众建立共享现实。之前讨论的研究都涉及沟通者向自己的内群体成员传达信息。如果听众是沟通者的一名**外群体**成员，会发生什么呢？　*18*

在一项针对这个问题的研究中[13]，沟通者是来自科隆大学的学生。在研究开始前进行了一个预实验——基于科隆大学学生所感知到的与他们相似度较低的群体以及他们喜欢程度较低的群体，确定他们将与之互动的几个不同群体中哪一个是外群体。[14]在这个预实验中，来自附近一所美发职业学校的学员被选为科隆大学沟通者的外群体听众。在内群体条件下，听众和沟通者一样是来自同一所大学的学生（也就是科隆大学的另一名学生）。所有的沟通者都被告知，他们的听众应该是非常了解目标人物的，因为听众和目标人物都是同一研究项目的志愿者。与之前的研究一样，沟通者也得知听众"有点喜欢"或"有点不喜欢"目标人物。

研究发现，在沟通者调整他们的评价性信息以匹配听众对目标人物态度的程度上，内群体和外群体听众组之间没有差别。针对内群体和外群体听众，沟通者都显著地调整了他们的信息。也就是说，可能是出于礼貌，面对外群体听众时，沟通者仍然遵循说者的"黄金法则"。

这就意味着，这些信息的评价性偏差程度在两种条件下是相同的。因此，从认知的角度来看，在这两种条件下，对记忆的影响都应该出现相似的"言表为实"效应。但事实并非如此。在内群体听众条件下发生了通常的"言表为实"的记忆效应，但在外群体听众条件下，这一效应消失了。

为什么在外群体听众条件下，"言表为实"效应对记忆的影响消失了呢？这项研究还检验了沟通者对听众在他人判断上的信任程度："在对他人的判断方面，你认为［听众的名字］是一个可以信任的人吗？"当听众是内群体成员而不是外群体成员时，沟通者更信任听众对他人的判断。如果你的听众对他人的判断是不值得信任的，那么你就不能相信他或她对目标人物的态度。如果你不能相信听众对目标人物的态度，那么你也就不能相信你为了匹配这种态度而进行过调整的信息。不值得相信的关于目标人物的信息就不是关于目标人物的真相。如果关于目标人物的信息不是真相，那么当回忆目标人物的行为时，它就与之无关了。[15] 这就是为什么在外群体听众条件下，"言表为实"对记忆的影响消失了。事实上，进一步分析表明，记忆偏差取决于对听众的信任。

后续涉及外群体听众（例如与土耳其听众进行沟通的德国学生）的研究也发现了与本研究相同的结果。[16] 沟通者确实会调整他们的评价性信息，以匹配他们的外群体听众对目标人物的态度，但他们随后的记忆不受到调整后信息的影响；也就是说，不存在"言表为实"效应。这对于共享现实如何发挥作用而言是十分重要的。当人们认为一个人是外群体的一员时，他们就不太喜欢这个人，也就不太信任这个人。（无意识的）心理过程大概是这样的：

> 我会根据这位听众来调整我的信息，因为遵循"说者规则1"是有礼貌的，我是一个有礼貌的人。但我不想和这个人建立共享现实。我调整过的信息并不是与这个人之间的共享现实。因此，它**不是**事实。我表达的信息不是真相，它与我记住的关于目标人物的信息无关。[17]

这是一个关于人性的悲伤的故事。在与外群体成员互动时，我们可以礼貌地对待他们，但同时我们也一直认为他们与我们无关。他们既不是与我们有关联的人（共享现实的关系动机），也不是我们值得学习的人（共享现实的认知动机）。由于没有建立共享现实，这种互动被视为毫无意义。就好像对方并不重要，或是并不**真实**存在。鉴于我们与他人建立共享现实的动机是如此强烈和自然，如果我们与一个外群体成员互动时不这么做，这就如同把他们当成非人类一样。我们想与我们的内群体成员而不是与外群体成员建立共享现实。

这是一种**族群中心主义**（ethnocentrism）。这些"言表为实"研究的结果表明，沟通者调整他们的信息以适应内群体和外群体听众的态度，但只有当听众是内群体成员时，他们的信息才会影响他们的记忆——才会被视为**真实的**。这些研究为族群中心主义的作用方式提供了某些新的证据。面对外群体听众时，"言表为实"效应的消失是一种无意识的（内隐的）族群中心主义的测量指标。它可以测量出"仅仅因为听众是外群体成员，我们就不愿与之建立共享现实"的程度。

这些研究也提出了这样一个问题：尊重他人意味着什么？当你

20

和别人交谈时，仅有"礼貌"就足够了吗？不与他人争辩并调整你所说的话去迎合他人的态度，通过这样的方式来显示"宽容"就够了吗？你可以做到这些，但如果你没有动机去和他们找到共享现实，去质疑和探索你们可能拥有的共同情感或信念，那你其实只是把他们当作无关紧要的人来对待。

这一切对于"言表为实"效应来说意味着什么？如同那些听众调谐的目标不是与听众建立共享现实的研究一样，这些有关外群体听众的研究表明，沟通者并不总是相信他们所说的。当听众来自外群体时，以及目标并非共享现实时，"言表"仍然会发生（即沟通者根据听众调整他们的评价性信息），但是"为实"并**没有**发生（即沟通者对目标人物行为的记忆与他们调整过的信息不相符）。这是因为沟通者没有与他们的听众建立起共享现实。想要发生"言表为实"，必须产生共享现实。因此，从共享现实的角度来看，这种现象并不是真正的"言表为实"，也不是"眼见为实"。相反，这种现象是**共享为实**（sharing-is-believing）。

上述现象是"**共享为实**"而不是"言表为实"，这是具有重要意义的。这意味着体验到**共享**很重要。具体来说，对社交体验的操纵可以使以前并不存在的"共享"出现，这会使之前没有出现过的"共享为实"效应出现。因此有可能找到一种方法，使信息在沟通者和听众之间成为一种共享的真相——**甚至是面对外群体听众时也是如此**。通过这种方式，外群体听众可以成为在情感和信念上**有价值**的人，而沟通者根据听众进行过调整的信息现在则是值得相信的。如果是这样的话，那么"共享为实"就可以在外群体听众中出现了。接下来让我们看看它如何才能发生。

与外群体成员之间的"共享为实"

让我们再来思考一下外群体听众效应。研究最基本的发现是：当听众是外群体成员时，尽管沟通者确实调整了他们的信息来匹配听众的态度，但"言表为实"的记忆效应**不会**发生。如何改变这些研究的条件，通过创建"共享为实"效应来产生"言表为实"效应呢？答案是改变**社会**条件，进而改变沟通者的共享现实动机。要做到这一点，可以改变沟通者和听众之间的社会关系，也可以改变沟通者感知到的听众在信息话题（即目标人物）上的认知权威度（epistemic authority）。[18] 已经有研究分别检视了这两种变化的作用。

改变沟通者和听众之间的社会关系

在许多标准的"言表为实"研究中，社会情境通常是非个人色彩的。它涉及三种角色——实验者、沟通者和听众。沟通者的角色是向听众发送关于目标人物行为的信息（不提及目标人物的名字），听众的角色是确定信息是关于谁的——一项指示性沟通任务。在一些研究中，实验者还向沟通者提供反馈，告诉他们听众是否成功地正确识别了目标人物。

在这种社会情境中，沟通者和听众之间唯一的关系是由实验者提供的群体成员信息，这一信息表明听众对于沟通者来说要么是内群体成员，要么是外群体成员。相反，如果沟通者和听众之间出现更多的面对面的社会互动会发生什么呢？如果沟通者认为听众不仅仅是在一项指示性沟通任务中扮演某种特定的角色，同时也是一个团队合作伙伴，那会怎样呢？

在有关外群体听众的研究中，研究者就创建了这样一种新的社会情境。[19] 基本的研究范式与前面描述的一样，来自德国的沟通者

向一位认识目标人物的土耳其听众传达关于德国目标人物的信息，
土耳其听众显然是喜欢或不喜欢目标人物。在之前的研究中，沟通
者会根据听众的态度调整他们关于目标人物的评价性信息。在发送
信息几分钟后，所有的沟通者都收到反馈，即根据他们的信息，听
众已经成功地确定了目标人物。然而，研究者对成功反馈的社会性
质进行了操纵。在一种条件下，与以前的研究一样，成功的反馈是
由实验者间接提供的。在新的条件下，成功反馈是由听众亲自提供
的。听众通过一个聊天窗口向沟通者打招呼，并告诉沟通者他或她
已经根据信息锁定了目标人物。

在标准的条件下，当成功的反馈由实验者间接提供时，结果与
之前有关外群体听众的研究相同：没有出现"言表为实"效应。然
而，在成功反馈由听众亲自给出的新条件下，"言表为实"效应**出现
了**！在两种反馈条件下，如果沟通者都得知信息被成功传达了，那
么信息的**认知**真相（epistemic truth）就是相同的。这两种反馈条件
的不同之处在于沟通者和听众之间的**关系**。在新的听众反馈条件下，
反馈是个人的，并以团队的形式成功传达——"**我们做到了！**"由于
现在的沟通情境涉及人际关系，沟通者就有更强的社会关系动机去
与他们的听众建立共享现实。"言表为实"效应以前没有出现而现在
出现正说明了这一点——现在有了"共享"，于是就会"为实"。[20]

改变外群体听众的认知权威度

之前描述的外群体听众研究表明，通过改变沟通者与外群体听
众之间的社会关系，即改变**社会关系动机**（social relational motive），
可以使先前并不存在的"言表为实"效应出现。那改变**认知动
机**（epistemic motive）呢？这有用吗？如果外群体听众在信息话
题（即目标人物）上的认知权威度发生了改变，会发生什么情况？

近期的另一项研究尝试对这一问题进行了检视。[21]这一外群体听众研究使用了与先前所描述的外群体研究相同的基本范式。其中一个变化是增加了一个新的条件，即（男性）**目标人物**和（男性）土耳其听众一样，都是**土耳其人**，而不是与沟通者一样是德国人。因此，来自外群体的听众有点喜欢或者有点不喜欢他**自己的内群体**而不是沟通者内群体中的某个人。

改变了目标人物的群体成员身份这一实验上的变化会产生什么影响呢？它应当会增加听众的**认知权威度**。在评价德国目标人物时，土耳其听众可能没有德国沟通者那么专业，但在评价另一个土耳其人时，他可能更加专业。鉴于与他人建立共享现实的另一个动机是获取关于某件事的真相，当德国沟通者的态度是关于另一个土耳其人时，他应该更有动机与土耳其听众共享现实。如果是这样，那么"言表为实"效应此时应该就会出现，而当目标人物是德国人时，则不会出现这种效应。

所有的沟通者都是德国人，而听众总是土耳其人。在一种条件下，和之前的研究一样，目标人物是德国人。在新的条件下，目标人物是土耳其人。和往常一样，两种情况下的沟通者都会调整他们的评价性信息，以匹配他们的听众对目标人物的积极或消极态度。尽管进行了这种信息调整，但当目标人物是德国人时，没有出现"言表为实"的记忆效应，这重复了之前的外群体听众研究结果。然而，当目标人物是土耳其人时，即使听众是外群体成员，"言表为实"的记忆效应也**出现了**！更多的数据表明，这是因为当目标人物和听众都是土耳其人时，在听众对目标人物的态度上，沟通者对听众的认知信任度（epistemic trust）明显更高。这表明，在外群体成员是所沟通话题的认知权威（即专家）的情况下，与外群体成员建立共享现实是可能的。之后，那些根据外群体听众的态度或意见调整过信息的沟通者就会把他们的信息当作关于该话题的真相，即出现了一种"共享为实"效应。

　　这些研究表明，我们与外群体成员（无论是种族上、宗教上还是政治上的外群体成员）的关系并不是看不到希望的。是的，在与外群体成员交往时我们有一种普遍的倾向，就是遵循礼貌的原则，否则就会认为这种交往毫无意义。默认的族群中心主义确实是个问题。但这些研究表明，如果引入与外群体成员建立共享现实的动机，那么这并不是不可逾越的。一种方式是将外群体成员当作一个团队伙伴，与他或她在一起，"我们"就能成功地完成某项任务，这就满足了共享现实的关系动机。另一种方式是把他或她当作我们所沟通话题的专家，从而满足共享现实的认知动机。在当前群际关系紧张的世界中，我们需要通过这些方式，与我们群体之外的人建立共享现实。我们需要建立多种**共享**的方式，进而产生共享的**信念**，包括哪些是相关的问题，哪些是值得我们关注的问题，以及哪些是需要我们共同解决的问题。

旨在建立共享现实的听众调谐如何塑造了我们的真相

　　我们有关共享现实的研究成果（即根据听众进行过调整的信息对记忆的影响）与记忆的原始工作原理不同。如果保持接收到的关于某事物的原始信息不变，**同时**保持信息言语编码的方式不变，那么一些无关变量，比如你和听众的关系、听众和信息话题的关系等，就都不会影响你对原始信息的记忆。此时"眼见为实"和"言表为实"才是重要的。"共享为实"不重要。记忆**不是**由共享现实机制决定的。

　　这就是为什么我刚才描述的、"突然出现"的研究结果对于我来说就像魔法一样。坦白说，它们对于我来说仍然像魔法一样。只不过这确实是我们作为人类的功能，它不会发生在其他动物身上。人类会根据听众调整他们的信息，从而共享对于世间万物的情感、信念和关切。调整过的信息随之成为关于世界的**真相**——一个与他人共享的真相。这有利于增强我们的关系、我们与他人之间的纽带，以及我们对于真相的知晓感。

但共享的真相不一定**就是**真相。让我重复一下最初的"言表为实"研究本身清楚地说明了什么：这些研究中的共享真相是对目标人物行为的歪曲。记忆与针对目标人物的积极或消极态度信息保持一致。记忆并不是对目标人物原始信息的准确回忆。它是一种针对信息的、有评价性偏差的**歪曲**。在日常生活中，我们使用调整过的信息来建立关于各种话题的共享现实，但同时却没有证据来支持信息中所说的内容，包括在一些情况下，所谓的证据其实来自信仰（比如宗教信仰）。没有其他动物会以**调整**信息的方式去匹配听众的情感、信念和关切，进而**创造出自己的真相**。它们不会为了建立共享现实而忽视客观证据。我们的"共享为实"创造了我们自己的世界，但它可能是一个更好的，也可能是一个更糟的世界。

需要澄清的是，人类能够通过信息调整来创造真相，这并**不是**在说只有人类有语言而其他动物没有。这与人类的语言无关。是的，在我们的研究中，沟通确实涉及语言的使用。但在我所回顾的研究中，各种不同的条件全都涉及语言的使用。事实上，在我们的大多数研究中，信息中使用的语言并**不会**根据不同的条件（例如在听众"有点喜欢"唐纳德的条件下）发生变化。也就是说，以**语言**为基础的信息调整在不同的条件下都是**相同的**。如果这一现象是关于语言的，那么无论沟通者调整信息去匹配听众对目标人物的积极态度还是消极态度，记忆受到的影响都应当是一样的。但很明显，情况**并非**如此。实际上，随着**共享现实**条件的改变，不同条件下的结果是不一样的。不同实验条件对我们的记忆的影响，即对我们的知识和信念的影响（包括对我们的评价性观点的影响）取决于与听众之间的共享现实，而不取决于信息本身的语言。关键问题不在于沃尔夫的语言相对论，而在于人类与他人建立共享现实的动机。

我们对谚语"眼见为实"的理解是不正确的。即使是"言表为实"的观点也是不够充分的。相反，我们学到的是**共享为实**。我们一直都在体验"共享为实"效应。通过与他人建立关系，"共享为实"使我们变得更加强大，它使得我们以同样的方式去感受和思考事物，并以同样的方式记住世界上发生的事情。这加强了我们与他人的联系，增强了我们对他人的信任。通过理解世界并赋予世界意义，它也让我们能够体验到，我们所了解到的就是关于世界的客观真相。[22] 所有这些都让我们在与周围的世界打交道时更有信心。

这是好的一面：共享现实让我们强大。但是，"共享为实"也会（并且经常会）让我们彼此割裂。最近，这一强大的变量支配了美国以及全世界的政治。越来越多的人只与他们的内群体成员交流，这就是"政治泡"（political bubble）。通过聊天室和推文就能创建出这种内群体。在这些平台上，互相沟通的人彼此住得很远。在当地社群内部，以前通过面对面交流来限制激进团体规模的方法已经变得没有必要。即使某人持有一个非常激进的想法（例如，地球是平的），他也可以通过互联网找到其他人来证实他的想法。之后，只有那些共享这一现实的人才能成为群体的组成部分，互相交流。这就会扭曲群体中每一个人对世界上正在发生的事情的理解和记忆，并让他们觉得共享现实以外的其他观点都是奇怪的、骗人的甚至是危险的。

而且，当你与"另一个"政党的成员交谈时，你如果只是出于礼貌而调整关于某个问题的信息，这并不会影响你对于这个问题的情感或信念。要想有改变的话，就需要建立一种共享现实，但正如我们已经知道的，这需要满足认知动机和关系动机。[23] 如果你不信任或不喜欢你正在与之沟通的"他人"，那么你根据他们在某个问题上的态度进行过调整的信息就不会影响到你对于这个问题的情感或信念。我们仍然处于各自的政治泡中，处于各自的真相中。这种"共享为实"效应正在将我们割裂开来。

我在这一章描述了在人际沟通中共享现实出现（或不出现）的过程。现在，是时候看看在童年期发展过程中共享现实是如何出现的。共享现实不是一下子出现的，而是通过不同的阶段发展而来的。探讨在童年期的不同阶段出现了何种类型的共享现实，将在很大程度上帮助我们回答"是什么造就了人类"的问题。我会在接下来的两章讲述这个故事。

| 注　释 |

27

1. 见 Festinger, 1950, 1954。

2. 见 Whorf, 1956。另见 Sapir, 1928。

3. 见 Garfinkel, 1967; Goffman, 1959; Wittgenstein, 1953。

4. 例见 Austin, 1962; Grice, 1971, 1975; Gumperz & Hymes, 1972; Rommetveit, 1974; van Dijk, 1977。关于人们如何遵循这些规则的早期综述，可见 Higgins, 1981a。

5. 见 Higgins & Rholes, 1978。

6. 关于建立共享现实导致主观真相变为客观真相的进一步阐述，见 Hardin & Higgins, 1996。

7. 这是卡迈克尔等（Carmichael, Hogan, & Walter, 1932）的一项经典研究中的一个例子。

8. 见 Higgins, Rholes, & Jones, 1977。关于启动和易得性（accessibility）效应的早期综述，见 Higgins, 1996。关于启动效应的最新讨论，见 Molden Ed., 2014。

9. 见 Brown, 1958b。

10. 见 Higgins, 1981。

11. 见 Higgins, 1992。

12. 见 Echterhoff, Higgins, Kopietz, & Groll, 2008。

13. 见 Echterhoff, Higgins, & Groll, 2005。

14. 对群体成员较低的好感度和较低的感知相似性是判断另一个群体为外群体的常用指标（见 Deaux, 1996）。

15. 关于真相与相关性之间关系，以及相关性与记忆易得性之间关系的讨论，见 Eitam & Higgins, 2010。

16. 见 Echterhoff et al., 2008。

17. 对于那些熟悉认知失调理论（Festinger, 1957）的读者，你可能会认为是认知失调机制导致了我所讨论的结果。埃希特霍夫等（Echterhoff et al., 2008）的研究提供了证据，表明"这种解释可能性不大"。在这种情况下，如果沟通者为了迎合听众对目标人物的态度而使信息产生偏差，那么当他们面对不喜欢也不信任的外群体听众时，这种偏差（失调的认知）就应当更严重。此时，相比内群体听众，面对外群体听众时验证信息的压力应该更大，进而产生的"言表为实"效应也应该更大。

18. 关于内群体认知权威度更全面的讨论，见 Kruglanski et al., 2005。

19. 见 Echterhoff, Kopietz, & Higgins, 2013。

20. 需要注意的是，两种成功反馈条件之间的差异并不是由情绪的不同导致的，也不是由对外群体在感知到的相似度上的差异导致的。研究者询问了沟通者的心情有多好或有多坏，且这在两种成功反馈条件下没有差异。研究者还询问了被试觉得自己与土耳其人或德国人在总体上有多相似，同样，这在两种成功反馈条件下也没有差异。因此，新引入的"听众成功反馈"这一条件并不会让被试感觉更好，也不会降低他们对土耳其人相似度的感知。它只是让被试与这位土耳其听众建立起一种更私人的关系，这促使被试想要与他建立共享现实。

28

21. 见 Echterhoff et al., 2017。

22. 见 Echterhoff, Higgins, & Levine, 2009; Hardin & Higgins, 1996。

23. 另见 Echterhoff & Schmalbach, 2018。

第 2 章 |||||

童年期共享现实的发展

婴儿和幼儿

在哥伦比亚大学获得博士学位近 20 年后，我又回到系里成为一名教授。我从前的导师和老师们变成了同事，这让我感到与他们交流起来很尴尬。幸运的是，我并不感到孤单，因为我的妻子和我的女儿与我在一起。我的妻子白天要到新泽西的贝尔实验室工作，而我就成为女儿凯拉的主要照护者。我很感激与女儿在一起的时光，因为她让我学会了很多关于婴儿的知识。尤其是，她让我明白了人类婴儿是如何与他们的照护者分享世界的。

婴儿在生命第一年的认知成长令人印象深刻。但他们分享对这个世界的体验的动机让我觉得尤为惊奇。这也正是和凯拉在一起的时光让我最享受的一点。我们经常去家门口的公园，她坐在我的膝盖上，我们在大部分时间里只是四处张望。通常会有一些东西引起她的注意，比如树枝上的一只鸟，于是她就会指向它并且让我也去看那只鸟。当她这么做的时候，当她试图和我分享世界时，这种体验真的太美妙了。她自发地与我分享。她经历了一件值得注意的事，并与我交流。当我认真地看她指向的事物并一直注意看时，**我们就体验到这件事是与我们有关的**。与她在一起，我们就体验到了**共享的关联**（shared relevance）。这对于人类而言是神奇的一刻。

人类与他人建立共享现实这一现象在其他的动物物种中是不存

在的。这是一种进化，是智人（*Homo sapiens*）所独有的。在我们成为智人之后，人类与他人建立共享现实的方式会继续改变和进化。今天，我们通过电子邮件、Facebook 和 Twitter 等互联网媒体与成百上千的人分享我们对于生活和周围世界的感受和观点。

上面这些就是有关进化和历史的故事，这些故事讲述了与他人建立共享现实如何造就了我们，以及如何造就了人类——我在第 4 章会讲到这些故事。这些故事虽然有趣且重要，但它们并不是有关人类形成共享现实的唯一故事。同样引人入胜的是，在当代社会，随着儿童的成长，共享现实也在发生变化。从婴儿期开始，儿童会经历不同的发展阶段，每个阶段都会出现新的共享现实模式，这些模式改变着他们与周围其他人的关系。每一种新的共享现实模式都改变了儿童，以及那些有幸与他们在一起的人的生活。本章和下一章就是有关儿童共享现实的发展过程。

在接下来的两章，我将要描述的是在认知、社会认知、社会情感和临床领域的文献中记载的有关儿童发展的现象。一般来说，这些不同的文献把我描述的现象看作是彼此独立的，即认为每一种现象都与一种特定类型的发展有关，并为某个与儿童发展有关的特定分支学科所研究。然而，我相信这些现象之间并不是孤立的，相反，它们反映了与他人之间的共享现实的不同模式。在每个阶段，某种特定模式的共享现实都会首次出现，它们就表现为各分支学科里的各种不同现象。我要讨论的就是，这些看起来似乎不同的现象，其实都披着一件相同的外套，即反映出儿童与他人之间的共享现实的变化。

我将描述童年期发展的四个阶段，每个阶段都会出现重要的、新的共享现实模式。每种新模式对于儿童都具有重要价值，例如改善他们与亲近的人（如家庭成员）之间的关系。然而，每种新模式

30

也存在潜在的成本，例如破坏与他们有着不同共享现实的群体成员（外群体）的关系。在本章，我将描述在童年期的前两个阶段，儿童的共享现实是如何变化的，以及这些变化如何影响儿童的自我调节和他们的社会关系——可能使之更好，**也**可能使之更糟。

在童年期出现的新共享现实

儿童在出生的第一个年头的下半年（6~12个月）会产生**共享的情感**（shared feeling），我认为这就是他们与他人建立共享现实的开端。然而，我并不是说在此之前没有任何其他有助于形成共享现实的事发生。毕竟人类婴儿从出生起就是人类，所以他们很可能在早期就显示出与他人建立共享现实的潜能。因此，在这一章的开头，我将描述什么可能会有助于早期共享现实的形成——共享现实在童年早期的前兆。

共享现实在童年早期的前兆

人类这一物种具有一些独特的生理特征。[1] 与其他灵长类动物相比，人类的眼白相对较大，这使得人类更容易追随他人的眼睛注视。正因为如此，如果成人眼睛注视的方向正好在婴儿的视野内的话，婴儿就能够察觉到。[2] 这有助于儿童注意力的调节，也可为调节成功或失败提供反馈。

人类的另一个显著特征是，人类婴儿在大脑发育完全之前就已经出生了。这一点很重要，因为这意味着他们比其他动物的幼崽需要更长时间的照护。人类的婴儿需要长达数月的、非常亲密的"照护者-儿童"联结。幸运的是，他们生来就具有（或很早就获得）

一些可以帮助他们了解人类的特质，例如发现令人特别感兴趣的面孔、声音和动作。[3]此外，由于成年人类比其他灵长类动物寿命更长，经常会有一个年长的成年人可以提供额外的照护（"祖母"效应）。这些特征使得人类更加强调儿童与其照护者之间亲密和协调的互动，这正是与他人建立共享现实的前兆。

至于在共享现实的社会关系方面，同样值得注意的是，婴儿很容易模仿另一个人的行为[4]，同时还表现出对熟人的明确偏好，例如他们的母亲、父亲、哥哥姐姐或经常照护他们的人。当熟悉的人离开房间时，他们通常会哭。社交熟悉度对互动偏好的影响甚至会超越照护者这一关系网络。例如，有证据表明，相比一个操着外国口音的人，当一个说着自己母语的人递过来玩具时，婴儿更愿意伸手去拿。[5]

32

所有这些人类特征都有助于激发与他人分享情感和兴趣的动机。著名发展心理学家杰罗姆·布鲁纳（Jerome Bruner）强调了模仿（imitation）在儿童学习与他人交流中的重要性。[6]正如前面所提到的，小婴儿会复制和模仿成年人的行为，稍大一点的婴儿（到 9 个月时）会模仿更加新奇的动作，例如将两个物体组合在一起做成一个摇铃。[7]这种行为不一定是精确的模仿，但它却考虑到了预期结果背后的意图。[8]尽管这种模仿本身并不构成共享现实，但它却是共享现实的前兆。

当考虑到共享现实的前兆时，也许最接近的一种行为就是婴儿与他人（尤其是他们的照护者）面对面的轮流互动。仅几个月大的婴儿就会与人开展互补性的轮流互动，比如说当成人表现得更加主动时，婴儿就会表现得稍微被动；而当成人表现得更加被动时，婴儿就变得更加主动。[9]这不是模仿，因为婴儿产生的是互补反应，而不是相同的反应。婴儿的行为是回应性的而不是复制。同样，婴儿

在与成人轮流表达感情时所采用的形式也超越了单纯的模仿，例如
当成人用面部表情表达了快乐之后，婴儿会用声音来表达快乐。[10]

　　共享情感的出现是共享现实发展的第一个阶段，婴儿期的另一
个发展也为其提供了支持。著名社会学家、哲学家乔治·赫伯特·
米德（George Herbert Mead）在近一个世纪前首次发现了一种认知
上的发展性变化。[11] 具体而言，婴儿可以**预期**另一个人（例如他们
的母亲或父亲）对某个事物的反应。这种能力使得婴儿能够预见，
他们注意到并指向某个物体会引起他们的母亲或父亲的注意。显然，
这种能力证实了共享现实发展的第一个阶段，即共享情感——包括
我与凯拉在一起时体验到的共享关联。[12]

共享情感

33　　共享情感作为共享现实发展的第一阶段发生在婴儿 6～12 个月
大的时候。在此期间，儿童开始用手指向那些吸引他们注意力的事
物，并且催促其他人也注意该事物。这种现象最初被称为**联合注意**
（joint attention）。然而，我认为它不仅仅是联合注意。正如我前面
提到的，当我的女儿凯拉还是一个婴儿时，我经历过这样的指向性
的互动；我很清楚地知道，她不仅是想让我看她所看到的东西，还
想让我分享她的兴奋。

　　值得注意的是，凯拉并**不是**想让我把她指的东西拿给她——她
并不是要我爬到树上给她抓那只鸟。从这个意义上说，她的指向行
为并不是工具性的，而是在告诉我树上有值得一看的东西。这说明
了两类指向行为间的明显区别：一类是通过指向来请求另一个人
做某事（基本祈使性手势，protoimperative gesture），另一类则是
以指向作为**评注**（comment），将某物示以他人（基本陈述性手势，
protodeclarative gesture）。[13] 凯拉的指向行为就是关于鸟的评价，告

诉我它值得引起我的注意，目的就是试图与我建立起共享的关联。

　　由于我并没有直接证据证明凯拉行为背后的动机，一些研究者会认为我对女儿的这一指向行为进行了"丰富"的解读（即过度推断）。但这类事件的其他观察者对于这种指向行为给出了类似的解释，将其描述为与交流对象分享兴趣或分享情感。[14] 例如，著名发展心理学家英奇·布雷瑟顿（Inge Bretherton）认为，在这一阶段，婴儿的情感和手势交流似乎意在"吸引和引导信息接收者去注意共同感兴趣的话题"。[15] 同样，当比较人类婴儿和其他灵长类动物的指向性手势时，著名发展与比较心理学家迈克尔·托马塞洛（Michael Tomasello）和他的同事建议采用更加深刻的社会性观点来看待这种指向性手势。他们认为，人类婴儿的指向性手势涉及独特的人类技能以及分享态度和兴趣的动机，它们反映出"单纯想与他人分享体验"的独特人类动机。[16]

　　托马塞洛和他的同事还提供了一个很好的例子来说明婴儿分享兴趣的内在动机是这种指向性手势的基础。[17] 在一项针对 1 岁婴儿的研究中，一个物体（如玩具、灯或木偶）从屏幕的入口处出现，然后开始移动。当婴儿指向它时，主试立即做出反应，即或是兴奋地谈论正在发生的事并且来回看婴儿的脸和物体（联合注意），或是只看婴儿的脸（脸），或是只看物体（物体），或是既不看婴儿也不看物体（忽视）。在随后的试次中，与其他条件相比，处于联合注意条件下的婴儿指向的次数越来越多，这似乎是由于联合注意和共同兴趣使儿童和主试之间产生了联系，从而增强了他们与主试建立共享现实的动机。

34

　　也有证据表明，婴儿会努力尝试分享成人感兴趣的东西。例如在一项研究中 [18]，成人照护者（带着他们 12 个月大的婴儿）转头去看某样东西并发出"哦"的声音，同时脸上露出兴奋的表情。在一种实验条件下，他们盯着障碍物后面或盒子里婴儿看不见的某样东西（婴儿不可见的条件）。在另一种实验条件下，他们盯着障碍物或盒子前面婴儿能看到的某样东西（婴儿可见的条件）。相比"婴儿可见"条件，在"婴儿不可见"条件下，他们更倾向于爬过去查看那个让照护者感到兴奋的物品。通过这么做，他们就可以分享这种兴奋。而且好消息是，一旦他们爬过去查看障碍物或盒子，他们就有机会玩那个被藏起来的玩具了。

指向或注视有趣的事物并不是儿童和成人建立共同兴趣的唯一方式。另一种方式是分享他们正在玩的东西，比如和另一个婴儿交换玩具。这种分享也会让他人对儿童感兴趣的事物产生兴趣。[19]

需要强调的是，对某个事物产生共同兴趣并不一定意味着对它做出同样的评价性反应。[20] 为了产生共享现实，只需要让儿童与照护者分享他们觉得某样东西值得引起注意（即分享对该事物的**兴趣**）就足够了。这样，他们就一起分享了关联（relevance）。这种**共享关联**的体验对于共享现实来说就足够了。当凯拉指向树枝上的那只鸟时，我通过仔细观察这只鸟并保持我的注意力来证明我也认为它是与我有关的。我们一起体验到了我们在看同一事物，并认为它值得关注，这就足够了。我们不需要进一步对它做出同样的评价性反应。事实上，有时我们甚至不知道对方是如何评价我们一起看的事物的。在这样的时刻，我们可以一起静静地看着它，体验彼此给予的关注。[21]

35　　当然，凯拉和我对于我们一起看的事物可能确实存在同样的评价性反应。例如，在上述这个特殊的例子中，凯拉一边微笑着看着树枝上那只五颜六色的鸟，一边看向我并发现我也微笑着看着它，然后凯拉就笑得更加开朗了。这就增加了对事物的共享评价性反应（在这个例子中，评价是积极的）。

加入共享评价（shared evaluation）是很重要的。在共享现实形成的第一个阶段，儿童必须学会分享对特定事物的积极或消极反应。让我们看看另一次我和凯拉所经历的共享关联。一条没有拴狗绳的大狗朝我们走来，而我俩都在仔细地观察它。我们对这条大狗产生了共享的关联，但在这种情况下，凯拉想要的显然不仅仅是关联。她想知道我对此的态度是积极的还是消极的，是喜欢它还是不喜欢它。于是，她看向我寻求线索。我对于这条朝我们走来的大狗有什么反应？

在大概满 1 岁的时候，儿童能够认识到成年人的情绪表现是指向某一特定事物或活动的。[22] 他们形成了一种能力，即通过观察成年人对某一事物或活动做出反应时积极或消极的面部表情或语言表达，就能知道该事物或活动的效价。[23] 例如，当表情是消极的时候，他们就会回避该事物或活动。在有关婴儿对照护者的反馈会做出何种反应的经典研究中，婴儿爬过一个上面带有图案的凸起平台，然后来到一个透明（但结实）的有机玻璃表面，从玻璃望下去像是一个很陡的悬崖。玻璃表面的另一端是他们的母亲。这些婴儿会继续爬过这个表面并爬向他们的母亲吗？当母亲的面部表情是消极的而不是积极的时候，婴儿就不太可能爬过去。[24]

婴儿通过这种方式学会分享成年人对于不同事物的积极或消极情绪，发展心理学家称之为"社会参照"（social referencing）。由于共享现实与认知动机有关，即想要理解世界和学习世界是如何运作的，因此值得注意的是，相比婴儿对事物原本就有明显的积极或消极反应的情况，当婴儿自身对事物的最初情绪反应较为模棱两可时，他们对成人关于事物的情绪反应会更加灵敏。[25] 婴儿甚至似乎能在特定情境中认出谁是认知专家。通常当母亲在场时，他们会看向母亲，以便决定他们对某事应该做出何种反应。但有证据表明，在实验室情境中，当面对实验者介绍的新玩具，且该玩具在桌子上缓慢地朝婴儿移动时，他们会把目光转向房间里的实验者，而不是他们的母亲，就好像孩子认为实验者是现场的"专家"。[26] 对于一个婴儿来说，这还真是相当令人佩服。

有证据表明大约在满1岁时，婴儿就可以通过指向性手势和他人进行交流，从而就某个事物建立起共同的兴趣或关联，并且他们通过观察成年人的情绪反应来学习如何针对不同的事物做出评价性反应（积极的或消极的）。这就是为什么我把这一阶段称为"共享情感"。[27] 从更广泛的意义来说，这属于发展的第一阶段，在这个时期儿童逐渐调整他们的表达性行为以匹配周围环境。[28] 例如，有证据表明大一点的婴儿会在他人遭受痛苦时表现出关心，甚至会尝试去安慰这个受苦的人。[29] 这种特定的安慰行为可以解释为婴儿调整他们的社会情绪反应，以便与另一个人的情感状态相符合。

共享情感对于婴儿的重要性还表现在，相比那些不共享情感的人，婴儿们更偏爱那些会分享自己对某事感受的人。一项研究很好地说明了这一点。在实验开始前，研究者事先了解到婴儿对全麦饼干和青豆的偏好。[30] 然后，两只兔子玩偶表达了它们对这两种食物的偏好。一只兔子玩偶喜欢与婴儿相同的食物（共享的食物偏好），而另一只兔子玩偶喜欢另一种食物。之后，两只小狗玩偶表现出帮助或是伤害那只有共享食物偏好的兔子玩偶，或是那只有不同食物偏好的兔子玩偶。婴儿们会喜欢这两只小狗玩偶中的哪一只呢？"你喜欢谁呢？"为此，研究者给婴儿看两只小狗玩偶（帮助者和伤害者），然后观察婴儿去拿哪一只。研究发现，9个月大的婴儿，尤其是14个月大的婴儿，更倾向于选择那只对与他们有共同食物偏好的兔子玩偶表现出友好态度的小狗玩偶。

即使在婴儿期，儿童也会表现出与他人建立共享现实的极大兴趣。婴儿期出现共享情感的认知和社会关系结果是什么呢？首先，儿童和他们的照护者分享他们各自关于这个世界的兴趣点。儿童与照护者的这些互动[31]对于儿童发展做出了重要贡献，因为儿童可以习得在这个世界上有哪些东西他们的照护者认为是重要的。作为其文化群体的代表，照护者向儿童表明哪些东西是值得注意的。他们还决定何时向儿童发出信号，告诉他们所指出的东西确实值得注意，或是值得共同关注。作为成人，照护者是儿童的认知权威。他们对于世界的看法被儿童当作真实世界的证据。[32]

即使是在这种还很小的年纪，与周围人共享现实的互动也在教会孩子什么是**重要的**、什么是不重要的，什么是有意义的、什么是没有意义的。当儿童逐渐成为他们文化社群的一员时，了解到对于其他人来说什么是重要的，这是很有用的。但这种社会化也有潜在的弊端。当**没有**共享兴趣时，比如当照护者对儿童所指的东西毫无反应时，儿童可能会开始认为这些事物不相关而过滤掉它们，即使他们可能会觉得这些事物很有趣。因此，在关于世界上什么是值得关注并值得感到好奇的问题上，儿童就缩小了认知范围。例如，相比女儿，父亲更可能与儿子共享在大型建筑设备上的相关性。此外，关于什么东西**是**相关的和重要的，照护者可能会给出信号（比如人们的衣着），这就使得区分内群体和外群体成为可能。由于共享现实的力量，这种区分就能够发生。

值得注意的是，共享情感不仅仅涉及与他人共享关于世界上什么重要、什么不重要的知识（认知层面的）。正如在前面讨论的研究中，儿童选择那只对与自己有共享偏好的兔子玩偶友好的小狗玩偶，这一研究结果说明共享情感对于人际关系而言也很重要。学会分享成人喜欢的和不喜欢的东西可以让儿童更好地与社群中的其他成员相处。正如著名社会心理学家弗里茨·海德（Fritz Heider）几十年前在他的平衡理论中指出的那样，人们喜欢那些与自己有相似偏好的人，并感觉和他们是紧密联系在一起的。[33]

通过把人们联系到一起，这种共享情感对于人际吸引和人际联系的影响极大地造福了儿童和他们周围的人。它使这些人际关系更加牢固。但这又存在潜在的代价。一个社会群体觉得有趣或无趣的、喜欢或不喜欢的、积极或消极的事物，不一定会为另一个不同的社群所共享。一个社群觉得相关和喜欢的东西，另一个社群可能会觉得不相关、愚蠢、怪异，甚至是恶心。因此，即使早在共享情感的阶段，也潜藏着内群体/外群体间带有偏见的比较。

38　　共享情感的另一些潜在弊端同样值得注意。当照护者与婴儿互动时，他们可以与孩子交流道："这是我发现有趣的东西；**我**发现有趣的东西才重要，而**你**觉得有趣的东西不重要。"照护者可能总是**不去验证**儿童对事物的兴趣，经常在交流时表达出他们**不愿**共享孩子认为相关和感兴趣的东西。好消息是，研究发现，母亲对儿童表示肯定（即社会验证，social verification）的频率在婴儿期是增加的。然而，即便到了共享情感阶段结束时，母亲们对于孩子尝试引起她们注意的行为进行确认的频率也是存在显著差异的。[34]这意味着一些婴儿面临着母亲确认频率较低的风险。鉴于共享关联和共享情感对于婴儿的重要性，从作为人类这个角度而言，这对于那些不幸的婴儿来说是很不利的。这些婴儿会觉得他们的反应对于世界而言是无足轻重的，即他们并不重要。

如果父母总是不去确认儿童的兴趣，这就是一种糟糕的教养方式。另一种糟糕的教养方式是教孩子把某事看得比它原本更相关和更重要，包括让他们对某些事物做出更积极的反应，或对某些事物做出更消极的反应。举个例子，教育孩子对昆虫保持高度警惕，包括那些无害的昆虫，如地窖蜘蛛（又名长腿爸爸）、蠹虫或千足虫，会造成一种功能失调的共享恐惧症，并且这种恐惧症会一代代地传下去。

最后需要指出的是，共享关联是一个维度（dimension），因此并不局限于**高**关联的情况。儿童也可以习得一些事物**不值得注意**，这被称为共享**无关**（shared irrelevance）。他们可以分享一些情感，即一些事物不重要、不值得他们关注或努力注意，比如一个外群体成员。[35] 在极端情况下，随着时间的推移，共享无关可以创造出一个年轻人的群体，他们同意彼此的观点，即他们所处社群的价值观，以及社会想让他们做的事情，都是没有价值的。当别人告诉他们应该努力去实现目标时，他们会一同反对并拒绝，因为他们认为这些目标无关，即觉得这些目标毫无意义。这种**共享无关**可能会成为一种强大的动机力量。一方面，它可能导致新群体的脱离状态（例如普遍的政治冷漠）。另一方面，它可能促使新群体反叛并寻找新的出路。这一出路不一定是加入一个恐怖组织，但这是一个可能的出路。[36] 如果这是新群体唯一的出路，他们就会一头扎进去。

共享实践

39

在 20 世纪的认知发展心理学家中，最伟大的两位也许就是让·皮亚杰（Jean Piaget）和列夫·维果茨基（Lev Vygotsky）了。尽管并没有在所有问题上都达成一致，但他们确实一致认为在儿童发展过程中，最重要的变化是在 18～24 个月左右出现了符号思维，尤其是它与语言的发展有关。[37] 和许多近代的认知发展理论家一样，对于皮亚杰和维果茨基而言，幼儿的**这种**发展是至关重要的，因为它改变了儿童的**思维**——我们作为人类的**认知转变**。

但在 18～24 个月左右发生的转变仅仅是一种认知转变吗？即使在沟通层面，这也只是一个认知发展的故事吗？我相信，对于我们而言，和沟通能力一样重要的还有早期发展中的**动机**发展，即建立与他人之间的共享现实的新模式。而且，正如我们刚刚看到的，它在符号思维出现之前就已经开始了。当婴儿期出现共享情感时，它就已经开始了。认知转变中被强调最多的是语言的发展，即形成了基于多字词表达（及其背后的句法和语法）的语言系统。我非常不认可这种强调语言发展造就了人类的观点。关于这一点，我想从几个方面来说明。

第一，表现出共享情感的婴儿甚至连**单字词**都不会说，更不用说语言了，但他们**已经**在与他人建立共享现实。第二，当单字词表达出现时，也就是在 18～24 个月与语言相关的多字词表达出现**之前**，这些单字词表达是**信号**（signals）而不是**符号**（symbols），而共享现实中包含的符号使用对于之后的沟通发展至关重要。第三，当儿童确实把单字词表达当作符号时，它们才变得重要，这是因为**它们是共享的实践**（shared practices），而不是因为它们本身是一种认知能力。此外，单字词符号的使用并**不是**儿童在这一阶段习得的唯一共享实践。因此，在儿童使用多字词表达（来构成语言的语法和句法）之前，就出现了许多的共享现实。成就人类的是共享现实，而不是语言。我接下来将更全面地阐述这个观点。

40   儿童运用单字词进行符号化表达，这一现象的出现对于共享现实以及沟通都具有重要意义。为了理解这一点，我们必须明白儿童在此阶段之前使用的单字词表达只是信号而不是符号。儿童早期的单字词信号被用作工具，如动作手势，以便促成某事的发生。它们相当于一只狗通过挠门来让主人放它出去。对于儿童使用的词来说，它可以是"果汁"（juice），即想喝果汁，也可以是"上"（up，通常伴随着举起手臂），即要求被抱起来的意思。这些词被用作请求或要求。根据动物沟通专家赫伯特·特勒斯（Herbert Terrace）的研究，被人类驯兽师教过手语的大型猿类（黑猩猩、大猩猩）也是如此。[38]

但随后人类儿童身上发生了一些重要的事情。长到 18 ~ 24 个月左右的时候，他们使用单字词的方式发生了质的变化——这种变化在其他灵长类动物身上是不会发生的。儿童不只是通过单字词表达来获得另一个人的帮助，从而得到他们想要的东西（即基本祈使性词汇）。正如特勒斯所说，儿童现在使用单字词表达来命名事物（标记），而不仅仅是要求得到事物（命令）："标记之后并不会跟随强化。它们唯一的功能就是与他人分享知识。"[39]

在符号性的词汇出现后，儿童**符号化**的单字词表达与**信号化**的单字词表达之间质的差异就表现出来了，儿童的词汇量开始爆发式增长。这就是众所周知的**命名期**（naming period）现象。在这个时期，儿童会兴奋地指着物体，让年长的人告诉自己它们的名称。[40]在信号词转变为符号词之前，儿童每周学习几个新的单词。之后，他们每天学习 **5 个新单词**[41]，即每周能够学习 35 个新单词。

"万物皆有名称"[42]这一发现对于儿童来说意义重大。杰出的心理学家威廉·斯特恩（William Stern）显然是第一个描述这一发现的人。他指出，18 ~ 24 个月大的儿童第一次意识到每个物体都有其永久性的符号，这是一种识别它的重要模式。[43]从小既听不到也看不到的海伦·凯勒（Hellen Keller）在她的经典著作《奇迹缔造者》（*The Miracle Worker*）[44]中对于符号名称的发现提供了最令人信服的描述。她讲述了最初她是如何用手指拼写单词的，比如"d-o-l-l"（玩偶）或"h-a-t"（帽子）。这正是她的老师安妮·沙利文（Anne Sullivan，奇迹缔造者）教她的方式。她经历了简单的模仿——像她的老师用手指在海伦的手掌上拼单词字母那样移动自己的手指。这种情况持续了几个星期。一天，她的老师带她出去散步。有人在打水，她就把海伦的手放在水龙头下面。当水流过海伦的一只手时，她的老师就在另一只手上先慢后快地拼写出"w-a-t-e-r"（水）这个

41

单词。"我一动不动地站着，全神贯注于她手指的动作……不知怎么回事，语言的奥秘向我显露出来。那时我就意识到'w-a-t-e-r'是指从我手上流过的那种美妙清凉的东西。那个鲜活的词唤醒了我的灵魂，给予它光明、希望、欢乐，并将它释放！"[45]

自从发现了第一个符号性词语，海伦·凯勒说她的生活就被改变了。值得注意的是，海伦的故事说的不是语法、句法，或是多字词表达。相反，她认识到一个符号载体，在她的例子中就是拼写出"w-a-t-e-r"的手指，可以代表其他的东西。

正如皮亚杰和维果茨基以及其他认知发展心理学家强调的那样，从心理表征的角度来看，符号在发展层面**是**很特殊的。从共享现实的角度来看，符号在发展层面**也**是特殊的，但这一点却被忽视了。在命名期，当儿童指向一个物体时，年长的人就会告诉他们哪种言语声音模式对应着被指向的物体。正如罗杰·布朗在他的经典著作《词与物》[46]中所说的那样，在这个"原始文字游戏"中，儿童还与其他人一起考察，作为一个名称的参照物（即言语声音类别），哪些物体可以被包括在内和排除在外。事实上，他们这样做说明他们意识到年长者知道哪些名称对应哪些物体类别。虽然儿童不掌握这些知识，但他们很想了解。

正如保罗·哈里斯（Paul Harris）在他的重要著作《相信别人告诉你的：儿童如何向他人学习》（*Trusting What You're Told: How Children Learn from Others*）[47]中指出的那样，事实上，幼儿会向他人询问某个物体的名称是什么，这就意味着即使不知道物体的名称是什么，他们也能想象一个物体有名称，并且相信他们询问的人**能够**且**愿意**告诉他们物体的名称。他们认识到其他人拥有他们还没有掌握的知识，而且他们可以获得这些知识。通过询问并保留这些关于名称的知识，他们与其他人建立了"如何用词汇进行交流"的共享现实。而作为词语的编码者和解码者，这就是共享现实在人际互动中**通过词汇进行沟通的实践**。正如哈里斯所言，通过询问他人来学习事物的名称是幼儿进行信息收集的一种策略。这种策略是人类特有的，它甚至在儿童能够正确使用语言提问之前就已经被使用了。

42

就共享实践而言，幼儿与周围的人用相同的方式使用单字词标签是这一阶段出现的一个重要例子。一项研究很好地说明了标签对幼儿的影响。[48]研究者给 2 岁儿童一个混合物体，这个物体整体上看起来像钥匙，但也可以当作勺子使用，同时还给了他们一张麦片碗的照片和一辆汽车的照片。儿童被要求描述混合物体的功能。当看起来像钥匙的物体没有被贴上标签时，儿童会说它的功能是启动汽车。但当它被出人意料地标记为"勺子"时，儿童会说它的功能是从麦片碗里舀食物。因此，这些 2 岁儿童接受了成人标签所建议的共享实践。研究还发现，最常接受"混合物体"意想不到的标签的 2 岁儿童正是词汇量最大的那些孩子。这表明，那些相信自己能从成人那里学到正确的共享实践（比如如何给物体贴上正确的标签）的儿童可以更快地获得共享现实的标签。

从这一点来看，有意思的是，在关于"某个物体的**真实**名称是什么"这种问题上，年龄较大的幼儿（24 个月大）对于来自他人的反馈——"赞成"或是"反对"的社会线索——就已经很敏感了。例如，在一项研究中，两名实验者坐在彼此旁边，并与幼儿被试相对。[49]实验者先后拿出一对新奇的玩偶，其中一名实验者先给一个玩偶起了一个新奇的名字（例如"modi"），然后给另一个玩偶起了一个**相同**的名字（也叫"modi"）。第二名实验者一边看向幼儿被试，一边对第一个玩偶做出一个头部动作，表示赞同第一个实验者给玩偶起的名字，但对另一个玩偶做出一个头部动作，表示不同意第一个实验者起的名字。儿童必须从两个物体中选择一个作为以下问题的答案："哪一个是 modi？" 2 岁的儿童会选择第二名实验者表示赞同名字而不是反对的那个玩偶。因此，第二名实验者打破了模棱两可的情境，并与幼儿建立了共享现实。

在结束这部分内容（共享实践中的符号命名）之前，我想强调一下，这种单字词表达对于与他人交流共享现实来说是很了不起的。我想到一个好朋友和我分享的关于一个孩子和她的母亲的对话：

43

    娜奥米（在汽车座椅上，孩子指着我们开车经过的圣贾斯廷医院）：医院！妈咪工作医院！

    成年人：是的。那是妈妈工作的医院。

    娜奥米：妈咪走路工作医院紫色的背包。

    成年人：妈妈每天早上走路去医院上班，并且背着她紫色的背包。

    娜奥米：妈咪紫色背包走路工作医院。妈咪工作办公室在医院。妈咪走路工作办公室在医院。妈咪走路工作紫色的背包办公室在医院。妈咪。

我想强调的是，你不需要了解娜奥米就可以理解她所说的话，即使她的语法一点也不对："妈咪走路工作医院紫色的背包。"娜奥米也不需要语法才能被理解。年仅 2 岁的人类儿童使用单一的词串就能够进行非常有效的沟通——不需要语法。为什么呢？因为他们想要与他人共享符号沟通的实践。而且正是由于这种动机，处于这个阶段的幼儿最终会很快学会语法。但是，如前一个例子所示，他们确实是从接触和指导中**学**到的。幼儿的多字词表达不是从语法正确的句子开始的。他们是从共享实践（学习如何使用符号载体和词语）的动机开始的。尽管缺少语法，但他们的照护者通常都知道他们在说什么，**然后**他们以平静的口吻用修正过的方式来重复幼儿的信息，**教给**他们语法。

　　值得注意的是，即使是成人也不需要语法。当想到一个虚构的，代表着智慧、代表着一个值得学习的导师式的人物时，许多人都认为《星球大战》中的尤达（Yoda）这一角色最为适合。他的经典台词之一是："不。别试……要么做要么不做，没有尝试。"（No. Try not. Do...or do not. There is no try.）由于语法缺失，这些话是无效的。但它之所以有效，是因为尤达想要和我们分享关于采取行动的观点，我们能够理解他想说什么，且不需要语法。例如，他最后一部分想说的可能是"没有试试看这一说"（No try there is），但按照他原来那样表达同样有效。造就人类的不是语法的使用。即使只有单个符号性词语，也足以让我们人类完全不同于其他动物。重要的是我们共享实践的动机。而且，我们使用的共享符号（不仅仅是词汇，也包括艺术等）正是我们最有效的共享实践之一，是我们最有效的**共享工具**（shared tools）之一。在相互沟通时使用语法是一种建立新共享现实的有效方法。语法服务于我们与他人建立共享现实的动机，这很可能是它演化而成的原因。 44

　　儿童通过语法和句法来学习语言是他们发展过程中重要的一部分，我认可这一观点，但它却**不足**以造就人类。这并**不是**使我们的沟通不同于其他动物的关键。使我们的沟通不同的是，我们有共享实践的动机，即使用符号化的表达来指代心理概念。同样需要强调的是，尽管形成符号化的单字词表达是如此重要，但它并不是唯一在**共享实践**阶段出现的新共享现实。这一阶段也是幼儿通过有指导地参与社群活动来学习其他社会实践和社会惯例的时期[50]——文化学习领域的发展心理学家芭芭拉·罗戈夫（Barbara Rogoff）将之描述为"任何社群生活中的常规行事方式"[51]。这包括饮食惯例、衣着惯例、沐浴惯例，以及西格蒙德·弗洛伊德（Sigmund Freud）著名的"肛门期"理论中描述的如厕惯例。[52]

心理动力学先驱埃里克·埃里克森（Erik Erikson）的社会情感发展阶段理论认为，成功地习得这些常规有助于儿童体验到"自主"（autonomy），而学习失败会让儿童体验到"羞愧"（shame）。[53] 尽管只有到了下一阶段的共享自我指导（shared self-guides）时，儿童才会因为没有达到内在标准而体验到自我评价上的羞愧感，但当下如果幼儿没有表现出恰当的行为，作为一种间接的社会控制形式，他们也会遭到其他人的取笑和羞辱。[54]

当学习这些社交惯例时，幼儿想要独立、做正确的事情，并掌握一切——正如"可怕的两岁孩子"（terrible two）发出的那些经典感叹词："我要做!""不!"虽然这个阶段实际上并不总是那么可怕，但独立和控制确实对幼儿很重要。当成人要求幼儿控制自己时，他们会要求孩子"控制自己的双脚"（stand on their own two feet）①。更重要的是，照护者通常会安排好学习环境和活动，为儿童学习和处理问题提供支持和支撑。[55]

每个儿童需要做什么取决于他或她家人（或社群）说什么，而且由于这一点具有跨文化差异[56]，具体要做的事情基本上是很随意的。这种随意性就好比在沟通实践中，用某个特定单词的声音类别来指代那个吠叫不止并试图舔你的四条腿动物。如果儿童碰巧生活在讲英语的社群，这个声音类别词就是"狗"。儿童学习家庭的饮食实践、衣着实践等，正如他们在沟通时学习符号性词语的用法一样。儿童习得了"我们就是这样用的"。

最令人惊奇的是，幼儿有着学习和遵循共享实践的动机，即使他们无法理解这些实践的某些特征。事实上，有证据表明这种动

---

① 此处为双关语，意为"自立"。——译者注

机十分强烈，以至于尽管有更好的替代方法来完成某项任务，但儿童仍会按照观察到的他人的方式来完成这一任务，即**过度模仿**（overimitation）。在一项研究中 [57]，12 个月、18 个月和 24 个月大的儿童分别观察到一个成年人使用特定的物体打开三个不同的盒子，每个盒子都装着一个好玩的玩具。然后儿童可以通过复制成人榜样的行为来打开盒子获得玩具，或是他们可以忽略成人的方式直接不用工具就打开盒子——后者显然更为直接。

12 个月大的儿童更在意结果而不是榜样的方法或实践。他们只是简单直接地用手试着打开盒子，而不是用成人用过的物体。相反，虽然用手打开更容易，但 18 个月大的儿童，尤其是 24 个月大的儿童会使用成人用过的物体来试着打开盒子。事实上，一些 24 个月大的儿童会坚持模仿成人的做法，即使这么做打不开盒子。

18 个月和 24 个月大的儿童很容易就能做到 12 个月大的儿童所做的事情，即用手打开盒子。实际上，人们也许会认为他们更可能使用这种直接的策略。但他们没有。对于他们而言，学习和模仿他们所观察到的实践更重要，即使他们不理解这样做的意义。这清楚地表明，共享实践对于他们而言有多重要。

此外，共享实践有时候确实是有道理的；因此，即使你不知道为什么这样做是明智的，模仿这一实践依然是有用的。这就是为什么一些**明智**的实践（wise practices）可以世代相传，尽管许多人（即使不是大多数人）不明白其中的缘由。值得注意的是，有证据表明黑猩猩在这方面的行为更像是 12 个月大的儿童。如果有一种更简单的方法来获得他们想要的东西，他们就不会模仿榜样的行为。[58] 如果黑猩猩作为观察者不理解某种实践的明智之处，并且看到了一种更简单的方法来做某事，那么这种明智的实践就可能失传。[59]

因此，虽然不理解为什么存在某种共享实践，但人们也愿意去

46

共享这一实践，这对于人类而言有很大益处。但是，在结束讨论之前，我不能不提到过度模仿也存在潜在弊端。并非所有的共享实践都是**明智**的实践。一种做法开始是明智的并不意味着现在也是明智的。如果有更好的办法，我们也可以改进或放弃某种实践。还记得之前的研究吗？尽管没能成功地打开盒子拿到玩具，但那些 24 个月大的儿童仍坚持模仿榜样的动作。这就有问题了。仅仅因为它是一种共享的实践就遵循它，而不重新考虑它的功能性，这可能会带来问题。要再次强调的是，过度模仿既有益处也有成本。

顺便说一下，过度模仿这个例子也能说明共享关联不同于共享情感。很可能那些 24 个月大的儿童坚持模仿榜样的行为却没能打开盒子拿到玩偶，这就使得他们不喜欢这一共享实践。事实上，普遍来讲，有些人会不喜欢某些共享实践，例如日常的宗教习俗，像是信徒需要在晚上祷告之类的。但是他们仍然会这样做，这是因为他们相信这种做法是有价值的。换言之，即使对于共享的实践持有中立甚至是消极的情感，群体的成员也能体验到共享关联。

因此，幼儿有动机去与重要的他人建立共享现实，特别是向成人权威学习如何开展特定的活动（即共享实践）。这包括在协作游戏中学习必要的新共享实践，例如在一项游戏活动中与某人协作，其成功的条件是每个人要执行不同的任务（例如一个人用一个物体向上推一个圆柱体并将其保持在适当的位置，直到另一个人取回这个物体）。[60] 在这个阶段，幼儿也会与他人轮流完成任务，例如在交谈中等着轮到他们讲话，或是基于对同伴的回应为他们所做的事计时。[61] 从共享现实的角度来看，这一阶级在认知发展、社会认知发展和社会情感发展层面的这些变化都指向同一种最基本的发展性变化，即共享实践的出现。

我们也应该提到在这一阶段出现的另一项活动——假装游戏

（pretend play）。[62] 大约在 2 岁时，儿童开始用道具来玩一种想象的活动，例如想象泰迪熊是湿的，然后拿一张纸当作假想的毛巾。[63] 道具的功能就像是符号性词汇。它们是用于指代某个心理类别的、随意的符号载体。儿童使用这些符号性的道具来执行日常的共享实践，例如擦干湿的物体。这使得儿童可以练习一个共享的日常惯例，但并不需要与之有关的常规条件[①]，而这对于儿童来说是十分有利的。[64]

同样，共享实践出现时所产生的发展性变化对于儿童既有好处又有潜在的代价。例如，当儿童使用符号化的词语表达时，声音模式的类别（词汇名称）、物体的类别以及它们之间的象征关系**都属于共享现实**。早期的研究强调这种变化的认知意义，即这种变化是如何影响思维的。这包括经典的沃尔夫假说，即语言塑造了思维。[65] 研究者很少关注这种变化对于社会关系发展的意义，尽管维果茨基明确声称"符号和词汇首先并且主要是供儿童作为与他人进行社会交往的一种手段"[66]。

当我们使用符号化的表达时——甚至是当我们独处时——我们就在与他人产生着联系，体验着与他人之间的共享现实，也体验着我们与他人的归属关系。因此，共享实践这一发展阶段反映了儿童与他人联系方式上的重要变化。事实上，从某种意义上说，从出现符号化的单字词表达开始，我们在与他人的联系上发生的变化比沃尔夫假说更为深刻。更深刻的原因是，关于符号性词汇的共享现实不仅影响着思维，还影响着你认为哪些人与你有关联并与你共享这个世界——**哪些人对于世界的看法是重要的**。

我们在使用工具时会把词汇融入其中，这一独特的人类行为也

---

① 即不需要真的毛巾就可以练习擦干物体。——译者注

体现了符号化的单字词表达的认知和社会关系效应。[67] 婴儿会用勺子吃饭，也会敲打勺子发出噪声或用以引起注意。勺子只是这个世界上的一个特殊物体，它可以有多种使用方式。可一旦勺子在共享实践阶段被称为"勺子"，作为共享沟通实践，我们就会开始对"勺子"这个词进行编码和解码。这便于成人与儿童进行交流，比如当儿童学习勺子在饮食实践（勺子的"正确用法"）中的作用时，成人就可以说"我们就是这样用的"。但也有潜在的弊端。把特定的词与特定的物体联系起来会抑制对物体的创造性使用。还是以勺子为例。当人们想到这个物体的名称"勺子"时，它就激活了这个物体的特定实践和功能（即用来吃饭），而不是其他的用途（比如起开罐子的盖子或制造噪声）。在这方面很有趣的是，双语儿童更加具有创造力，这是由于他们在早期习得了不止一种正确的方法来命名同一个物体。[68]

如前所述，与他人共享言语实践（比如在讲英语的群体中称勺子为"spoon"）可以使幼儿与群体中的其他人关联起来，这显然有益于儿童和社会。然而，如果说关于符号化表达的共享现实使人们之间的关系更加紧密，那我们也会与其他不共享这一现实的人产生距离。[69] 即使像在说英文单词时带有外国口音这样的小事——在单词的声音模式这一共享实践上存在一点细微的变化——也会让人产生猜疑。有证据表明，他人使用语言的方式和自己一样，这一点对于年幼的儿童来说非常重要。

在一项研究中，口音和准确性之间存在着矛盾。[70] 母语为英语的幼儿观察到两个成年人针对不同的新物体给出了不同的新名称。两个成年人都说英语，但其中一人是母语而另一人有外国口音。研究的第一个发现是，所有的儿童都喜欢由母语者提供的新名称。虽然这只涉及一个单词声音模式的变化，但它是共享实践的一个有力证据。

　　研究的下一部分在口音和准确性之间制造了矛盾。这一次两个成人给**熟悉**的物体命名，在一种条件下，母语者总是给出**不正确**的名称，而带外国口音的人总是给出正确的名称。在这一"准确性"操纵之后，两个成年人再次为新物体命名。结果发现，4 岁和 5 岁的儿童这次选择了"准确"的外国口音者起的名称，而非"不准确"的母语者起的名称。但年幼的儿童却不是这样！这一发现表明，对于年幼的儿童而言，共享实践是用正确的**方式**说话，而这也是最重要的。

　　一般说来，共享实践——关于如何行事的共享知识——有利于　　49
内群体成员接受彼此。但由于外群体成员的行事方式不同，因此也存在拒绝外群体成员的潜在成本。此外，在共享实践阶段，可能会产生带有偏见的内群体 / 外群体比较，这可能会在之后发展为道德意识形态上的争议。举个例子，共同的饮食实践可能会发展成支持或反对素食主义，或者是支持或反对印度教徒或犹太教徒的饮食习惯。共享实践是儿童认为必须遵守的共同信念，而道德意识形态也是如此。因此，共同实践的出现存在一个潜在弊端，那就是会导致感知到的内群体 / 外群体差异不断增大，并在之后变成意识形态上的差异。意识形态上的差异虽然不一定总是导致冲突，但确实经常会导致冲突。当这种情况发生时，它们可能演变为最严重的冲突形式。

┃ 注　释 ┃

1.　见 Suddendorf, 2013。

2.　Butterworth & Jarrett, 1991.

3.　Flavell, 1999.

4.　Legerstee, 1991.

5. Kinzler, Dupoux, & Spelke, 2007.

6. Bruner, 1983; 也包括布鲁纳的其他研究工作。

7. Suddendorf, 2013.

8. Gergely, Bekkering, & Király, 2002.

9. Trevarthen, 1979.

10. Stern, 1985.

11. Mead, 1934; 另见凯斯（Case, 1985）关于这种发展的心理表征解释。

12. 关于童年期共享现实的发展，我需要澄清一下我想说什么和不想说什么。我想说的是，在每个阶段都会出现一种新的共享现实模式，这种新共享现实对于儿童的自我调节和人际关系产生了重要影响。儿童与他人互动和相处的方式发生了质的变化。我并不是说这些变化是突然出现的或者没有预兆。每个阶段出现的变化都有先兆，包括认知和社会认知的发展，以及儿童社会生活的变化（比如第一天上学）。我的观点只是说共享现实模式的出现是有先后顺序的，第一阶段出现在第二阶段之前，第二阶段出现在第三阶段之前，等等，不能越过某一阶段。此外，虽然我指出了某个新阶段出现的常规年龄范围，但对于任意一个特定的儿童而言，新阶段出现的年龄可能早于或者晚于我所说的这个范围，尤其是后期的那些阶段可能会受不同文化和不同历史时期的影响。我还要强调的是，我所说的变化并不是在儿童发展期内发生的全部变化。显然，童年期还发生了其他重要的认知、社会认知和社会情感方面的变化，以及成熟度和生物学上的变化。因为共享现实的形成只是童年期发展过程中的一部分，所以我描述的共享现实发展的年龄范围可以用其他类型的发展性变化来填补。这些变化包括为新出现的共享现实模式提供支持的变化（即其他的先兆）。然而，本书讲述的是共享现实对人类的贡献。童年期的其他发展显然很重要，但共享现实的发展也很重要，并且我认为它们在以往的文献中没有得到充分重视。

13. 见 Bates, Camaioni, & Volterra, 1975。

14. 例见 Liszkowski, 2005, 2018; Saarni, Campos, Camras, & Witherington, 2006; Suddendorf, 2013; Tomasello, Carpenter, Call, Behne, & Moll, 2005。

15. 见 Bretherton, 1991, p. 24。

16. 见 Tomasello, Carpenter, & Liszkowski, 2007, p. 9; 另见利斯科夫斯基（Liszkowski, 2018）的综述，其中提供了共享信息的能力在 12 个月左右就已经确立的证据。

17. 见 Liszkowski, Carpenter, Henning, Striano, & Tomasello, 2004。

18. 见 Carpenter, Nagel, & Tomasello, 1998。

19. 见 Eisenberg, Fabes, & Spinrad, 2006; Hay & Rheingold, 1983。

20. 请注意，有些东西让人感兴趣，要么是因为它受人喜欢（吸引人的），要么是因为它不被喜欢（讨厌的）。两个人可以分享一些感兴趣的东西，但却对该事物持有相反的情绪反应。关于找到"感兴趣"的东西意味着什么的经典讨论，见 Mandler, 1975。

21. 在本章的后面，我将讨论共享关联维度的另一端——共享无关。这也可以产生共享现实，即人们一致同意某物是**不值得注意的**。

22. 见 Carpenter et al., 1998; Moses, Baldwin, Rosicky, & Tidball, 2001。

23. 例见 Mumme, Fernald, & Herrera, 1996。

24. 见 Sorce, Emde, Campos, & Klinnert, 1985; Mumme & Fernald, 2003。

25. 见 Kim & Kwak, 2011。

26. 见 Stenberg, 2009。

27. 我认为"情感"（feeling）一词是恰当的，正如萨尔尼等（Saarni et al., 2006）所指出的，"情感"应被视为一种登记（registration），即某个事件**是重要的**。这么说确实是对的，因为我们能够发现感兴趣的东西，并习得什么是积极的和什么是消极的；他们也讨论了情感可以通过感知声音、面部表情或者他人的手势来获得，而婴儿正是这么做的。

28. 见 Saarni, 2000。

29. 见 Eisenberg & Fabes, 1998; Zahn-Waxler, Radke-Yamow, Wagner, & Chapman, 1992。

30. 见 Hamlin, Mahajan, Liberman, & Wynn, 2013。

31. 见温尼科特（Winnicott, 1965）描述的 "足够好的家长"（good enough parent）；另见 Harter, 1999。

32. 见 Kruglanski et al., 2005。

33. 见 Heider, 1958。

34. 见 Tamis-LeMonda, Bornstein, & Baumwell, 2001。

35. 我很感谢马娅·罗西格纳克－米隆（Maya Rossignac-Milon）强调了共享无关的重要性。例如，高中生运动员可以共享这样一种信念：体育运动是有关的，而学习是无关的或者不值得努力去参与的。我们也讨论了这样一个事实：既然共享关联是一个维度，那么共享关联就可能出现在这一维度的其他位置，例如两个人同意某物具有中等关联（既不高也不低）。然而，与其他维度一样，对于共享关联而言，高关联或无关联可能比中等的关联具有更强的动机力量。

36. 著名恐怖主义心理学家奥里耶·克鲁格兰斯基（Arie Kruglanski）与他的同事一起招募了一些想要成为恐怖分子的年轻人，测量了他们追寻生命意义和重要性（即对意义的寻求）的动机作用。好消息是，通过让恐怖分子觉得非恐怖分子的生活是有意义的，也就是说，通过将传统的群体价值观从之前的共享无关的状态转变为共享关联的新状态，可以使恐怖分子**去激进化**（deradicalize）。见 Kruglanski et al., 2013, 2014。

37. 见 Piaget, 1926, 1951/1952; Vygotsky, 1962。

38. 见 Terrace, 2005。

39. 见 Terrace, 2005, p. 99。

40. 见 Chouinard, 2007。

41. 见 Nelson, 2005。

42. 见 Brown, 1958。

43. 见 Stern, 1914。维果斯基（Vygotsky, 1962）同意斯特恩的观点，认为这一转折点是儿童开始询问物体的名称，以及随后词汇量开始爆发式增长。他同意这对于儿童的语言、文化和智力发展而言是决定性的转折点。

44. 见 Keller, 1902。

45. 见 Keller, 1902, p. 23。

46. 见 Brown, 1958b。

47. 见 Harris, 2012。

48. 见 Jaswal & Markman, 2007。

49. Fusaro & Harris, 2013.

50. 见 Rogoff, 2003; Rossano, 2012; Thompson, 2006; Whiting & Whiting, 1975。

51. 见 Rogoff, 2003, p. 3。

52. 见 Freud, 1937。

53. 见 Erikson, 1963。

54. 见 Rogoff, 2003。 *52*

55. 见 Rogoff, 1990; Saarni, 2000。

56. 见 Rogoff, 2003; Rogoff, Paradise, Mejia Arauz, Correa-Chavez, & Angelillo, 2003。

57. 见 Nielsen, 2006; 另见 Gergely et al., 2002。

58. 见 Horner & Whiten, 2005。

59. 关于过度模仿的其他潜在好处的讨论，见 Lyons, Young, & Keil, 2007; Nielsen, 2006; Whiten, McGuigan, Marshall-Pescini, & Hopper, 2009。

60. 见 Wameken, Chen, & Tomasello, 2006; Warneken & Tomasello, 2007。

61. 见 Dix, Cheng, & Day, 2009; Rutter & Durkin, 1987; 另见 Eckerman, Davis, & Didow, 1989。

62. 例见 Harris, 2000; Harris & Kavanaugh, 1993; Piaget, 1951/1962。

63. 见 Harris, 2000。

64. 见 Harris, 2000。

65. Whorf, 1956.

66. 见 Vygotsky, 1978, p. 28。

67. 见 Vygotsky, 1978。

68. 见 Leikin, 2012。

69. 见 Spelke, 2013。

70. 见 Corriveau, Kinzler, & Harris, 2013。

第3章 ||||||

童年期共享现实的发展

学龄前儿童和学龄儿童

儿童与其亲密他人建立共享现实的方式或许会令人感到惊讶。多年前，我与一位朋友聊天，他告诉我他很担心他的儿子，因为他的儿子给自己制定了非常严格的标准；而且，当没能达到这些标准时，他就会非常自责。他说他对此感到非常惊讶，因为他和妻子都十分小心地不给儿子制定太高的标准，或是在他表现不好时批评他。作为一名接受过临床训练的心理学工作者，他停顿了一下，看向我说："是的，我知道你在想什么，你在想我只是**觉得**我做到了，而事实上我对儿子的要求很高，并且对他很挑剔。"我回答他说，事实上我真的相信他。但随后我问他是不是对自己要求很高，并且当自己的表现低于自己的高标准时会非常自责。他大吃一惊。他此前没想过他的儿子将**他**视为自我调节（self-regulation）的榜样，认同并接受了父亲的高标准，并把它们作为自我评价的标准。毕竟，他爱自己的父亲，并想成为像他那样的人——这是典型的身份认同，也是儿童与父母建立共享现实的另一种方式。

我在上一章已经清楚地说明了年幼的儿童在与亲密他人建立共享现实方面存在很强的动机。同时也清楚地表明了对于儿童来说，建立共享现实有利也有弊，例如我朋友的儿子变得像他父亲一样愿意自我批评。这些共享现实的出现对于儿童完全成长为人类社会的一部分来说是非常重要的，但也要认识到它们的缺点。在这一章，我将描述共享现实的随后两个发展阶段——**共享自我指导**（shared self-guides）和**共享协调角色**（shared coordinated roles）。一旦这两种共享现实出现，儿童就不再只是儿童了。事实上，从历史来看，直到今天，在世界的某些地方，儿童被期望承担起成人的责任，而不再被当作儿童对待。因此，接下来这两个儿童发展的阶段对于回答"是什么造就了人类"这个问题来说是非常重要的。

54 共享自我指导

有意思的是，从历史的角度来看，在"人类发展过程中，是18～24个月还是3～5岁发生的事情更重要"这个问题上，经典认知发展领域的文献和社会情感发展领域的文献存在分歧。在经典的认知发展领域的文献中，18～24个月期间符号化过程和语言的出现被认为是最重要的发展。相反，在经典的社会情感发展领域的文献中，尤其是心理动力学方面的文献，3～5岁期间的发展被认为是最重要的，因为在这个时期，儿童开始使用重要他人的目标和标准作为自我调节和自我评价的标准。

后一观点（儿童共享重要他人的目标和标准）始于西格蒙德·弗洛伊德对人类发展的论述，并且在社会情感心理学的历史上也是如此。弗洛伊德描述了在3～5岁通过认同（接受）重要他人（significant other）的目标和标准，超我（或良知）的形成永久地改变了儿童的自我调节。[1]在此期间，儿童与重要他人就成为什么样的人——追求什么样的目标以及遵循什么样的标准——形成了共享现实。[2]这种自我调节的过程在发展心理学理论中被称为"认同"（identification）[3]和"内化"（internalization）[4]。[5]

　　尽管"认同"和"内化"有时可以互换使用，但它们是不同类型的共享自我指导。我朋友和他儿子的例子很好地说明了这一点。我的朋友告诉我，他和他的妻子很小心地不向他们的儿子传递关于他们希望他成为什么样的人的想法。他们不希望他把高标准内化，并且一旦他未能达到这些标准，就会导致自我批评。但适得其反，他的儿子却认同父亲，想要成为像父亲那样的人，并因此将他父亲给自己制定的标准当作他自己的标准。这是认同而不是内化。这是两种不同类型的共享自我指导，但在这两种情况下，儿童都接受父母的目标或标准，并进行自我调节。我朋友的故事说明了 3～5 岁的儿童有很强的动机去与他们的重要他人建立共享现实。如果建立强大自我指导的一条途径走不通（内化），他们可以选择另一条途径（认同）。

　　追求目标和遵循标准这一自我调节过程将他人对自己的期许纳入考虑范围，这显然与弗洛伊德的超我概念有关，因为儿童的超我代表他们对"重要他人认为他们应该做什么"（良知）这一问题的理解。但对于父母（或其他重要他人）想要或期望他们做什么，学龄前儿童的理解并不局限于父母认为他们**应该**做什么，还包括父母对他们的期许。[6] 重要的是，学龄前儿童获得这些自我指导的途径不仅仅来自照护者的反馈和直接的要求，也来自观察重要他人对别人的反应，包括妈妈或爸爸对哥哥姐姐行为的积极或消极的反应，或是父母对孩子玩伴的积极或消极的评价（即观察学习）。[7]

　　共享自我指导的核心是重要他人提供的关于什么是好的行为或表现的标准，儿童接受并把这些标准用于自我调节，且无需外部控制或监督。具体而言，即使没有人观察他们在做什么，没有人会因为他们做什么而奖励或惩罚他们，没有人直接要求或告诉他们做什么，儿童也会遵循某种标准。一项纵向研究很好地说明了这一点，

55

它将学龄前儿童在两项任务上的结果结合起来，综合测量了"内化"或"良知"。[8]在其中一项任务中，儿童待在一个房间里，架子上有许多吸引人的玩具，但母亲却告诉孩子禁止玩这些玩具。然后母亲把孩子独自留在房间里，让孩子完成一项枯燥的任务。研究者在儿童不知道的情况下观察他们是否会遵守禁止玩玩具的要求。

在另一项"良知"任务中，儿童玩一种投掷游戏——投掷用尼龙搭扣包着的球，并被告知每次球击中靶子就会得到奖励。游戏的规则，比如儿童必须远离靶子并且不能面朝它，使得他们几乎不可能成功并赢得奖品。同样，实验者让儿童独自一人完成游戏，让他们有机会在不被发现的情况下作弊（或不作弊）。

研究发现，儿童在这两项任务中表现出的"良知"可以通过一年前他们在完成一项任务时的表现来预测，这项任务要求他们抑制优势反应以遵循某项指令；在"良知"任务中，这就意味着为了遵守规则而压抑玩具有吸引力的玩具或是在靶子上粘一个球来赢得奖品的欲望。这项研究表明，即使**在独自一人时**，学龄前儿童也可以抵制诱惑并遵守规则（即不需要被监视）。

还有另一种方法可用来测量学龄前儿童是否会接受和遵守规则，那就是观察他们**在没有压力的情况下**是否会遵守规则。一项研究表明，学龄前儿童可以做到这一点。研究检视了在没有来自他人直接的社会压力的情况下，儿童是否会遵循与他人分享的规则。在这项研究中，儿童在一个由实验者操纵的木偶面前玩具有吸引力的玩具。4岁以下的儿童倾向于不与木偶分享他们的玩具，除非木偶表达了对玩具的渴望或明确提出玩玩具的要求。相比之下，4岁的儿童更愿意自发地分享他们的玩具，而不需要这些直接的社会压力。[9]

因此，学龄前儿童在不需要外部社会压力或控制的情况下，就会根据他们已经接受的他人为自己设定的标准（即共享自我指导）

来进行自我调节。这些共享自我指导影响着他们选择做什么和不做什么。此外，通过在自我调节中接受这些自我指导，他们在成功地满足这些标准以及没能达到这些标准时，会分别体验到积极和消极的情绪。例如，有证据表明，在 2 ~ 4 岁，儿童的自我评价反应发生了变化，例如失败后噘嘴或皱眉的次数以及获胜后微笑的次数急剧增加。这种发展性的变化被解释为在自我评价方面，儿童逐渐不再仅仅依赖于他们期望成年人对他们的表现做出怎样的反应。[10] 即使没有成年人的观察或反馈，这些自我评价上的积极和消极情绪（诸如自豪、羞愧或内疚）也会出现。[11] 事实上，有人认为儿童对这些**道德**情感的体验源于他们的自我评价，这些自我评价是基于他们想成为什么样的人或应该成为什么样的人的标准，而这些标准在 3 岁左右就已经被内化为社会标准。[12]

　　同为社会规范，"共享实践"和"共享自我指导"有什么区别呢？这对于理解一般规范（尤其是道德规范）的形成来说尤为重要。共享现实总是与一些事物**有关**。那么对于共享实践和共享自我指导来说，它们分别是关于什么的规范呢？对于共享实践而言，规范是关于实践和活动本身的。它们与儿童自身或是他们的重要他人无关。**这些规范是关于活动如何开展的**。共享实践是关于群体中的所有成员如何吃饭、如何穿衣或如何使用文字的。[13]

　　相反，对于共享自我指导而言，规范是关于儿童需要追求的目标以及标准的，它们把特定的儿童与特定的重要他人联系在一起。**这些规范是关于某个特定的儿童与某个特定的重要他人之间的关系的**。儿童确实仰慕这些重要的他人。他们的地位和权力在儿童之上。这就是为什么弗洛伊德提出的**超我**（superego）概念在描述共享自我指导上是如此之适用。儿童仰慕其重要他人，并且希望在如何在世界上好好生存以及成为什么样的人方面得到他们的指导。作为规

57

范性指导，一个儿童的自我指导来自与其有关的重要他人，并且这些指导也是关于这个儿童自身的。[14]

作为规范，共享实践和共享自我指导之间的差异与**描述性**规范和**指令性**规范之间的差异相似。[15] 与共享实践有关的规范**描述**了人们在群体中通常是如何开展活动的。与共享自我指导有关的规范**指定**了一个特定的儿童为达到其重要他人所设定的目标和标准应该做什么。这种差异也导致了道德发展的差异。儿童成功或失败的共享实践构成了**正确**（correct）或**不正确**（incorrect）的行为。相反，儿童成功或失败的共享自我指导构成了**对**（right）或**错**（wrong）的行为。这两种规范都能够极大地推动行为，并且成功或没能达到标准会产生重要的情感结果。但它们是不同的。那些有着共享自我指导的可怜的学龄前儿童现在不得不面对成年人——以及他们的哥哥姐姐——并把他们的错误或失误当作一个**道德**问题。而在那些昔日的美好时光里（也就是一年前吧），一个错误仅仅就是一个不正确的错误，而不是道德失败。

鉴于这一普遍的社会情感元素对自我调节和自我评价的影响，它对于共享自我指导的出现而言是非常重要的。但必须强调的是，在这一阶段，社会认知方面也有重要发展，而它们导致了这些社会情感的变化。3～5岁的儿童首次能够同时协调两个独立的关系系统，例如将可观察的反应（如另一个人的行为）与不可观察的反应（如致使另一个人产生行为的情感或信念）相协调。[16] 这种认知能力是他们推断父母对自己行为的期望及偏好的基础。[17] 尤其是，儿童现在理解了另一个人会希望他们按照期望以特定的方式表现出行为，而这个人对他们的反应取决于这个人想要什么和期望什么 [18]，即这个人给他们设定的目标或标准。学龄前儿童接受了他人的目标和标准，并将它们应用于自我调节和自我评价，即将它们转化为共享的自我指导。而且，值得注意的是，这种推断和回应他人内在状态（包括他人的情感、信念和关切）的能力的变化也明显地体现在儿童与同伴游戏方式的变化上。20～24 个月出现了与同伴之间的合作游戏，并且在 24～28 个月有所增加[19]；但是只有到了 3 岁左右，儿童的合作游戏才涉及愿望、意图和目标的分享[20]。

这一阶段还出现了另一个重要的社会认知改变。儿童"自我"知识领域的著名发展心理学家凯瑟琳·内尔森（Katherine Nelson）指出，2 岁儿童关于自己过去或未来的自我概念是很有限的。即使在游戏中，他们也只关注"现在是什么或可能是什么，而不是过去是怎样的以及未来可能会怎样"。[21] 但是到了四五岁，儿童就会意识到自己是一个拥有过去和未来的个体。[22] 叙事自我（narrative self）的发展促成了文化自我（cultural self）的出现。儿童开始考虑这样一种可能性，即事物可能存在其他的表现形式。[23] 这一点很重要，因为这意味着儿童现在可以按照共享目标和标准来进行自我调节，而这些共享目标和标准不仅仅基于他们现在**是**谁，还基于他们将来可能**成**为什么样的人。[24]

这意味着儿童不能仅满足于他们已有的成就。对于幼儿来说，执行共享实践就足够了，但现在学龄前儿童需要继续提高，特别是在共享自我指导方面，因为它们影响到自己的未来。正如心理学先驱詹姆斯·马克·鲍德温（James Mark Baldwin）所说："那不是我，但我要成为它。它是我的理想自我，我的最终模式，被置于我面前的'应该'的我。"[25] 戈登·奥尔波特（Gordon Allport）在他的经典著作《成为》（Becoming）[26] 中也指出，正是由于这个阶段的儿童能够基于他人希望他们**成**为什么样的人去进行自我调节，他们才会发展出稳定的自我认同和长期的目标，从而为奋斗提供方向。

这并不是在共享自我指导阶段所发生的一切。这一阶段还出现了一个众所周知的变化，人们通常会在"心理理论"（theory of mind, TOM）的概念下加以讨论。我已经讲过的一些内容就与这一领域的文献有关。然而，这些文献的讨论重点并不是关于共享现实形成本身的。事实上，在 3 ~ 5 岁儿童心理理论的发展方面，一个最为人熟知的例子就是儿童有能力认识到非共享现实（nonshared reality）。它就是著名的"虚假信念"（false belief）测验。

在经典的虚假信念测验中[27]，一个名叫马克西（Maxi）的角色把巧克力放在某个地方，然后离开了；当他不在的时候，他的母亲把它转移到了另一个地方。研究中的儿童被试被问及马克西回来后会去哪里找巧克力。一般而言，3 岁以下的儿童会说，马克西会去妈妈放巧克力的地方找，即它现在所在的地方。4 岁左右的儿童通常会说，马克西会去他最初放巧克力的地方找，尽管他们知道这不是巧克力现在所处的位置。研究者认为，这些年龄较大的儿童成功地通过了虚假信念测验。

这个测验之所以叫"虚假信念"测验，是因为马克西关于巧克力在哪里的信念是虚假的，并且不同于儿童关于巧克力现在在哪里的信念。心理理论随着年龄而变化是一个有趣的现象。[28] 而且正如我所言，由于它经常被描述为一种意识到他人的信念、愿望和目的与自己有所**不同**的能力，它似乎说明了学龄前儿童非共享现实的形成。[29] 但是，关于"像马克西这样的研究中究竟发生了什么"这个问题，我想提出一种有点不一样的解释，这种解释是关于共享现实的，而不是关于非共享现实的。

的确，儿童和角色人物马克西关于巧克力的位置有着不同的想法，而且儿童并不能假定他们所知道的和马克西所知道的世界是一样的。这与共享实践不同，因为 2 岁的儿童可以假定其他人也共享某些实践（例如使用特定的单词来表示特定的物体类别，或者与他

59

们共享基本的饮食习惯，等等）。在他们的家庭和当地的社群中，其他人也可能**确实**共享那些实践。但是，如果儿童简单地认为"我知道的就是你知道的"，他们就无法通过虚假信念测验。

那么，学龄前儿童做了什么使得他们通过了这个测验呢？我认为他们建立了一个特殊形式的共享现实。具体来说，他们与马克西共享的现实是，**如果处在马克西的情境中**，他们会去哪里找巧克力。几年前，我将这一现象称为"情境角色采择"（situational role-taking）[30]："如果我站在马克西的角度，我就会去马克西放巧克力的地方去找，因为他不知道巧克力被拿走了。"

根据这一假设，学龄前儿童心理理论的改变**确实**包括共享现实 *60* 的改变，因为它包含在**相同的知识情境**下，与他人分享相同行动过程（获取巧克力）的能力。一般意义上的**指导**是指引导或影响行动过程以达到特定目的。[31] 在这里，儿童假设在相同的知识情境下，指导他们和指导马克西行为的东西是相同的。这就构成了另一种形式的自我指导调节，因为此时儿童受到的引导是，**如果**他们处于目标人物所处的情境，他们会怎么做，即："如果与马克西有**相同的知识**，那**我**应该怎么做？"这一真相并不是关于巧克力到底在哪里的问题，而是关于你和马克西处在同样的知识情境下会怎么做的问题，即**一种共享的自我指导**。

重要的是，如果儿童认为马克西和他们是非常不同的人（即使在相同的情境中，他们的反应也会不同），那么想要通过这个测验的话，他们其实无须考虑他们处在马克西的情境中会做什么。如果他们认为即使在相同的情境中，他们和马克西的行为方式也会不一样，那么他们就必须抑制自己在这种情境下的行为，转而考虑马克西——一个与他们截然不同的人——在这种情境下会怎么做。那将是一项更具挑战性的任务。它是一种"个人角色采择"（individual role-taking），即当**他们的**视角与**你的**视角不同时，你也能够在同样的情境中通过他人的视角来看世界，而不是仅仅把自己置于他们的视角并假设彼此都会以相同的方式做出反应。[32] 个人角色采择是一种非自我中心主义（nonegocentrism），而文献表明这种非自我中心主义直到后期才会形成。[33] 但心理理论任务只需要情境角色采择，而情境角色采择包含共享自我指导。

还需要指出的是，参与假装游戏（比如进行角色扮演或有一个假想的朋友）与学龄前儿童的心理理论发展之间存在有趣的正相关。[34] 同样，假装游戏（比如假扮一名海盗并发现了一份可能被其他海盗偷走的宝藏）并不需要非自我中心主义的个人角色采择。但它确实需要情境角色采择，比如想象如果处在海盗的情境下你会做什么。与心理理论一样，这涉及共享自我指导，因此这可能解释了他们之间为什么存在正相关。

61 　儿童与他人分享玩具时也存在情境角色采择，因为此时儿童可以将自己置身于另一个儿童没有玩具的情境，并且知道在这种情况下他们也会希望有机会玩玩具。如果是这样的话，那么我们就会看到，在不需要其他孩子直接表达出对玩具的渴望或是直接提出要求的情况下，心理理论和儿童与其他孩子分享玩具之间存在正相关。事实上情况正是如此。[35]

我应当强调，虽然共享实践和共享自我指导都包含共享指导，但指导的性质是不同的。共享实践中的指导包括让儿童向他人学习他们作为群体成员应该如何使用餐具、进行单词发音等。共享自我指导中的指导则包括儿童向他人学习他们应该追求什么样的目标，以及在个人的自我调节中应该采用什么样的标准。学龄前儿童明白，他人希望他们以特定的方式行事，而他人对他们的反应取决于他们的行为是否符合这些人赋予他们的目标和标准（即自我指导调解，

self-guide mediation）。通过使用他人的立场进行自我调节和自我评价，儿童获得了**共享**的自我指导。它的好处是，儿童可以根据这些共享自我指导来规划自己的行为，从而增强他们的主观自我控制感。在一定程度上，他人对儿童的反应的确**是**基于他们为儿童设立的目标和标准；因此，儿童在推断这些目标和标准上的新能力增加了他们进行有效自我调节的可能性。这可能是这一共享现实阶段最重要的好处。

此外，通过共享重要他人的自我指导，儿童会认为一些目标和标准与自己的**相关性**比其他的目标和标准更大。在哪些目标和标准更重要上，共享关联（shared relevance）可以让儿童确定这些目标和标准的优先顺序。有许多可能的目标和标准可以指导儿童的自我调节。一般来说，在众多不同的选项中进行选择并确定优先顺序，可以增强儿童的自我调节能力。因此，在共享自我指导上的共享关联（哪些目标和标准最重要）对于儿童来说具有重要的作用。

从社会影响的机制来说，基于顺从的社会调节和基于共享自我指导的社会调节之间存在重要的区别：前者是指人们表现出某些特定的行为是因为行为有助于获得奖励和避免他人的惩罚，而后者是指人们表现出某些特定的行为是因为这些行为符合你所接受的价值观和行为标准。[36] 正如心理病理学先驱西格蒙德·弗洛伊德的女儿安娜·弗洛伊德（Anna Freud）所指出的，当儿童进入后一阶段时，他们的自我控制就不再取决于对痛苦（由外部因素造成）的预期。[37] 现在儿童已经建立一个蕴含他人愿望和要求的永久机制。这一社会影响的转变对于社会而言是有益的，因为儿童将能够更好地控制自己的行为方式，使之符合社会的需要，而无需直接的监督。这也有益于儿童的自我决定感，因为他们在选择如何表现时会体验到更多的内部驱力（他们想做什么）而非外部驱力（他们必须做什么）。[38]

儿童获得的共享自我指导改变了他们的动机和情感生活，因为他们开始将那些自我指导作为追求的目标，并将它们作为标准来评价他们是否成功达成或是没能达成这些目标。如果他们的监控系统感知到他们的真实自我和自我指导之间存在差距，他们可以采取行动来减少这种差距。他们还可以在计划行动时将潜在的差距纳入考虑范围，从而利用前瞻性的自我评价来为当下的自我调节服务。[39]他们可以进行情境角色采择，这能帮助他们理解如果他们以亲社会或反社会的方式对待他人，他人会有什么感受，从而更好地从内部来控制自己对他人的行为。这种自我调节能力的提升对儿童是有益的，它可以减少这一阶段儿童的攻击行为。[40]

在自我调节方面，这些都是由于共享自我指导的出现而给儿童带来的重要益处，包括前面提到的共享自我指导上的共享关联带来的好处，即共享自我指导决定了哪些目标和标准是重要的，是需要追求和达成的。但这也存在潜在的成本，包括认知成本。在计划时，你需要从已知和已经确定的相关选项中进行选择。但问题是，儿童的共享目标和标准可能是他们唯一易得的和凸显的选项，这是因为这些目标和标准已经被确定为相关的目标和标准，而相关性（relevance）是易得性（accessibility）和凸显性（salience）的基础。[41]由于这些共享目标和标准具有共享关联，即使另一种选择可能更适合某个儿童，他／她或许也不会考虑其他那些可能的选择，比如一个小小孩选择建造东西还是打扮。这种潜在的弊端还会持续，使得青少年在职业规划时仅考虑父母希望他们从事的职业，而不是与他们兴趣或技能相符的职业。共享自我指导是如此强大，以至于儿童甚至不**知道**他们还有其他的选择。

在学龄前儿童没能达到标准时所体验到的情绪方面，也有证据表明，违反道德标准的学龄前儿童会表现出对自己违反标准的内疚反应。[42] 事实上，作为共享自我指导的一个主要弊端，研究者已经在学龄前儿童中观察到带有过度内疚的抑郁。[43] 在利弊两面性上，同样值得注意的是，安全依恋水平**更高**的儿童更有可能共享道德标准，并将其确定为更具相关性。[44] 这是合理的，因为安全依恋水平更高的儿童会有更强烈的社会关系动机，从而更有动机与他人建立共享关联和共享现实。这样做的代价是，尽管这些安全依恋的儿童总体而言有着更强的共享道德标准和更强的自我指导，并将得益于更有可能实现他们的道德标准和共享目标，但失败时他们也将遭受更大的痛苦。[45]

高关联的共享自我指导存在利弊两面性，这一现象提供了一个清晰的例子，它说明了共享现实既能使我们强大，又能将我们割裂。对于儿童和成人而言，共享的自我指导具有高度的共享关联使我们更加强大，这是因为关联为我们的目标和标准赋予了优先权，而共享则意味着他人认可我们在自我调节上所做的努力。但是，我们在共享自我指导上的高关联也会使我们分崩离析，这是因为在我们自己眼中以及（我们相信）在他人眼中，未能达到我们的目标和标准是失败的。这样的失败会产生强烈的情感痛苦，而这是其他动物所无法体验的。此外，随着我们的成长，我们与不同的重要他人（例如在父母和亲密同伴之间，甚至是在母亲和父亲之间）可能存在不同的共享自我指导，这可能会产生共享关联上的冲突，并导致困惑和动机上的不确定性。[46]

共享协调角色

我仍然清楚地记得学龄前儿童踢足球时的样子。他们看起来像是蜜蜂围着球团团转，但他们不是想蜇球，而是想踢球。说它是无组织的都是轻描淡写了，因为你不仅不知道某个球员在球队中的位置是进攻还是防守，而且你甚至不知道这个球员属于哪支球队。他们只是想踢到球，而方向几乎无关紧要。发展心理学家将其称为"联合游戏"，它是一种没有组织的互动，看起来就像是每个孩子都在各玩各的。它不同于"合作游戏"，在"合作游戏"中，每个人在协作团队中都有自己的角色。[47]

这一现象相当令人惊奇，坦率地说是有趣，因此在观察了一个赛季后，我（有着几年的高中踢球经历）决定志愿去纽约市西区联赛当女足教练。我执教了两年，当时球队里的女孩们都是七八岁的年纪。它给了我一个很好的机会来观察共享协调角色的出现。作为一名教练，我的首要目标是在球场上把球员分开，以便能够区分进攻和防守的角色，或者也许最重要的是让球员们能够互相传球。直到第二年，我们球队的队员们才开始思考其他队员在场上的角色和位置。令人感到十分兴奋的是，球员们终于搞明白了一些事情。比如，她们终于明白了中锋的角色，这个位置需要考虑到左右边锋在场上的位置才能给他们传球；**而且**，左右边锋需要让自己的位置**远离**中锋，这样她们才能接到传球。我对球队的发展进行了两年多的观察，这段经历非常特别，因为这让我深刻地理解了童年期共享协调角色出现的重要意义。

这种共享协调角色是何时出现在童年期的？诚然，我不太确定。这可能取决于儿童和活动。毫无疑问的是，确定共享现实发展的最后一个"学生"阶段的年龄参数要比前几个阶段更加困难。从神经发育的角度来看，10 岁左右有一个转变，这标志着杏仁核－皮层功能连接的一个重要变化。[48]从社会文化发展的角度来看，一旦儿童开始上学（通常在 6 岁左右），重要的变化就会发生。

正规学校教育对于儿童来说是一个新的社会生活阶段。对于他们中的大多数人来说，他们比以往任何时候都更容易接触到各种各样的成年权威和同龄人。[49]正如埃里克·埃里克森所说："学校本身似乎就是一种文化。"[50]一些儿童接受的学校教育不是正规的学校教育，而是更像学徒制或是帮助成年人做一些事并从实践中学习。在一些文化中，例如农场家庭，儿童很早就与家庭成员一起**参与**成人活动并学习生产性的角色，而不是像上正规学校的儿童一样为成年**做好准备**；在这些文化中，共享协调角色这一阶段可能出现得更早。[51]

　　考虑到文献中提到的所有这些可能性，我们很难为共享协调角色找到一个精确的时间界限。事实上，从历史来看就知道划分这一阶段是很困难的，比如弗洛伊德认为"潜伏期"是从 5 岁左右开始持续到青少年期，而米德也不清楚"概化他者"（generalized other）阶段是从何时开始真正出现的。我认为，当学校教育开始时，无论学校教育是正规的还是非正规的，共享协调角色阶段都已经出现，并且这种共享现实与早期共享自我指导阶段出现的共享现实的变化之间存在本质上的不同。此外，伴随着共同协调角色而出现的共享现实的变化对于长大成人来说确实很重要。这一阶段通常在 13 岁左右（可能稍早或稍晚一点）结束，而这也意味着童年期的结束。当这一阶段结束时，儿童就具有了共享现实动机，即在需要协调多个角色的团体活动中与他人合作，而团队中的每个成员都知道他们被期望扮演何种角色，也知道人们对于扮演其他角色的成员抱有何种期望。

　　共享的合作活动或团队协作具有相互响应的基本特征。它涉及协调一致的行动计划和意图，需要了解角色的互补性。[52]研究者强调，这种共享的协作活动对于人类作为一个独特物种（包括我们独有的伦理关切）的发展是至关重要的。[53]由于我们有能力与一群陌生人（即非亲属）共同合作，我们可以让自己扮演协调和互补的角色，这使得我们成为一个独特的物种。[54]正是在这一阶段，这种共享协调角色出现了。

是的，学龄前儿童和其重要他人之间存在共同的目标和标准。但这与学校教育中的共享团队合作和互补角色是完全不同的。最大的差异在于它具有**非个人**（impersonal）的特征。共享自我指导适用于儿童自身的自我管理和自我评价。共享自我指导是儿童的重要他人（作为某个特殊的个体）对于他们的要求。而对于共享协调角色而言，特定活动所要求的规则和规范适用于参与该活动的任何人，以及执行特定活动相关角色的任何人。儿童学习到，他们作为个体而言并不重要，重要的是作为角色扮演者与其他角色扮演者相协调，而每个人都共享着关于互补角色的知识。

在儿童遵守规则方面，皮亚杰指出，儿童对规则的编码发生在11 ~ 12岁。他认为这些规则"构成了一种明显的社会现实"，这种社会现实是"独立于个体"的。[55] 它不是关于你的，而是关于这个角色的。其他人可以代替你来扮演你正在扮演的角色。回到足球的例子上，中锋的角色并不局限于某个球员。这个角色可以由不同的球员来承担。事实上，这也是我的足球队的实际情况。如果通常踢中锋的球员在一场比赛中生病了，球队并不会没有中锋的位置。其他球员会接替这个角色。此外，在一场比赛中，不同的球员都有机会踢中锋，目的就是让他们在实际比赛中能够承担起这个角色。

此外，大多数团体活动，如足球，会涉及多个角色，每个角色必须了解其他角色如何工作，以便有效地与他们进行协作。承担中锋角色的球员需要与承担左边锋和右边锋角色的球员相互合作，而承担左边锋和右边锋角色的球员也需要与中锋合作。如果不考虑其他人的角色，每个角色的球员就无法正确地传球。群体的一个重要特征就是成员为了某种共享的目标而相互合作，并且成员在群体中有专门的、不同的角色，他们为了追求集体的目标而共同努力。[56] 这种角色协调的群体组织在学龄儿童中应运而生。

在参与一项活动时，学龄儿童和学龄前儿童与他人关系上的差异正是米德对**玩耍**（play）和**游戏**（game）所做的区分。[57]他指出，在玩耍中，一个儿童会扮演某个重要他人的角色，并与自我相关联："爸爸，我扮演你，你扮演我。"与之相反，游戏与特定的某个人无关。它是一个**概化他者**，并且对所有扮演这个角色的人的期望都是相同的。此外，角色不能单独存在，而必须考虑到游戏中的其他角色。正如米德所言："参与者设想的其他角色的态度集合成了一个整体，而正是这个组织（整体）控制着个体的反应。"[58]之后他又指出："正是这些共同的反应，这些集合的态度，使得社会成为可能。"[59]在一项游戏中，彼此相关的角色组成一个组织，儿童正是属于这整个组织。值得注意的是，皮亚杰也指出，虽然 4 岁左右儿童的玩耍就已经涉及不同的角色，但只有到了 7～11 岁，角色之间的**协作程度**以及带有规则的**游戏的数量**才开始增加。[60]

当共享协调角色出现时，儿童就开始生活在一种完全不同的社会环境中。学龄前儿童追求目标是为了实现共享自我指导，这些共享指导主要是把他们当作个体来加以关注。他们体验到的标准和目标是他们所接受的，即重要他人希望他们（作为个体）成为什么样的人。他们努力想要达成的、来自他人（通常是重要他人）的期望是与自身有关的。而当共享协调角色出现时，陌生人会告诉他们对于扮演这个角色的任何人的期望，而不再是针对他们自己。而且，为了使一个社会实体（比如一个工作团队、一个运动团队、一个学校俱乐部）蓬勃发展，他们必须将他们的角色相关行为和其他人的角色职责相协调。

对于学龄儿童来说，这些目标和标准不再与重要他人联系在一起，而是如米德所言，与概化他者联系在一起。重要的不是你，而是更大的实体，它现在控制着你的行为。是这个组织控制着你的反

67

应。著名发展精神病理学家哈里·斯塔克·沙利文（Harry Stack Sullivan）认为，从协作意味着相互关系的意义来说，真正的协作是从青少年早期开始的。[61] 这代表了自我调节向社会调节的巨大转变。我们与同辈共享团队合作和协调角色。[62]

共享协调角色的范例是两个人之间的交流，他们轮流扮演说者角色和听者角色，同时参与"沟通游戏"，这一**游戏**是指有目的的社会互动，涉及相互依存的角色和惯常的规则。[63] 随着时间的推移，学龄儿童可以更好地调整自己的信息（例如态度、知识），以适应交流伙伴的内心状态。在初期，学龄儿童仍然会错误地假设他们与交流伙伴的知识是大多相同的。例如，我在沟通发展研究中发现，与13岁的儿童相比，即使是9岁的儿童也难以充分考虑到他们所拥有的知识可能是别人所不知道的。尽管他们明白，他们镇上的陌生人可能不知道从 A 到 B 的路线，但他们仍然会犯这样的错误：试图用当地地标的名称（比如陌生人不可能知道的教堂的名称）来告诉陌生人怎么走。[64]

68

随着共享协调角色的出现，儿童的沟通技能有了很大的提升，他们开始以一种与成人更相似的方式进行沟通。例如，有证据表明，二年级儿童的对话在 55% 的时间里是过短的或中断的，而五年级儿童（大约 10 岁）的对话仅在 15% 的时间里是过短的或中断的。在测量对话的轮流转换时，研究者区分了与之前所说内容相关的和不相关的对话，二年级儿童有 40% 的内容与之前的话题无关，而五年级儿童只有 15% 的内容是无关的。值得注意的是，研究发现，在这些测量上，五年级儿童的对话与成人基本差不多。[65]

萨姆·格卢克贝格（Sam Glucksberg）和鲍勃·克劳斯（Bob Krauss）是沟通发展的实验研究领域的先驱，他们的一项经典研究阐明了学龄儿童如何在说者和听者之间有效协调。[66] 说者必须告诉一名听众如何把一套彩色积木摆在木板上。听者在听完说者的信息后给出反馈，说他们不明白说者指的是哪一块积木。来自幼儿园的说者往往保持沉默或者简单重复他们之前说过的话，而五年级的学龄儿童会像成人说者那样，要么提供一种新的描述，要么修改他们之前的表达。

　　值得注意的是，这个阶段的发展更多的是学习如何在协作游戏角色中合作，而不是语言发展本身。当大一点的儿童提供新的描述或修改他们先前的描述时，幼儿园的孩子也具有同样的语言表达能力。从语言能力的角度来看，幼儿园的孩子本可以说出那些年龄更大的说者所说的话，但他们没有。他们只是没有动机去改变他们最初的信息，因为他们认为如果他们知道信息指的是哪块积木，那么他们的听众也知道（自我中心主义）。他们还没有达到承担说者角色期望的共享现实阶段，这包括将听者的知识也考虑进来，并认识到听者的知识可能**不同于**他们的知识。最后需要强调的是，在这一阶段，沟通是关于**角色**履行的。与幼儿作为符号化表达的编码者和解码者相比，学龄儿童扮演说者和听者的沟通角色是明显不同的。[67]　　*69*

　　在共享协调角色阶段，指令性规范的来源从重要他人扩展到概化他者，它对儿童所扮演角色（比如说者和听者的角色）的规范性期望对于任何人来说都是相同的，即对于所有人来说都存在相同的基本标准。这一变化也反映在这一阶段服务于自我评价的描述性规范的拓展上。尽管学龄前儿童会拿自己当前所拥有的东西与属于自己群体的其他人做比较，例如比较他们有多少糖果（比较自我和内群体中的其他人），但学龄儿童开始进行更复杂的比较，例如涉及内、外群体的群体水平的比较。[68]学龄儿童也开始使用同样适用于每个人的标准来对自己和他人的表现进行能力维度上的排名[69]——同样，这一标准对于每个人而言都是相同的。

学龄儿童对权威的看法也发生了变化。权威现在被视为各方之间一种共享的、共识的等级关系，人们接纳（时间长短不同）这种关系是因为它能为集体带来利益。学龄儿童不再因为一个人是年长的重要他人而去服从权威，现在他们认为服从是为合作和协作所服务的，它是群体中或多或少处于平等地位的成员之间一种共享的、带有共识的关系。[70] 由于协作是为了共同的利益，同辈群体中的权威（例如一个团队的队长）也认为他们应该听取下属（即其他团队成员）的意见，因为他们承担着团队的其他角色。重要的是，同辈群体中的权威是被管理者同意选出的。[71] 儿童可以通过平等相待来实现互相控制。社会中每个人都共享着遵守规则的平等责任，对规则的尊重是源于他们认识到了规则的社会调节功能，特别是分工之类的组织功能。

具有重要意义的是，儿童间关系的变化也反映在友谊的变化上。从学龄前儿童到学龄儿童，友谊发生了转变，从**与另一个孩子一起**做一些事情（比如一起做游戏）转变到**为了另一个孩子**做一些事情（比如帮助他们解决问题或者让他们帮你解决问题）。[72] 这就像游戏中有合作和协作的角色，以便服务于双方的利益和彼此协助。对亲密朋友的期望有所改变。亲密朋友的角色是不同的。它包括分享秘密和相互关心，这使得每个孩子都能更有效地帮助对方。因为儿童现在会分享他们的问题和秘密，亲近的同辈会变得更加亲密，而他们的伙伴会尽力帮助他们解决问题。[73] 由于协作是在平等的个体之间进行的，它具有一种独特的亲密关系，是一种新的共享团队合作，其中每个伙伴都想帮助另一个伙伴实现他/她的利益。相比之下，先前的亲子关系在这方面是相当不平等的。鉴于很多学龄儿童的活动是非个人的，有一个具有这种亲密关系的亲密朋友是一件幸事。这可能是这一发展阶段的特殊福利。

70

与其他阶段的变化一样，共享协调角色阶段也涉及认知和社会认知方面的发展性变化。正如皮亚杰的去中心化（decentration）概念所表述的，到了这个阶段，儿童能够在两个不同的维度协调价值观[74]，即具有一次考虑并关联两个不同维度（例如长度和宽度）的能力。例如，当将自己的表现与另一个孩子的表现进行比较时，他们现在能够同时考虑行动者的结果和努力上的差异（例如用同样的努力获得更好的结果），这就使得对一个人的"能力"进行推断成为可能。[75]通过一次将两个维度关联起来，儿童不仅可以认识到他们在某些活动上比同辈群体表现得更好（或更差），而且可以认识到这项活动比大多数其他活动具有更多（或更少）的价值。"擅长"或"不擅长"做某件事也具有了新的含义，因为它被认为是一种稳定的特质（即不仅仅是一次失败或成功的表现）。现在的共享现实包含**性格特质**和能力，这是之前没有出现的。[76]

认知和社会认知方面的这些变化对于这个阶段的角色学习来说非常重要。在有关角色理论的经典文本中，泰德·萨尔宾（Ted Sarbin）和弗农·阿伦（Vernon Allen）指出角色学习是很困难的。一个人不仅要了解对特定角色的期望，还要了解对其互补角色的期望："充分学习一个角色需要了解一整套角色。"[77]它还要求儿童每次都调整到与他们当前正在互动的角色相适合的状态。因此，与角色伙伴进行角色扮演就需要儿童协调与自己角色相关的期望和对互补角色伙伴的期望。这出现在这一阶段，而不是之前。[78]

71

共享协调角色时期的结束意味着，学龄儿童将走出童年期的最后阶段。当然，共享现实会有更多的发展，即成人式的共享现实在复杂性方面会有更多的发展；但是，通过共享团队合作和共享协调角色，儿童现在已经迈出重要的另一步。儿童现在已经准备好参加与成人有关的活动，包括参加有组织的活动并在这些活动中发挥领导作用。

关于这一阶段共享现实变化带来的潜在利弊，儿童临床心理学先驱埃里克·埃里克森很早就提出了假设，他将其称为"勤奋对自卑"（Industry vs. Inferiority）阶段。正如他所指出的，虽然儿童似乎都准备好了"进入生活"，但他们所进入的生活是某种形式的学校教育（正式的或非正式的；预备性的或参与性的）；在这种教育中，个人目标必须"被驯服并受控于**非个人**（impersonal）法则"。[79] 埃里克森认为，这一阶段是在社会层面最具决定性的阶段，因为"勤奋是指与他人并肩作战，这是劳动分工的雏形"。[80] 如果一切顺利，儿童就会成为一名团队成员，他／她会尽自己的一份力量帮助团队取得成功——形成**勤奋**的品质。如果进展不顺利，儿童就会觉得与同龄人相比，自己不是一名合格的团队成员——形成**自卑**的品质。此外，儿童可能会出于顺从的压力而成为顺从者，比如顺从传统的性别刻板印象。[81]

我们需要强调学龄前儿童与学龄儿童的共享现实之间的重要差异。对于学龄前儿童来说，共享现实与重要他人有关，尤其是父母及其他亲密的人。共享现实基于与重要他人的互动和亲密关系，而互动的对象是作为个体的儿童。这些与重要他人之间的共享现实贯穿于我们的一生，并且新的重要他人（比如伴侣）会进入我们的生活。但是伴随学龄儿童的共享协调角色出现的则是另一种共享现实，即关于群体规范和社会规则的共享现实。它涉及扮演社会角色，这些角色是针对任何扮演该角色的人而定义的。它更加客观化和普遍化。陌生人不再把儿童当作特殊的人并使用共享自我指导来评价他们，而是会使用适用于每个人的一般标准来进行评价。的确，由于这个原因，个人自我指导和群体规范之间可能存在冲突，这一冲突与自我调节问题有关，著名社会学家欧文·戈夫曼称之为"角色距

72

离"（role distance）[82]。从认知的角度来看，在一个更大的组织中扮演角色也会将儿童的思维限制在仅与角色相关的事物上，即仅与其角色及互补角色所包含的事实相关。这是共享协调角色新阶段的一个弊端。

现阶段的自我调节更多与概化他者的目标和标准有关，而不仅仅与儿童的重要他人的目标和标准有关，这种变化还存在一个弊端。学龄前儿童接受了他人设定的目标和标准并进行自我调节，但这些目标和标准并不总是符合儿童的最佳利益。如果有一些不同的或其他的目标和标准对于儿童来说是更好的呢？由于重要他人往往比儿童更有权力，学龄前儿童很难改变与重要他人之间的共享现实；但是鉴于重要他人通常优先考虑儿童的利益（至少在当今世界是这样的），对于儿童的目标和标准仍有一些协商或是共同制定的可能性。相反，与学龄儿童共享协调角色的概化他者并不会优先考虑儿童的利益。它以组织活动的利益（或该活动参与者的利益）为中心。如果儿童不喜欢与某项活动有关的概化他者的目标和标准，他们就很难（即使不是不可能）做出任何改变。他们需要在参与者（包括与他们没有私人关系的活动领导者）之间建立新的共识。你如何与概化他者相处呢？当儿童需要应对一个概化他者时，这对于他们的控制效能感会产生什么影响呢？

概化他者为儿童设定的目标和标准或许不同于儿童自身的目标和标准，而且不同的群体为儿童设定的目标和标准也可能是不同的。儿童可能会在不同的关系中（例如一群朋友相对于最好的朋友）体验到不一样的角色或自我。[83] 老师可能对他们希望儿童遵循和执行的规则和角色持有某种看法，而儿童的同辈群体却可能持有非常不一样的观点。

对于学龄儿童来说，接触到各种不同的观点既有好处也有潜在的代价。通过学习理解和分享各种各样的观点，儿童可以提升他们的社会观点采择能力，这与亲社会行为正相关。[84]与此同时，也可能出现自我调节的冲突。例如，处于青少年早期的女生可能会体验到冲突，即她们的父母希望她们把学业和家务作为首要任务，而她们的朋友则希望她们把共同的社交生活作为首要任务。这会给儿童带来内心冲突，使他们难以成功地自我调节，从而产生不确定性和困惑。[85]有证据表明，青少年早期是充满不确定性和同一性混乱的阶段。[86]

由于儿童需要考虑到适用于每个人的一般角色、规范和规则，他们也可能会担心被别人甚至陌生人批评。换句话说，存在一种"顺从的压力"。[87]这一阶段存在利弊两面性，比如在参与团体活动时，儿童一方面得益于能够平衡自己的需要和他人的需要，但另一方面也担心他人根据团体规范和标准对他们进行评价，例如他们会非常关注自己的穿着和长相。

顺便说一句，在共享协调角色阶段结束时，从童年期的最后阶段脱离出来这件事对于儿童而言是很艰难的。的确，如果一切顺利，他们会因为勤奋而感到自豪——他们有能力与同龄人协作。但是，像彼得·潘一样，儿童更愿意留在"永不结束的童年"。当儿童一直以来被重要他人加以特殊对待时，他们就很难进入共享协调角色的非个人阶段，他们会被视为只是在扮演一个角色，就如同其他扮演这一角色的人一样。当我女儿凯拉进入六年级（中学）时，我注意到了这一点。我意识到她很伤心，因为她觉得自己失去了童年。的确，尽管她的表亲和朋友告诉她没有圣诞老人，但在圣诞节她仍继续表达自己相信有圣诞老人。她也许是意识到了得到圣诞老人礼物的好处，但我认为这是她让自己的童年再延续一段时间的方法。

对于学龄儿童来说，还存在另一种利弊两面性，它与之前提到的改变有关，即儿童从根据身体特征或行为对人进行概念化，转变为根据性格能力和特质对人进行概念化。这包括自我评价。一方面，儿童现在可以把自己屡次的成功视为自己能力（即满足别人期望的能力）的一种体现，进而创造出一种新的自信。另一方面，他们也可以把自己屡次的失败视为无能的体现，即无法满足别人对他们的期望，这就使他们容易产生一种新的无助感。[88] 再加上儿童越来越关注他人如何根据群体规范和标准来评价自己，因此这对于他们来说可能是一个困难的时期。事实上，社交焦虑感和同伴排斥感在这一阶段通常会加剧。此外，儿童在自我评价时会越来越多地使用规范性社会比较（即共享的标准），这就会导致这一阶段的积极自我评价有所下降。[89]

　　最近的一项研究提供了一个惊人的例子，说明了这一阶段的共享世界观所具有的动机意义。[90] 研究发现，6 ~ 11 岁的儿童会把亲社会行为归因于那些持有共享意识形态信念的人，而不是那些具有共享偏好（如共同兴趣）或共享事实（如某物的名称）的人。共享意识形态信念对亲社会判断的影响从何而来呢？

　　研究者指出，一种可能性是，相比其他信念，宗教信仰与好和坏的行为之间存在更强的联系。从共享现实的角度来看，也可能是因为意识形态（如宗教信仰）与群体的目标和标准有关，而不仅仅是个人的目标追求。儿童关心的是一个意识形态群体中好的成员应该做什么和相信什么，以及他们应该如何互动。他们基于集体利益而不仅仅是个人利益来协调成员。如果一个人和你有相同的意识形态信念，那他就是群体中的好成员。**你**所在群体中的好成员就理应是一个好人——因此，也就理应将亲社会行为归在他或她身上。

　　针对内群体成员的这种积极判断将使个体成员和整个组织都受益：这将使他们更强大。但需要再次强调的是，它同样存在一个潜在弊端，那就是我们对于那些**不**共享意识形态信念的人会产生不太积极的判断——内群体 / 外群体偏差的另一种来源。因此，就像其他发展阶段一样，共享协调角色的出现既有好处也有坏处。从人类大型群体成员在复杂的组织中合作，以便创造"文明"这个角度来看，其优点是很重要的。缺点则是可能而且确实会在拥有不同共享现实的群体之间制造冲突，即"文明间的冲突"。**随着共享协调角色的出现，人类可能变得非常文明，也可能非常不文明。**

顺便说一句，当代社会对于儿童在共享协调角色阶段所发生的事情重视不够。到这个阶段结束时，他们不再是儿童了。在遥远的过去，几百年前，他们没有被当作儿童来对待。但他们现在是的。从历史的角度来看，只是在相对的近期，我们才创造了一些新的社会生活阶段。在这些阶段，年轻人还是被当作孩子一样对待，被贴上"未成年人""青少年"甚至"大学生"的标签。但他们不是孩子了，他们希望被当作年轻的成年人来对待，而且在共享协调角色阶段结束时他们已经成为成年人。如果我们不把他们当作成人一样对待，他们就会想要加入其他的组织——比如街头帮派或者"伊斯兰国"（ISIS）这样的组织——因为那些人会认真地对待他们，把他们当作成人来看待。

有关童年期发展中共享现实的出现问题，我现在已经讨论完了。在本部分的最后一章，我将回顾过去——遥远的过去——描述作为一个物种，人类是如何形成共享现实的。这是一个关于共享现实如何在人类中演化而来的故事，是人类共享现实的根源。

| 注　释 |

1. 见 Freud, 1923/1961。
2. 见 Higgins, 1989a, 1991。

3.　例见 Harter, 1999, 2006; Moretti & Higgins, 1999。

4.　例见 Kochanska, Murray, Jacques, Koenig, & Vandegeest, 1996; Stipek, Recchia, & McClintic, 1992。

5.　"内化"（internalization）是指儿童对于他人对自己提出的目标和标准有了**内在**的表征，他们接受了这些目标和标准，并把它们作为自己的目标和标准。这种"内化"不应与儿童自我调节意义上的"内化"相混淆，后者是指儿童根据自己的个人立场进行自我调节，并认为个人立场有别于他人立场。只有在第三阶段之后，儿童才能把自己的个人立场与他人的立场区分开来，并进行自我评价（见 Harter, 1999, 2006）。另见德西和瑞安（Deci & Ryan, 1985, 2000）有关内化是一个发展连续体的讨论，以及刘易斯（Lewis, 2007）建议使用**并入**（incorporation）一词指代认同过程的讨论。在文献中，也常用**认同**（identification）一词替代**内蕴化**（interiorization）一词。

6.　希金斯（Higgins, 1987, 1989a, 1991）区分了不同的自我调节指导（目标和标准），即应该的自我调节指导与理想的自我调节指导。需要注意的是，学龄前儿童不需要区分什么是应该的和什么是理想的，也能把两者全都内化。他们的父母知道什么是应该的和什么是理想的，大一点的儿童也知道，但学龄前儿童很有可能把两者都当作需要追求的目标和遵循的标准，而不管它们之间的差异。

7.　见 Bandura, 1986; Lewis, 2003。

8.　见 Kochanska & Knaack, 2003。

9.　见 Wu & Su, 2014; 另见 Svetlova, Nichols, & Brownell, 2010。 76

10.　见 Stipek et al., 1992。

11.　见 Kochanska, Casey, & Fukumoto, 1995; Lewis, 1995; Lewis, Alessandri, & Sullivan, 1992; Mascolo & Fischer, 1995; Stipek, 1995。

12.　例见 Lagattuta & Thompson, 2007。另见 Hart & Matsuba, 2007; Stipek,

1995。

13. 这并**不**意味着没有满足第二阶段的规范就没有个体层面的后果。正如我在第 1 章提到的，处于第二阶段的幼儿如果没有遵循共享实践（即没有以规范、适当的方式行事），就可能会遭到他人的嘲笑和羞辱。

14. 还需要强调的是，皮亚杰（Piaget, 1932/1965, pp. 61-62）描述了第三阶段"自我中心"的儿童会被成人束缚，他们仰视成人并把规则神圣化。他还指出，由于儿童与其重要他人不平等，并没有真正意义上的互动，这会导致儿童仍然活在自我里并继续保持沉默。

15. 关于这一区别的讨论，见 Cialdini, 2003; Cialdini, Reno, & Kallgren, 1990。

16. 凯斯（Case, 1985）在有关认知发展的新皮亚杰主义模型中描述了这种发展。

17. 见 Shantz, 1983。

18. 见 Fischer & Watson, 1981。

19. 例见 Eckerman, Davis, & Didow, 1989; Eckerman & Whitehead, 1999。

20. 例见 Brownell, Nichols, & Svetlova, 2005; Howes, 1988。

21. 见 Nelson, 2005, p. 130。

22. 见 Nelson, 1992; Gopnik & Graf, 1988。

23. 见 Nelson, 2003, 2005。

24. 见 Higgins, 2005。

25. 见 Baldwin, 1897, p. 36。

26. Allport, 1955.

27. 见 Wimmer & Perner, 1983。

28. 关于其性质和意义的讨论，见 Flavell, 2004; Wellman, Cross, & Watson, 2001。

29. 需要注意的是，心理理论各个方面的发展可能发生在第二阶段。关于心理理论发展的一些很有见解的综述，见 Baillargeon, Scott, & He, 2010;

Wellman, 2014。

30. 见 Higgins, 1981b。

31. 见 "Guide," 1989。

32. 见 Higgins, 1981b。

33. 例见 Selman & Byrne, 1974。

34. 见 Harris, 2000; Schwebel, Rosen, & Singer, 1999。

35. 见 Wu & Su, 2014。

36. 见 Hoffman & Saltzstein, 1967; Kelman, 1958。

37. 见 Freud, 1937。

38. 见 Deci & Ryan, 1985, 2000。

39. 见 Bandura, 1986; Carver & Scheier, 2008; Higgins, 1989b, 1991。

40. 见 Dodge, Coie, & Lynam, 2006; Eisenberg & Fabes, 1999。

41. 见 Eitam & Higgins, 2010。

42. 例见 Kochanska et al., 1995。

43. 见 Luby, 2010。

44. 见 Kochanska, Aksan, Knaack, & Rhines, 2004。

45. 见 Higgins, 1989a, 1991; Neuman, Higgins, & Vookles, 1992。

46. 见 Van Hook & Higgins, 1988。

47. 见 Parten, 1932。

48. 见 Gabard-Durnam et al., 2014。

49. 例见 Erikson, 1950/1963; Higgins & Parsons, 1983; Pianta, Rimm, Kaufman, & Cox, 1999; Saarni, 2000。

50. 见 Erikson, 1950/1963, p. 259。

51. 见 Rogoff, 2003; Rogoff, Paradise, Mejia Arauz, Correa-Chavez, & Angelillo, 2003。

52. 见 Bratman, 1992。

77

53. 例见 Kitcher, 2011; Suddendorf, 2013; Tomasello, 2014。

54. 见 Harari, 2015。

55. 见 Piaget, 1943/1965, p. 24。

56. 见 Hackman & Katz, 2010。

57. 见 Mead, 1934。

58. 见 Mead, 1934, p. 154。

59. 见 Mead, 1934, p. 161。

60. 见 Piaget, 1951/1962。

61. 沙利文的这一观点引自 Loevinger, 1976, p. 73。

62. 关于群体中的自我调节的讨论，见 Levine, Alexander, & Hansen, 2010。

63. 关于沟通游戏的讨论，见 Higgins, 1981a。

64. 见 Higgins, 1977。关于沟通发展更全面的讨论和综述，另见 Glucksberg, Krauss, & Higgins, 1975。需要注意的是，这些儿童确实明白，有一些事情是他们知道而陌生人不知道的，比如如何从 A 到 B，所以他们通过了心理理论测验。但是在他们告知陌生人的信息中，他们错误地使用了陌生人不知道的当地的一些名称。其实，这种情况也可能发生在成年人谈论当地的一些事情（比如指路）时，正如我确信你和我一样，经历过不止一次这样的情况（例如，我们会说"然后在法院转⋯⋯"）。

65. 见 Dorval & Eckerman, 1984。

66. 见 Glucksberg & Krauss, 1967。

67. 关于说者和听者角色的规范性期望或规则的描述，见 Higgins, 1981。

68. 关于群体背景下有关结果比较的分析，见 Levine & Moreland, 1986。

69. 例见 Ruble, 1983。

70. 例见 Damon, 1977; Kohlberg, 1969。

71. 见 Damon, 1977。

72. 例见 Damon, 1977; Selman, 1980; Youniss, 1980。

78

73. 见 Berndt, 1983; Sullivan, 1953; Watson & Valtin, 1997。

74. 见 Case, 1985; Fischer, 1980; Piaget, 1970。

75. 见 Higgins, 1991; Ruble, 1983。

76. 见 Rholes & Ruble, 1984; Ruble & Rholes, 1981。

77. 见 Sarbin & Allen, 1968, p. 546。

78. 这一发展性的分析基于新皮亚杰主义者罗比·凯斯关于儿童认知发展阶段的杰出工作（Case, 1985, 1992）。

79. 见 Erikson, 1950/1963, p. 258; 后加的强调。

80. 见 Erikson, 1950/1963, p. 260。

81. 见 Hill & Lynch, 1983。

82. 见 Goffman, 1961。

83. 见 Harter, 1999。

84. 见 Eisenberg, Fabes, & Spinrad, 2006; Fabes, Carlo, Kupanoff, & Laible, 1999。

85. 见 Harter, 1986, 1999; Higgins, 1991; Loevinger, 1976; Van Hook & Higgins, 1988。

86. 例见 Blos, 1961; Erikson, 1963; Fischer & Lamborn, 1989。

87. 见 Hill & Lynch, 1983。

88. 例见 Dweck & Elliott, 1983; Rholes, Blackman, Jordan, & Walters, 1980; Ruble & Rholes, 1981。

89. 见 Harter, 2006。

90. 见 Heiphetz, Spelke, & Banaji, 2014。

第 4 章 ||||||

人类共享现实的根源

　　我们是如此特别！我们这么说的时候是带着**态度**的，它不是"我们有**多**特别？"（疑问句），而是"**我们**是多么特别！"（感叹句）。作为人类，我们认为自己是特别的。我们环顾四周，看了看世界是什么样子的，然后宣称："没有其他动物可以像我们一样！"那么，唯一的问题就变成："我们到底为什么**这么**特别？"

　　关于"我们如此特别"这一点，最强大的观点可能出现在文艺复兴时期：它以**自然阶梯**（*scala naturae*）即**存在之链**（Chain of Being）的形式出现。它是指事物存在自然序列（如下文所示）。它显示了万物的等级，是上帝所赋予的伟大的存在之链。人类被置于所有其他动物或生物之上。人类仅处于天使之下。人类**不是**动物。

　　值得注意的是，人类的特质也存在一个平行的自然序列。这里相当于上帝的是我们的**智力**（intelligence）。我们的智力是"上帝自身形象"的反映。接下来处于天使水平的，是我们的理性，即我们思考和做出选择的能力。当然，我们的理性也需要我们的智力；因此，正如我们被告知的那样，使人类与众不同的是我们的智力。

　　你们肯定不会感到惊讶，我并不喜欢这种"是什么造就了我们人类"的描述。我相信，使我们成为人类的不仅仅是我们每个人都拥有的那种智力，同样重要的是我们特殊的人际动机——我们与他人建立共享现实的动机。[1] 想要知道成为人类意味着什么，我们就必须了解这种动机。本书的目的是讨论和描述这种动机的所有绝妙的形式，而前面的章节已经讨论和描述了人类童年期发展过程中出现的不同类型的共享现实，以及人类沟通中共享现实的创建过程。这一章的目的则是讨论和描述这些绝妙的共享现实形式的进化根源。

（人类）时间简史

从哪儿开始讲这个故事呢？我首先应该指出，同样是人类的近亲，普通黑猩猩和倭黑猩猩在大约 600 万年前与人类有着共同的祖先。我们不是从它们进化而来的，它们也不是从我们进化而来的。在接下来的 600 万年里，它们和我们的进化大相径庭。这是一个时间点，但并不是我要开始讲故事的时间点。下一个时间点大约是 250 万年前，此时随着进化出现了人属（genus *Homo*，即早期人类），特别是在大约 180 万年前出现了直立人（*Homo erectus*）。[2] 我将从直立人的出现开始讲这个故事。下一个时间点大约在 20 万年前，当时出现了（古代）智人（*Homo sapiens*），随后是现代智人（*Homo sapiens sapiens*）。我的故事的第二部分，也是最重要的一个部分就是关于现代智人的——大约是在 3 万到 5 万年前这个时期。然后这个故事在大约 1 万年前进入农业革命时期，即出现伟大文明的时期，这将是有关共享现实的演化这个故事的最后一部分。

同整本书一致，本章关注的也是我们与他人建立共享现实的人类动机，这是我想讨论的进化故事。因此，我并不是说这种动机不会以某种形式存在于其他动物物种（例如类人猿），或是人属中其他原始人类（例如尼安德特人）没有这种动机。事实上，关于后一个问题，正如下文将要讨论的那样，我非常肯定它**的确**存在于我们的直立人祖先中（甚至在尼安德特人之前）。

直立人进化过程中共享现实的发展

理查德·兰格曼（Richard Wrangman）在他那部引人入胜、富有洞察力的著作《生火：烹煮如何造就了人类》（*Catching Fire: How Cooking Made Us Human*）中声称："我们人类是会烹煮的猿类，是火焰造就的动物。"[3] 他认为我们的祖先直立人学会使用火来处理和烹煮食物，也能取暖、照明和在夜间阻挡捕食者，这使得我们有了彻底的改观（包括生理上的）。他描述了一些考古证据，以说明直立人群体在 40 万年前或更早就会控制火。但关于直立人群体烹煮食物最具说服力的证据就是随着时间推移，他们的身体结构发生了变化。[4]

81

正如兰格曼所言：

> 动物在饮食上极具适应力，随着进化，食物和身体结构的紧密适应性是由食物决定的，而不是由动物的特征决定的。……马不是因为恰好有了合适的牙齿和内脏才会吃草，他们是为了适应吃草而长出了大牙和长长的内脏。人类不是因为有了合适的牙齿和内脏才会吃烹煮过的食物；相反，我们的牙齿很小、内脏很短是适应烹煮性的饮食所导致的结果。[5]

那么，我们的祖先从何时开始适应吃那些日常烹煮过的食物呢？兰格曼认为，解剖学的证据表明这是在早期人类进化到直立人的时候。与早期人类相比，直立人的牙齿明显变小、身体尺寸增加、内脏更小，并且脑更大（颅骨容量增加了 40%）。所有这些变化与从吃生食到熟食的转变是一致的。关于脑更大这一点，由于更大的脑需要更多能量，而吃熟食更容易消化，这对于增加能量是有益的。[6]

　　另一个有趣的身体结构变化是肩膀、胳膊和躯干的改变，这使得直立人相比早期人类更不善于攀爬。人们推测，控制火使得直立人不再需要睡在高处，这给他们带来了两个优势。火带来的光明让他们能看见危险的捕食者（比如有着剑齿的猫科动物、狮子、豹、鬣狗）以及具有潜在危险的非捕食者（比如大象、犀牛），并且火可以吓跑这些动物。更重要的是，火的非烹煮功能也会在社会互动和人际关系层面为我们的祖先带来一些重要的改变，这些改变为新共享现实的发展做好了铺垫。

　　一个极具重要性的改变就是火光本身延长了白天。有了火光，群体可以开展更多的社会活动而不干扰白天的正常作息。[7]围着火堆坐在一起，人们不但可以吃东西，也可以取暖、照明和提供保护，还为面对面互动的新形式提供了机会，这就为一同建立共享现实提供了支持。我很好奇最初在火边的聊天内容会是什么。

　　感谢波莉·维斯纳（Polly Wiessner）针对朱洪西人（Ju/'hoansi，布须曼人的一支）开展的研究，它让我们至少知道了狩猎采集者中的某个群体在火边聊天时所谈论的一些内容。不过，由于沟通实践发生了变化，我们无法再向前推 100 万年。维斯纳研究的重要发现是，朱洪西人在日光下的谈话和火光下的谈话是不同的。[8]白天的谈话是关于日常事务的实践性谈话，比如谈论经济问题。相反，火光下的谈话主要是故事，尤其是老年人讲述的故事。通过听这些故事，群体成员了解了更为广泛的文化制度（如婚姻习俗），这对群体内部的合作和信任起到了支撑作用。火光下的故事建立了共享现实（哪些事物对于群体而言是重要的，即共享关联）、共享情感以及促进群体成员有效合作的制度（即共享实践）。维斯纳指出，即使在今天，我们也喜欢围着火堆讲故事。

82

用火做饭带来了另一个变化，这一变化起初可能并不特别重要，但实际上非常重要。[9]那就是有了火之后谁来做饭？鉴于男人每天都出去狩猎，而女人待在家附近觅食和照顾孩子，最终女人来做饭就不足为奇了。这真的很重要。处理食物和烹煮食物不仅要做很多工作，还需要很多不同的技能。这些技能需要学习，需要由女性向女性传授。这不仅创造了一种新的社会角色，即烹煮的角色，而且带来了明确的**性别劳动分工**。男性从男性那里学习如何狩猎，女性从女性那里学习如何做饭（以及觅食和成为母亲）。

这种劳动分工使男性和女性在其特定角色上变得更加专业。它包括功能性的合作和协作——共享协调角色。它还涉及他人对角色相关责任的期望。一个"已婚"男人期望他的"妻子"按时做饭。这不仅仅是关于对个人的期望，更多的是关于对角色的期望。

值得注意的是，控制火和烹煮食物的影响远不止这种新型的、重要的社会分工。吃被火烹煮过的食物也意味着需要更高程度的社会协作。火需要被照看好，食物也通常会被分享（不仅是在直系的核心家庭内部）。在准备食物的过程中，女性会合作并彼此帮助。这种类型的活动就意味着自给自足的结束以及社群用餐的开始。关于怎样进食和怎样分享食物的新型社会实践和社会规范应运而生。[10]

兰格曼并不是唯一一位相信"直立人的进化是非常重要的转变"这一观点的学者。约瑟夫·亨里奇（Joseph Henrich）在他深思熟虑的著作《人类成功统治地球的秘密：文化如何驱动人类进化并使我们更聪明》（*The Secret of Our Success: How Culture is Driving Evolution, Domesticating Our Species, and Making Us Smarter*）中指出，大约在200万年前，我们的祖先**跨越了卢比孔河**——当文化的演化成为进化的主要驱动力时，就没有回头路了。[11]现在，对于我们的祖先来说，重要的是学习其他人知道而他们不知道的东西——

83

他们可以从他人那里学到什么。 凡是能够帮助人们向他人学习的东西就会为进化所偏爱，这是由于存在一种自然选择的压力，它使人类特别善于成为文化学习者。[12]

亨里奇着重指出，通过这种向他人学习（**他人**所发掘或发现的东西）的动机，随着时间的推移，社群可以稳步地改进实践和行事方法，从而提高他们在当地环境中的生存机会——这就是**累积学习**（cumulative learning）。而且重要的是，这些实践和技术可以代代相传，变得更加复杂，以至于一个人如果从头开始学习是不可能靠自己发明出它们的。因此，当我们发现证据说明某个社群发展出了复杂的实践和工具时，这就证明该社群的个体与他人**分享**了他们的知识。个体不仅有相互学习的动机，他们也可能有互相传授的动机。这些发现正是共享现实动机的证据。

由于复杂的工具和实践不可能简单地由个体重新去创造，我们祖先的社群有可能会遗失关于如何做某些事情的重要知识，即失去以前所共享的知识。例如，制造弓和箭所涉及的技术非常复杂，如果没有专家继续传授，它可能会完全丢失。这在不同的社群内发生了好几次。有证据表明，即使是生火的专业知识也可能会丢失。[13]

生活在极地地区的因纽特人有一个引人注目的例子，可以说明社群是如何丧失关键知识的。[14] 因纽特人生活在格陵兰岛北部地区，此地区被冰包围。据说，19 世纪 20 年代的一次流行病杀死了他们社群的许多成员。但最糟糕的是，他们社群中最年长的那些成员受到了颇为严重的打击。随着他们的死亡，关键知识丧失了，包括如何制造弓、箭和独木舟。没有独木舟，他们就无法前往其他因纽特人社群重新学习那些丢失的知识。如果不知道如何制造弓和箭（下图所示），他们将无法在夏末和秋季狩猎驯鹿，这意味着他们将失去主要的肉类来源。几十年间，他们的人口不断下降。当他们最终与另

84

一批游历的因纽特人（这些人知道如何制造独木舟）相遇后，他们很快再次学会了如何制造独木舟和其他东西（一些新的制造方法）。这说明了社会学习的重要性。随后，他们的人口就增加了。

加拿大西北地区明托湾（Minto Inlet）的两名因纽特射手
资料来源：George Hubert Wilkins, 1916；加拿大历史博物馆，51166LS。

如果所有先前知识（和弓）都丢失了，那么这种弓可不是一些"天才"从头就能做出来的。为了证明上述观点，请允许我进一步说明图片中所展示的因纽特弓。制造这些弓的难点在于北美驯鹿的皮很坚韧，而且只能从远处杀死它们。弓需要承受很大的力才能完成这项工作。好吧，你可能会说，只要制造一张非常大且拉力很强的弓就行了。但是，因纽特人生活在被冰包围的地方。他们没有树可被用来制造一张非常大而强的弓（另一些有树的社群确实可以这么做）。他们只能使用漂流木、长角和鹿角来找到解决方案。他们必须制造短弓并找到一种方法来增加它们的承受力。最终，他们造出了一种类似图片中的弓。这种弓在中心附近更宽，在末端弯曲形成向

85

后的 C 形，并有一个编织的网绑在背部以增加张力。[15]

社会学习对于因纽特人制造弓而言是至关重要的。从更普遍的层面来看，复杂的实践和技术是通过社会学习获得共享现实的证据。如前所述，直立人的食物烹煮过程中也存在这样的证据。但学习如何烹煮食物并不是直立人社群唯一学会的实践（这些实践是需要从他人那里学习并积累几代人才能学会的专业知识）。

举一个例子，直立人社群制造了大型石材工具。这需要具备高超的技术，包括采集一些足够大的石板以便用于工具的制造。这些石板可能需要杠杆才能搬动，然后需要运输（有时是长距离的）。下一个挑战是制造工具本身，例如需要一把手斧，它的制造本身就涉及多个步骤。这个过程的最后一步被称为"敲打"（knapping），需要用工具（硬锤或软锤）反复敲打石头，以去除废料来形成所需的最终形状，这本身就极具技术性而且很难学会。那些制造工具的人需要知道不同种类的石头在被特定类型的锤子击打时会如何破裂。[16]随着时间的推移，工具制造技术变得越来越困难和复杂。基于社会学习的师生关系——共享现实——是使之发生的必要条件。

关于直立人社群的工具制造问题，托马斯·萨顿多夫（Thomas Suddendorf）在《鸿沟：人类何以区别于动物》（*The Gap: The Science of What Separates Us from Other Animals*）一书中提出了另一个有趣的观点。[17]许多年来，他们一直以标准化的方式制造工具。萨顿多夫从中得出结论：这些社群的成员既有能力**也**有动力向他人学习如何制造工具。他们的工具制造成为他们实践的**社会传统**，即共享实践。了解工具制造的科学（和艺术）是一种共享现实。

最后，还应当强调直立人社群的另一个特征。有证据表明，直立人比早期人类活得更长久。这一点可能也很重要。活得更久的话，母亲可以帮助养育孩子的孩子，这将增加孩子与他们可以学习的成

86

年人之间的接触，即"祖母效应"（grandmother effect）。[18]更广泛地说，社群中的男性和女性长者现在都活得更长，而他们是知识渊博的专家——"姜还是老的辣"这一说法就是这么来的——这些年长的人可以更好地教给孩子知识。这是直立人相比早期人类在形成有益共享现实方面的另一个优势。

智人进化过程中共享现实的发展

那么，我们（智人或现代智人）的故事是怎样的呢？在我们的历史进化发展过程中发生了什么，使我们今天所具备的共享现实动机不同于直立人，或是比他们的共享现实动机更强？（早期）智人大约在 20 万年前进化而来。但我想关注的是生活在 3 万到 5 万年前的晚期智人（大约是旧石器晚期），即现代智人。到了这个时候，他们与我们已经非常相似了（或者至少和今天的人类狩猎采集者很相似），当然这也正是我们将他们称为现代智人的原因，他们是智人中最聪明的，就像我们一样。

从各方面来看，现代智人社群在知识、能力和审美方面**都**令人印象深刻。[19]这些社群现在拥有了船只、捕鱼设备（例如鱼钩）、绳索、弓箭、刀片、缝纫针、油灯、雕刻工具、珠宝（用贝壳和象牙珠子做的）、艺术（包括洞穴壁画）和宗教仪式（包括墓葬）。他们居住在有组织的地点，有大量的闲暇时间，还有音乐。对了，我提到语言了吗？他们有语言。谁还能要求更多东西吗？

说到艺术，下页上图所示的洞穴壁画（原作的复制品）来自法国阿尔代什峡谷的肖维岩洞。它被认为是在 3 万到 4 万年前创作的。之后那张图所示的猛犸象象牙雕像来自德国西南部的福格尔赫德岩洞。它被认为是在大约 3.5 万年前雕刻的。

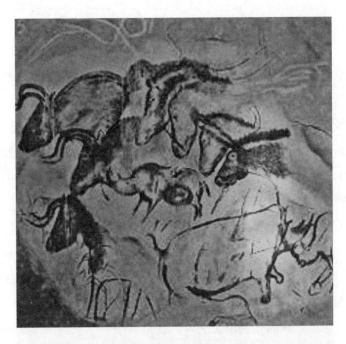

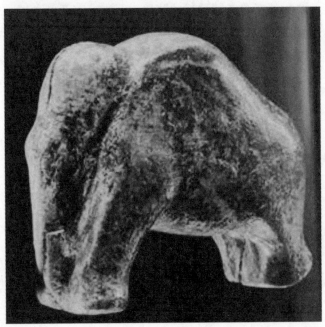

88　　　真是非凡的艺术作品。还有其他的艺术作品，比如在德国施特德尔岩洞发现的象牙雕像（3万到4万年前），雕像的主体是人类，但头是狮子（雄狮或雌狮），这甚至是一个不存在的东西。这些艺术作品出现在现代智人阶段，他们也用珠宝装饰自己，并为去世的人举行葬礼。在葬礼中越来越多地使用赭石作为一种共享的社会实践。有证据表明，他们是有音乐的，因为人们发现了类似长笛的骨笛。仪式中可能也使用了用动物皮制成的鼓，因为人们在萨满人的坟墓中发现了它们。

　　这让你对现代智人社群的美术造诣有所了解。那么关于科学与工程技术方面呢？船是一项伟大的发明。船不仅可以帮助捕鱼，还创造了一种全新的出行方式，对于某些商业经营项目而言，这是你从所在地到达被一段开阔水域隔开的其他地方的唯一途径。例如，现代智人从亚洲划船到澳大利亚的壮举就给科学家留下了深刻的印象。鉴于澳大利亚和亚洲最近的陆地之间也有着开阔水域，这**着实**令人印象深刻。[20] 此外，他们还发明了弓箭。弓箭是很难制造的工具——甚至很难想象其制造过程。弓箭也是一项重要的发明，因为它们极大地改变了狩猎（在安全距离杀死猎物）和战争（在安全距离杀死敌人）。而正是因为弓箭的制造难度太大，作为一种共享实践，它需要专家传授给他人必要的技能，因此如前文所述，人们有可能会失去制造弓箭的技能。

　　现代智人社群也会制造工具用以生产产品，比如钻孔和穿刺的工具，尤为重要的可能还包括用来缝制衣服的带眼针。他们发明了燃烧脂肪的石头灯，它可以用手拿着，这就意味着火种可以从一个地方被安全地移动到另一个地方，包括处于夜晚和黑暗的地方。这拓宽了个体可以从事的活动的范畴，包括在肖维岩洞创作和观赏那些奇妙的艺术作品。[21]

最后，关于经商方面，现代智人社群很擅长长途贸易和交流。[22]
这一点很明显，例如在内陆和现代智人遗址中就发现了来自地中海
和大西洋的 3 万年前的贝壳。组织管理也有所改善。栖息地和狩猎　*89*
点变得更加复杂，开始出现一些具有不同功能的独立空间，例如烹
煮食物、屠宰食物和睡觉的空间。[23]

　　那么，我们应该如何看待这一切？关于这个问题的争论很激烈，
鉴于我并非进化或生物学专家，我不想就进化问题（比如人类历史
上是否存在类似于宇宙大爆炸的创生事件）发表意见。但是有一种
争论我必须说两句。有些人观察了现代智人社群的这些变化并得出
结论，认为它们为人类语言的诞生提供了明确的证据。他们得出这
一结论是因为他们**假定**没有语言的话，人类文明进程中就不可能发
生如此重大的事件。其中一个例子就是我之前提到的从亚洲划船到
澳大利亚这一令人印象深刻的事情。对那次在开阔水域的漫长旅程，
你会得出怎样的结论呢？你可以先想一会儿。

　　我想我们中的许多人会得出结论：鉴于这一挑战发生在 4 万多
年前（有些人认为甚至更早），船只制造者（那些造船的人）和船员
（那些负责海上旅行的人）肯定是他们正在做的这件事方面的专家。
此外，出行本身需要经过精心计划（例如考虑路线和天气条件），并
且需要他们一起组织好、协调好以及合作好。

　　如果是这样的话，你还会得出结论认为这本质上是一个关于语
言的故事吗？[24] 这些划船的人会用语言交流吗？确实会，并且我一
会儿将讨论这一点。但这并不意味着这本质上只是一个关于语言本
身的故事，也不代表语言对于这次旅行的发生至关重要。于我而言，
实现这次旅行的关键是人类营造出彼此的共享现实，而词汇使用只
不过是实现这一目标的有利工具，但它不是唯一的工具。社群拥有
个人无法独自发明的复杂技术，上述事实并不意味着他们必须有语

言。如果必须有语言，那么我们应该得出结论：直立人有语言，但并不是这样。存在一些不需要语言也能交流的办法，包括传授和观察他人如何合作。组织和合作的关键是拥有共享的协调角色，从而使不同的个体在协调活动中具有不同的分配角色，并有**动机**为了一个共同的目的一起合作。

让我们暂不考虑乘船去澳大利亚的例子，现在先考虑一下更一般的情况，即当人们长途旅行时会发生什么。我之前提到，有证据表明现代智人从事长途贸易。我们应该从中得出什么结论？拥有语言是最重要的吗？在尤瓦尔·赫拉利（Yuval Harari）的精彩著作《人类简史：从动物到上帝》（*Sapiens: A Brief History of Humankind*）中，他得出的结论是：现代智人必须**信任陌生人**。他指出："事实是，除了智人，没有任何动物从事贸易活动，而我们现有的能证明智人存在交易活动关系网的详细证据都基于虚构的文学作品。没有信任，贸易就无法存在，而信任陌生人是非常困难的。"[25]

赫拉利认为，信任陌生人需要你和陌生人就某些实体达成共识，例如共享当今对美元和联邦储备银行的看法。顺便说一句，流通中的美元实际上只有很小一部分是由黄金支持的，真正支持美元的是对承诺的信任。根据赫拉利的说法，在部落社会中，支持贸易的是基于共享的神灵、神话祖先或图腾动物所建立的信任。也就是说，贸易需要信任，而信任需要与他人建立共享的现实。这是一个关于共享现实的故事，而不是关于语言本身的故事。除了贸易，赫拉利还提出了一个更普遍的观点：在大型定居点，非家庭成员甚至陌生人之间的合作互动需要存在基于**虚构之物**（如部落神灵）的共享信仰。

为了说明"即使对于虚构的事物，人类也有动机去建立共享现实"这一观点，让我简要介绍一下社会心理学先驱穆扎费尔·谢里夫（Muzafer Sherif）关于群体社会规范发展的研究。研究是这样的。三个人需要对光的运动做出判断。首先，每个人都独自坐在一个漆黑的房间里，然后出现了光源，过了一会儿，光开始明显地移动。每一个人都需要在看到光移动时立即按下一个键，然后尽可能准确地报告光移动的距离（以英寸为单位）。他们每个人都会做出许多判断。对于每一个人而言，随着时间的推移，他们各自会建立起一个有关距离判断的范围和规范。此外，距离和规范——光移动的距离是短的、长的还是中等的——对于这三个人来说通常也是不同的。他们每个人都有自己特定的规范。

现在，三人聚在一起，对同一光源的动向做出判断。一次一个人，按照他们希望的顺序轮流大声地做出判断。同样，他们做出了许多判断，并且一开始的判断是很不一样的，就像他们单独做判断时彼此的判断都很不同一样。然而，随着时间的推移，他们的判断开始变得越来越相似——**趋向于形成关于光移动多少的一种群体规范**。他们现在就像是一个以相同方式看待事物的群体，而不是每个人都有自己观点的个体。他们共同建立了一个关于光运动的共享现实。

91

可事实上，光是**静止的**。它实际上从未移动过。只不过在完全黑暗的房间里，被试眼球的扫视运动使得静止的光看起来在移动。[26] 每个群体创造的共享现实都是虚构的。尽管如此，即使是再次单独做出判断，这些群体成员之后还是会遵循这一共享现实。他们把这个虚构的事物当成关于光运动的真相。与赫拉利的观点一致，与他人建立共享现实只是现代智人才会做的事情。

我们这种规范性的虚构不仅限于有关世界如何运作的问题。例如，我们对于什么是美和不美也有着规范性的虚构。以身体的装饰品和装饰物为例。现在有些人认为文身很漂亮，也有人认为文身很丑。重要的是，某人拥有令他们感觉良好的身体装饰，并且知道其他人对于它有同样的感受；这些人验证了他们的感受，即关于审美虚构的共享现实。而且，有人认为身体装饰作为一种普遍的共享实践始于现代智人。[27]

顺便说一句，如果语言确实始于现代智人，那它也是伴随其他共享虚构之物（比如哪些身体装饰品是美的）而产生的。它是从符号化的单字词表达开始的。像"dog"（或"chien"，法语）这样的单字词表达的声音模式实际上与狗没有任何关系。你听到的这个声音模式不是你和狗互动时听到的。狗发出的声音与"dog"这个词的声音模式无关。我们认为"dog"是一个特定类别动物的名称（我们的心理表征），但它只是一个虚构的事物，一种共享的现实。但在讲英语的社群中，重要的是我们认可"我们有着共同的虚构之物"，即"dog"这个词的声音模式特指某一类别的动物（或动物的名称）。

值得注意的是，这与语言本身的语法或句法完全不同。正如我在第1章讨论的那样，人类可以通过将单字词表达串在一起进行很好的交流（即使这个词串违反语法）。[28]它不需要使用像诺姆·乔姆斯基（Noam Chomsky）这样的语言学家所讲的那种语言。它需要什么？它需要有一种动物，并且这种动物有动机与他人建立共享现实（即使这些现实是虚构的）。考虑到现代智人的葬礼、他们与陌生人的交易，或许更重要的是他们的艺术，现代智人很可能就是这样一种动物。洞穴壁画是一种符号化的表达，包括对虚构生物的描绘，其中一些是看起来像半人半兽的生物，例如来自施特德尔岩洞的半人半狮雕像。

现代智人的这些活动表明，这些社群可能也存在符号化的单字词表达，这样就可以将这些表达串在一起来共享有关过去或未来事件的信息。借助于一串象征性符号，我们的祖先可能在**兴奋地**交流着："河流……狮子……看［停顿］这里……来［停顿］跑……我……你。"谁还需要语法吗？这样一串串象征性符号连在一起，再加上手势和面部表情，可能足以进行任何所需的交流，最终使得去澳大利亚的划船之旅成为可能。乔姆斯基式的语言本身对于实现这次旅行并不是至关重要的。

有关符号化的单字词表达，还需要再指出一点。它们确实是一种特殊的共享实践。它们之所以很特殊，是因为它们是符号性的虚构之物。但不仅于此。它们的特殊之处还在于它们代表了一些随意的规则，但个人却不能自行更改这些规则。石匠在制造物品时可以遵循传统的方法和形式，但他们也可以尝试一些他们认为更有效的新方法。作为个体，如果他们制造的修改后的产品好用，那就很好。也许其他人会继续分享这种新技术，或者他们不会分享，但这没有关系，你可以继续用新方法来做。

相反，你不能创造一个新的声音模式来指代狗这个类别事物。好吧，你其实可以，但它在沟通时不好用。如果其他人不同意与你共享新的声音模式作为狗的新名称，那么沟通就会失败。对此有严格的规定，而且都是关于共享虚构之物的。能够做到这一点的人就可以制定其他严格的社会规范，包括宗教规范和管理社群成员的规范。事实上，有证据表明现代智人拥有相对较大且组织良好的社群。[29] 所有这一切都会让人类产生重大变化——这一重大变化被称为"旧石器晚期革命"（Upper Paleolithic Revolution）。[30]

我想再谈谈身体装饰并将其作为本节的结尾。20 世纪 50 年代，在苏联孙吉尔地区有一个旧石器晚期聚居地的重大考古发现。它包括一个大约有 3 万年历史的墓场，墓场里有一座坟墓，坟墓里有一个小男孩（大约 12 岁或 13 岁）和一个小女孩（大约 9 岁或 10 岁）。他俩身上都覆盖着数千颗象牙珠（总共超过 1 万颗）。根据赫拉利的

93

说法，一个有经验的工匠需要三年多的时间才能制作出这么多珠子。这些孩子究竟有什么成就值得这样的葬礼？赫拉利提出了一个有趣的想法，即只有文化信仰（即共享的现实）才能证明这种奢侈的合理性。[31]可能存在某种共享的信仰，认为儿童与受尊敬的他人（比如高社会地位的父母、亡灵的化身、某个需要专门祭祀的首领）有关。那么，这也是进一步的证据，证明现代智人社群内的共享信仰（和共享价值观）创造了一个虚构之物；在这个例子中，这些孩子和这些装饰品互相从属（就像那个吠叫、摇尾巴的动物从属于"dog"这个单词的声音模式）。

农业革命与文明进程中的共享现实

在谈论大约 3 万至 5 万年前旧石器晚期现代智人社群中发生的那些事时，我们使用"革命"（revolution）一词是有充分理由的。那个时期有许多重要的进程影响了人类与他人建立共享现实的方式。事实上，虽然随后的变化在许多方面看似是巨大的，例如当代城市居民的日常生活与狩猎采集者的生活之间的对比，但目前尚不清楚这些变化是否真的构成了共享现实发展上的质变。就这一点而言，我应该指出，我们旧石器晚期的祖先被称为现代智人，就像今天的我们一样。

也就是说，在过去的 3 万年中，现代智人的生活中发生了很多事情。一方面，大约 1.3 万年前，我们成为最后幸存的人类物种。尼安德特人大约在 3 万年前就已经灭绝。这肯定会让处在中世纪自然阶梯时代的我们感到非常特别——看看我们，与任何其他动物相比都是如此与众不同！另一方面，大约在 1 万年前，农业革命开始了，随之而来的是伟大的文明和帝国，以及那些夸耀它们的文字记载。

94

显然，我无法描述农业革命中发生的所有事情，但我确实需要谈谈这个时期，因为它与共享现实有关。

农业革命与驯化和文明联系在一起。查尔斯·达尔文（Charles Darwin）描述了人类如何通过选择来改变驯化（domestication）进程中的动植物，使它们与野生祖先不同。他将更一般的自然选择过程与人类有意识地培育植物和动物以直接选择所需特征的过程区分开来。[32] 驯化特定动植物的好处是让它们的产量变得更加可预测，同时也可以创造某些特征来满足人类的需要，例如让选定的动物变得更驯服和温顺（不那么野）。

这种驯化的结果之一是更频繁和更可预测的食物供应。反过来，这使人类更可能生活在一起，形成更大的村庄，然后是城镇，再然后是城市。虽然在驯化出现之前就存在一些大型定居社群，但驯化大大增加了一大群人共同生活的现象。然而，驯化带来的食物供应本身并不足以让一大群人有效地生活在一起。为了让事情井然有序，每天面对面的互动和亲密的人际关系是不够的。是什么可以协调所有人并使他们彼此合作呢？你猜对了，那就是共享现实。

正如赫拉利所说，人们创造了关于神的故事，并将之作为共享的迷思，目的是建立"令人震惊的大规模合作网络，这是地球上绝无仅有的"[33]。我们之前曾讨论过现代人类是如何产生一些宗教信仰的。但是在农业革命时期，共享的宗教信仰体系（和社会政治信仰体系）与之前大不相同。哲学家菲利普·基切尔（Philip Kitcher）在他开创性的著作《伦理工程》（*The Ethical Project*）中有着相似的观点。他认为当一千人或更多人住在一起时，他们需要避免冲突并与陌生人打交道，此时必须建立一个彼此认同的规则体系。如果人们都共享一些信仰（迷思），认为这些规则是"神赋的"，那么这对于社会秩序而言就尤为有利。[34]

这有什么好处呢？如果社群足够小，那么群体成员可以更容易地观察彼此在做什么，向其他人报告每个人在做什么（八卦），然后惩罚任何违反规则的人，包括让那个人"社死"。简而言之，只需要监管之下的顺从就够了。但这不适用于有大量陌生人的情况。谁会看到并知道有人偷偷违反规则了呢？我不能监管所有人，你也不能监管所有人。但是，等等，如果有某个超人类或某些超人类可以看到并知道我们每个人所做的一切，那会怎样？这样的超人类可以执行规则并惩罚任何违反规范的人。但这些超人类是谁呢？嗯……为什么不能让我们聚在一起创造出它们呢？这正是我们所做的，并且我们称它们为**神**。[35]

这是一种非常有效的共享现实，它有助于人类之间的合作与协作。我们并没有在农业革命中止步于此。我们发展了文明，形成具有社会分层和文化精英的复杂社会。精英们为了控制大量人口而制定了正式的社群成员行为法规；同时很自然地，根据阶级和/或性别的不同，这些法规也会有一点（或很大）区别。但这并不是他们所做的全部。他们建立了一种更重要的共享现实：不论是法规还是制定法规的首领（或者它们两者），都是**神赋的**。

我个人最喜欢的例子就是《汉谟拉比法典》。汉谟拉比是巴比伦国王，他在位时间为公元前1792年至公元前1750年（大约4 000年前）。他的法典由282条法律和规范组成，其中包含许多不同类型的规则，包括如何进行商业互动以及对不同类型的违规行为设定何种处罚。[36]例如，它规定如果一个"贵族"（有贵族、平民、奴隶）弄瞎了另一个贵族的眼睛，那么他的眼睛也应该被弄瞎。还记得"以眼还眼"的谚语吗？还有一条我女儿肯定不喜欢的法律：孩子是父母的财产。这意味着如果我杀死了别人的女儿，那么我的女儿（而不是我）就要被杀死。

这些规则非常有意思（有时候也令人不安），但这并不是故事的全部。汉谟拉比从哪里得到这些法律和标准的呢？是的，你猜对了。它们是神赋予他的。汉谟拉比谦卑地说了下面的话：

> 我是汉谟拉比，尊贵的国王。我并没有对人类漠不关心或是疏于照顾，是恩利尔神赐予我义务来照顾你们的，是马尔杜克神赋予我责任来牧养你们的。[37]

汉谟拉比指出，他给我们（巴比伦的公民）制定这些法律和标准，只是在遵循众神（恩利尔神和马尔杜克神）的命令。如果我，巴比伦国王汉谟拉比，愿意听从这些神的命令，那么你们也应该听从我传达给你们的这些命令。一切都是那么有等级、那么清晰，并且比"自然阶梯"早了数千年。

谈到巴比伦，基切尔告诉我们，巴比伦的智慧文化可以追溯到 2 700 年前，这些智慧文化指导着他们的社群如何过"有道德"的生活。[38] 有一段文字说："勿以恶制恶 / 不善者，吾亦善之。"听起来有点耳熟吗？这是几千年前的"黄金法则"。从更一般的水平来说，在农业革命时期，共享现实（比如如何在道德层面过更"善"的生活）已经开始明确地出现在文字里。文字更容易共享，并得到跨时空的传播。按照基切尔的说法，现代智人就已经开启这项"伦理工程"，但农业革命时期出现的书面法规**以及**众神的背书大大加快了它的脚步。

还需要指出的是，"善"的伦理生活不仅仅指遵守规则和指令性规范。它不仅仅包括共享的义务和责任（应该，oughts），还涉及共享的目标和关于什么是"卓越"的一些共享标准（理想，ideals）。[39] 劳动分工会依据个人的技能和才能来进行，例如根据能力划分出职业文书抄写员（思考法律法规问题）或会计师（思考税务问题）。宗教

96

和神话也会影响角色的履行，因为它们提供了一种共享的信念，即无所不知、无所不能的神非常欣赏那些能够很好地履行自己社会角色的人。正如基切尔所说："神的认可会降临在那些适应自己的职位并精力充沛地履行自身职责的人身上，人们产生的上述迷思是对不可见力量的一种有价值的拓展。"[40]它使你不但要履行你的角色职责（应该），还要发展你的才能，提高你的技能，只有这样才能把你的角色扮演得越来越好（理想）。

我喜欢亨里奇给农业革命时期这些变化起的名称——"自我驯化"（self-domestication）。人类在农业革命中的新座右铭可能是："如果你是野蛮的，那你就不是文明的。"植物不能是野生的（杂草），动物不能是野生的（野兽），人类当然也不能是野生的（原始人或野蛮人）。我们都需要文明。如果我们需要通过**税收**来实现文明，来为我们超大的建筑和文化精英的奢侈生活买单（史实记载显示事实确实如此），那就引入税收吧。重要的是我们变得文明了。

"文明"一直被认为是一件好事。可以找来词典或百科全书看看它的含义和内涵：将人们带到社会、文化和道德发展的更高级阶段；有礼貌，优雅，举止恰当；有修养，有见识，有教养。相比之下，"未开化"的含义和内涵则是：没受过教育、无知、落后，或是愚笨、粗鄙、粗鲁、粗俗。你会选择成为哪个？很快很容易就能做出选择。它清楚地说明了我们为什么想要变得文明，而且越文明越好。鉴于此，还有什么比成为"伟大"文明的一员更好的事呢？而且，如果是这样，那么农业革命对于人类来说就是一件极好的事情，因为只有在这个时期，世界各地才出现了"伟大"的文明，包括古代中国、古埃及、巴比伦、哈拉帕、马其顿、玛雅和美索不达米亚数千年的文明。

但"自我驯化"听起来并不那么好。究竟是谁驯化了谁？以汉谟拉比为例，是上层的文化精英带着他们的神父，驯化了社群内的其他人。他们在开展"文明化"的活动。这里的共享现实是说社群内的一些成员从出生起就比其他成员优越，甚至是在成文的法律里，通过区分"贵族"和"平民"能够体现出来。贵族胜于平民。

这种等级划分就是共享现实，并且它影响着人们的日常生活。近一点的例子还有印度的传统种姓制度——最高种姓与最低种姓过着截然不同的生活。还有一些人甚至不被承认是种姓的一部分——无种姓者、被放逐者等，被贴上各种贱民的标签。简而言之，对于"伟大"文明中的大多数社群成员来说，共享现实显然存在明显的弊端。

赫拉利指出，成为文明社会中的社群成员（成为"文明人"）对于大多数人来说是不划算的。当一名狩猎采集者可能会更好。这是因为文明社会是复杂的社群，需要有诸多被认可角色的劳动分工以及用以协调它们的规则，即共享现实。他提出了令人不安的观点："不幸的是，复杂的人类社会似乎需要假想的等级制度和不公正的歧视。……学者们知道，没有哪个大型社会能够完全消除歧视。人们一次又一次地通过将人群划分成假想的类别来为他们的社会创造出秩序。"[41] 农业革命带来的新共享现实——让我们变得文明——为人类创造了一种新型社会歧视。这确实是一个主要的弊端。

但这并不是与文明和驯化相关的共享现实的唯一弊端。它们不仅改变了人与人之间的关系，也改变了人类与其他动物的关系。这很重要，因为我们已经开始对许多动物物种的生存负责了。我们所做的事情对其他动物是存在重大影响的。作为狩猎采集者，我们与其他动物一起生活，面临许多与它们相同的生存压力。从这种意义上说，我们自然而然会体验到与其他动物之间的共享关联。这或许促进了狩猎采集者与其他动物之间的紧密关系。但是当我们开始驯

化其他动物时，我们与动物的关系发生了根本性的变化。我们失去
了曾经拥有的与其他动物的紧密关系，这尤其体现在那些需要我们
照顾的动物身上，其中不仅包括我们的宠物，还包括农场里的动物
和动物园里的动物。在狩猎采集时代，动物会照顾自己，它们不需
要我们就足以生存。但现在，许多动物甚至整个物种都需要我们才
能生存。我们如何与它们建立关联，让它们更有效地生存呢？**我们**
如何通过向它们学习，让**它们**教会**我们**有效地认识世界？

良好的教养并不是答案。对于动物园和家里的动物而言，即使
在它们完全成熟之后，也常常被当作孩子一样抚育，而我们就是他
们的代理父母。这是一种关怀甚至爱的关系，但这也是一种不平等
的关系。它是家长对孩子，而不是成人对成人的关系。为此，成熟
的动物需要被当作"成年人"一样对待——不是说被当作野生动物，
而是说被当作特定动物物种的成年群体，就像我们人类的成年人一
样。我们如何才能与其他动物建立起更多的成人对成人的关系？你
说对了，就是要与它们建立共享现实。我们如何与它们建立共享现
实？我们可以首先从共享关联开始。

我们都听说过"马语者"（horse whisperers）。我们认识到他们
有一种特殊的才能。是什么才能呢？仔细研究马的表情和动作（肢
体语言）并做出适当的反应，从而能够倾听到马的内心状态。"马语
者"向马发出信号，即对于马来说重要的事情对于他们来说也很重
要。随着时间的推移，这就建立了信任。马和"马语者"成了伙伴。

作为"耳语者"与动物建立关系不仅限于马，还可以与其他动
物建立起这种关系。狗是一个典型的例子，因为狗对于人类的社交
暗示反应非常灵敏。[42] 尽管大多数养宠物狗的人爱护并照顾他们的
狗，但这并不能使他们成为"狗语者"。事实上，即使是在那些比我
们大多数人更了解如何训练狗的专业训犬师中，也只有一部分人是

"狗语者"。在训犬师心目中，人－狗关系的最高层次被称为"成人－成人关系"。此时，狗和训练师都表现得像成年个体一样。这就与成人－儿童关系形成了对比，在成人－儿童关系中，训练师扮演成人角色，而狗被赋予了儿童的角色。

那么狗和训练师之间的这种成人－成人关系是什么样的呢？[43]一条狗和它的训练师遇到另一条狗，训练师的狗想和另一条狗一起玩。但它首先会观察训练师，看他／她对另一条狗的反应。我的训练师，我的搭档，对另一条狗是积极还是消极的反应？如果是积极的，则接近。如果是消极的，就回避。重要的是，相反的情况也会发生，训练师会观察他／她的狗对于那条走过来的新狗的反应。我的狗，我的伙伴，对另一条狗是积极还是消极的反应？如果是积极的，则接近。如果是消极的，就回避。这是一种平等的成人－成人关系，在这种关系中，训练师和狗作为合作伙伴相互学习如何应对第三方。他们一开始对第三方的情绪反应可能有所不同，但他们从一开始就共享着第三方的相关性。之后，他们会就如何对第三方做出反应的问题达成共识。

这是"狗语者"的一个例子。它说明了如何通过营造共享关联与某种动物建立起紧密关系和信任。[44]例如，如果你的狗停下来看某物或闻某物，然后回头看向你，你可以进行眼神交流，然后仔细看它正在看或闻的东西。你可以向狗发出信号：狗认为值得关注的东西也值得你的关注。你与你的狗建立了一个共享关联的瞬间。[45]我们需要与其他动物一起体验这些共享关联的瞬间。为了他们，也为了我们自己，我们需要以这种方式与他们重新建立联系。我们需要克服伴随文明而来的驯化的弊端。

100

关于人类共享现实根源的结语：它为什么会发生？

在本章，我简要地描述了我们祖先社群里出现的不同类型的共享现实。我从100多万年前直立人时期发生的事情开始讲起，当时人们向他人学习如何制造工具，尤其是如何使用火来取暖、照明、保护人身安全，特别是烹煮，这些活动在与他人建立共享现实（包括共享协调角色，例如性别分工）的过程中扮演了重要的角色。然后，我直接跳到了现代智人所处的旧石器晚期，当时在划船、缝纫、绘画、交易和葬礼等令人惊叹的活动中涌现出了各种新的共享实践和共享信仰。在正式的高等教育机构出现之前（数万年前），就已经出现在功能上与之相当的艺术、科学与工程以及商业学校。人们需要学习的东西很多，需要成为一流的教师和一流的学生，需要一同建立起令人兴奋的新共享现实。谁想学习笛子或是学习射箭？这是人类的大好时代。

然后，大约1万年前，我们变得严肃了。不能有"野生"的东西了。**驯化了的**留下，**野生的**淘汰。我们驯化了小麦等植物和山羊等动物，我们驯化了自己，包括发展了宗教，制定了我们应该如何开展日常生活的规则。当人们发展出关于"作为一个**有道德**的人意味着什么"的共享现实时，野蛮就消失了。这并不是那么有趣。哦，我提到税收了吗？还有基于等级社会分类的共享现实所带来的歧视？正如我一直强调的，永远不要忘记我们与他人建立共享现实这一无休止动机所带来的弊端。

这是一个关于人类进化过程中不同类型的共享现实如何出现的故事，这个故事非常重要。但是你可能已经注意到，我没有说为什么这是关于**人类**（或智人）的故事，尤其是关于现代智人的故事，而不是关于类人猿的故事。我们有什么特别之处才引发了这个故事呢？当然，关于这一点我只能推测，所有人此时都只能推测。而且，因为它具有很强的推测性，所以我把它留到了本章结尾。我觉得可以肯定的一点是，**并不是**说这一切之所以发生都是因为我们比其他动物更特别，而是说我们本身一定有什么不同。是哪里不同呢？

101

你知道我肯定不会说这是因为我们拥有超群的智力，或是因为我们有用语法造句说话的能力。你知道我的答案肯定是，这与我们和他人建立共享现实的动机有关。这两点你都是对的。简而言之，我的回答是：**我们的软弱使我们强大**。

我们与其他动物之间的一个重要区别在于：我们在出生后会一直弱小并依赖于他人。部分原因是我们是直立的双足动物，我们的雌性生下婴儿时，婴儿必须是未完全发育的才能顺利通过产道。让我们面对现实吧，人类的新生儿非常可怜。他们甚至不能抬起头来；当然，考虑到他们是那么特别（仅次于天使），他们不应该这么凄惨。与其他动物相比，他们出生时很弱小，并会持续如此多年。人类的童年期明显长于其他动物。想想跟我们最相近的黑猩猩。和我们相比，黑猩猩（以及其他非人类灵长类动物）具有更快的出生后成熟速度，并且首次繁殖年龄更小（比人类早好几年）。最近还有一些关于长牙需要多长时间的证据，它们表明，即使是尼安德特人也比人类成熟得更快。[46] 这也说明人类成熟晚并非仅仅缘于我们是双足动物。

那么，为什么"人类儿童成熟缓慢"这一点很重要呢？因为他们的不成熟（软弱）使得他们**长期**依赖于成熟的他人。在头几年，他们在没有帮助的情况下是无法生存的。这可能会给人类儿童带来进化选择的压力，促使他们搞清楚同物种里那些成熟的其他人想要什么（动机），从而帮助他们活下去。而激励这些成熟他人的是他们的情感、信念、价值观和所关注的事物，即他们的内在状态。人类儿童想要共享这些内在状态，以便与这些成熟的他人有效互动，从而获得他们迫切需要的帮助——这就是与他人建立共享现实的动机。[47]

因此，我的推测就是，人类儿童在很长时期里的软弱和依赖使得他们通过产生与他人建立共享现实的动机而变得更强大。这是翻版的"杀不死你的，会让你更强大"。还应该补充一点：我们的童年期更长，我们的成长缓慢，这可能与我们的寿命更长，以及比许多其他动物衰老得更慢有关。如果是这样，这将给我们带来另一个共享现实的优势——让我们家庭和社群里的年长者在身边向我们传授知识。

如果能在这里结束这个讨论就好了——"我们的软弱使我们强大"。但我没法结束，因为这将暗示着"我们与他人建立共享现实的动机的出现以及我们这样做的各种方式"都是好事。可你现在已经知道它不是。它也是一件坏事。一部分坏消息是，当我们无法满足我们已内化的他人为我们制定的目标和标准时，这种与他人建立的共享现实会使我们在情感上痛苦。另一部分坏消息是，与某些群体而不是另一些群体建立共享现实，会导致具有不同共享信仰的群体之间产生冲突和仇恨。这是共享现实动机的一个非常严重的弊端。事实上，它威胁着我们物种的生存。

我刚刚从进化的角度非常简要地描述了人类是如何发展的。在前面的章节，我描述了在童年期发展过程中出现的不同类型的共享现实，以及在人际沟通中共享现实出现（或不出现）的过程。现在是时候更仔细地探讨下一个问题了：我们与他人建立共享现实的动机是如何在我们的日常生活中发挥作用的——共享现实如何造就了人类。

| 注 释 |

1. 多年前在一篇关于自我意识的文章中，我指出："也许人类的独特之处不在于他们使用语言、工具或指令本身，而在于他们与他人建立共享现实（过去、现在和未来）的动机。也许这种动机不仅可以解释自我意识的发展，还可以解释人类对语言、工具、指令等的使用。"（Higgins, 2005, p. 170）

2. 我想从一开始就说明一下，我不是人类进化生物学、生物人类学或比较心理学方面的专家，因此我依赖于这些领域的专家来证实我的描述。我也没有提出任何质疑这些科学学科基本结论的主张。相反，我的目的是将文献中普遍描述的内容和人类与他人建立共享现实的动机的发展联系起来。我在推测的正是**这种**关系。

3. 见 Wrangham, 2009, p. 14。

4. 我应该指出直立人存在了很长时间——超过 150 万年。当我描述直立人社群中开展的不同的活动时，我并不是说这些活动一定是在很早以前就有了。它们可能发生在直立人时期的末期。我唯一的推测是它们发生在智人进化之前，并且有证据表明人类在成为智人之前就已经彼此建立共享现实。就此而言，我不同意那些认为"在智人之前人类社会中没有发生过任何重要事情"的观点。

5. 见 Wrangham, 2009, p. 89。

6. 见 Aiello & Wheeler, 1995; Wrangham, 2009; 另见 Gibbons, 2007。

7. 见 Wiessner, 2014。

8. 见 Wiessner, 2014。

9. 见 Wrangham, 2009。

10. 见兰格曼的综述（Wrangham, 2009, pp. 152–156）。

11. Henrich, 2016. 还有另一本关于"文化在进化中所扮演的角色"的好书，见 Jablonka & Lamb, 2005。

12. 见 Henrich, 2016, pp. 57–58。

13. 见 Henrich, 2016, p. 228。

14. 见 Henrich, 2016, pp. 211–212; 另见 Boyd, Richerson, & Henrich, 2011。请注意，通过举这个例子，我并不是把极地因纽特人社群（现代人类社群）等同于直立人社群。我只是想说在技术上很难的活动是非常复杂的，不可能是由某个天才个人完成的。他们必须从他人那里学到"如何去做"的知识。事实上，没有证据显示直立人社群使用弓箭。

15. 关于这种弓的进一步讨论，见 Boyd et al., 2011。关于制箭这一多步骤、非常复杂的过程的描述，见 Henrich, 2016, p. 107。

16. 见 Henrich, 2016; Suddendorf, 2013。有关工具复杂性逐渐增加的讨论，另见 Perreault, Brantingham, Kuhn, Wurz, & Gao, 2013; Stout, 2011。

17. 见 Suddendorf, 2013。

18. 见 Hawkes, 2003; Suddendorf, 2013。

19. 还是那句话，在这里我必须澄清我想说的和我不想说的。我并不是想说我描述的现代智人社群的那些事从未在早期社群中出现过，而是说它们出现在现代智人社群中的证据要比早期社群明确得多，并且现代智人社群与直立人社群之间存在明显的差异。

20. 见 Holden, 1998。

21. 见 De Beaune & White, 1993。

22. 见 Harari, 2015; Howells, 1997。另见 Bar-Yosef, 2002。

23. 见 Bar-Yosef, 2002。

24. 关于这一问题的深入讨论，见 Holden, 1998。

25. 见 Harari, 2015, pp. 35–36。

104 26. 见 Sherif, 1936。

27. 见 Bar-Yosef, 2002。

28. 与之相关的观点另见 Henrich, 2016。

29. 见 Howells, 1997。

30. 见 Bar-Yosef, 2002。

31. 见 Hatari, 2015, p. 58。

32. 见 Darwin, 1859, 1868。

33. 见 Harari, 2015, p. 103。

34. Kitcher, 2011.

35. 关于这一点，我要感谢菲利普·基切尔的启发（见 Kitcher, 2011）。

36. 见 Roth, 1977。

37. 见 Roth, 1997, p. 133。

38. 见 Kitcher, 2011, p. 119, fn 20。

39. 见康韦尔和希金斯（Cornwell & Higgins, 2015）关于"应该－预防定向"和"理想－促进定向"伦理系统间差异的讨论。

40. 见 Kitcher, 2011, p. 128。

41. 见 Harari, 2015, p. 173。

42. 见 Johnston, Byrne, & Santos, 2018。

43. 对于这些关于训犬师的信息，以及随后关于训犬师和他们的狗之间存在成人－成人关系的说明，我要特别感谢来自训犬师家族的瓦莱里娅·维亚兹米季诺瓦（Valeria Viazmytynova）。

44. 我们可以通过营造共享现实与我们的宠物（作为动物的重要例子）建立起更好的关系，即成为"狗语者""猫语者""鸟语者"等。当然，有些动物我们不想对它们耳语，比如会伤害我们的动物。但是对于那些需要我们帮助才能生存的动物，包括那些可能伤害我们的动物，我们仍然需要了解并共享与它们的关联，这样才能帮助它们。找到与它们的共享关联仍然很重要。首先还是要建立起共享关联。

45. 狗感兴趣的一件事是其他狗的尿液。当它们注意到它时，你可以通过停下来等待来表示它值得关注。你不必自己去闻它。但是，你可以和你的宠物狗一起闻其他东西，例如你正在制作的食物中的柑橘或辣椒物质。你们可以共享这些物质的相关性。你的狗的反应会告诉你该物质的浓烈程度，因为狗鼻子更好用（它们有超过 1 亿个嗅觉感受器，而我们只有500 万个左右）。一定要记得感谢你的狗与你分享这些时刻。

46. 见 Smith et al., 2010。

47. 见 Higgins & Pittman, 2008。

第二部分

共享现实如何造就了人类

第5章 |||||
我们的所感

　　对于你来说，什么是重要的？你觉得哪些东西有趣？你喜欢什么，不喜欢什么？什么使你开心或者悲伤？什么使你平静或者紧张？什么事会让你对自己感到骄傲或者羞愧，对他人感到尊重或者蔑视？我们的情感在许多方面都是我们日常生活的重要组成部分，而我们与他人建立的共享现实是我们情感的核心。这一章将描述如何以及为什么是这样。

什么是重要的

　　让我们从头开始，当你感觉到有什么事情发生时，你会注意到它吗？如果这件事不重要，如果它不相关，那么你就不会注意它，也不会有任何的感觉。因此，为了理解共享现实如何影响我们的感觉，我们需要从共享现实如何从一开始就决定了什么是重要的、什么是不重要的说起，即共享现实如何影响你对相关或不相关事件的体验。

　　你也许会认为，某个事物对于人们是否重要是"与生俱来"（wired in）的，是人类天性的一部分。我能想到例子是我们对蜘蛛、蛇、高处、死亡等的自然恐惧。但实际上，这些恐惧并非自然的。可能有几种恐惧是我们与生俱来的——包括害怕坠落和噪声——但仅此而已。想想我们会产生的其他那些恐惧，例如害怕在公众场合演讲。很明显，我们最主要的那些恐惧并不是与生俱来的。这并不意味着在"是什么造就了人类"这个问题上，它们没能告诉我们一些重要的事。它们确实有用，因为作为人类就需要和他人建立共享现实，即和他人建立关于什么是重要的以及如何去感受它（包括应该害怕什么东西）的共享现实。

我在第 2 章讨论过婴儿和照护者之间通过互动可以向孩子传达什么值得或者不值得关注，什么重要以及什么不重要。例如，父母可以用手指向他们觉得有趣的东西来吸引孩子的注意力，同时通过声音表达他们对于所看到的东西的兴奋体验："看！看！那儿有一只兔子！！"婴儿还不能理解这些词语，但是可以理解他们都在看的东西是值得看的：这个东西很重要。婴儿也能看到他们觉得有趣的东西，并且想让他们的父母也去看它。他们会指着它，发出兴奋的声音，并试图让他们的父母分享他们对它的兴趣。但是他们父母的反应会反映出这个事物是否真的重要。如果他们的父母看向它并变得兴奋，那么它就是重要的。如果他们的父母只是简单地看了一眼，然后毫不兴奋地转过头，那么它就不重要。

这些互动向婴儿传达了清晰的信息，告诉他们世界上什么是重要的、什么是不重要的。这是儿童成为他们社会文化一员的开始。文化通过其成员与婴儿之间的这种互动来挑选重要的事物。而且，重要的事物会随着文化的改变而改变。例如，在发明用火来烹煮食物的办法之前，某种特殊的植物根茎可能并不重要，因为根茎如果不煮熟就难以消化，甚至有毒。[1]如果它只是一株根茎，如果它没有功能的话，为什么父母会希望孩子对它产生共同的兴趣呢？可一旦它成为能吃的食物，这种情况就会改变。

已有文献提到对于事物和活动进行优先排序，并共享这些注意优先顺序的重要性。[2] 有证据表明，婴儿对于他们和他人一起注意到的事物特别感兴趣。[3] 事实上，针对 9 个月大的婴儿开展的神经科学研究发现，相比非联合注意互动（即成年人只是看着物体），当婴儿与成年人进行联合注意互动（即成年人首先注视婴儿的脸，然后再看一个物体）时，注意过程的神经关联会增强。[4] 还有证据表明，当人们相信另一个人和他们在同一时间（相比不同时间）注意某个事物，并且另一个人和他们是相似的（相比不同的）时，他们就会更加注意他们所观察事物的细节。[5] 与相似的人同时注意到某个事物，可以增强与这个人共享现实的体验，进而使得被观察的事物（包括它的细节）变得更加重要。当彼此互动的人感知到他们正在注意同一事物时，它就会被优先排序，从而使它获得更广和更深层次的加工。[6]

与他人建立共享现实不仅要求识别世界上有哪些事物很重要，还要求识别事物之间的哪些差异很重要。每个人都知道这样一件事：讲英语的人只有一个词来表示雪，那就是"snow"，但是加拿大北部讲因纽特语的人有 50 多个不同的词来表示雪。例如，有"matsaaruti"表示可以给雪橇滑行器上冰的湿雪，有"pukak"表示盐状的结晶粉状雪，还有"aqilokoq"表示轻柔下落的雪。[7]

顺便说一下，著名人类学家弗朗兹·博厄斯（Franz Boas）因为提到因纽特人对于雪有很多不同的说法而引起了全世界的注意。这使得一些学者认为，正是由于形容雪的词太多，因纽特人才看到了不同种类的雪之间的区别，而说英语的人看不到，这进而被认为支持了沃尔夫的语言相对论假说。但是因纽特人用许多不同的词来表示雪，这并不是他们看到不同种类的雪的原因。在因纽特人的日常生活中，不同种类的雪之间的差异是非常重要的。因为它们很重要，所以人们才创造了不同的词来表达它们。先有了差异的**相关性**，然

109

后才出现了不同的词，而不是反过来。即使没有这些词，这些差异
也是很重要的，并且在儿童学习不同的名称之前，照护者就会指出
这些差异。再回到弗朗兹·博厄斯的话题上，他并没有把因纽特人
这些形容雪的词当回事。他对于他们的民间传说更感兴趣——并且
他学会了完全依靠海豹肉生活，就像他们一样。[8]

虽然事物或活动之间的差异可能很重要，并且即使不需要照护
者使用不同的名称来命名，儿童也可以习得它们的重要性，但通常
这些差异的确**会有**不同的名称，并且这**确实**有助于建立共享现实。
事实上，某些类别的事物拥有自己的名称这一事实向儿童发出了这
类事物一定很重要的信号。对于儿童来说，独特的名称使得这一类
别凸显出来。事实上，它的名称不同于其他类别事物的名称，这就
有助于区分不同的事物（每个事物都很重要）。所以命名确实对于建
立共享现实，并了解"什么是重要的"有着重要的贡献。

不幸的是，命名也有其他的作用。它不仅表明这一类事物很重
110 要，不同于其他类别，而且表明同一类别的不同成员之间的其他区
别**并不**重要。不同的香蕉在大小、颜色甚至形状上都有所不同，尽
管有这些差异，它们还是都被称为"香蕉"，这就清楚地告诉儿童：
这些差异并不重要。随着时间的推移，儿童，包括我们自己，就不
会注意到这些差异了。我们可能会注意到颜色是成熟的标志，但仅
此而已。这是成为人类的弊端，因为我们不再欣赏某类事物中个体
的特殊性。当我们小时候兴奋地指着我们正在看的某个特定事物时，
比如一只特定的知更鸟，我们会为它的特殊性感到兴奋。如果第二
天我们看到同类的另一只知更鸟，我们会再次兴奋地指向这个新事
物，并惊叹于**这一只**的特殊性。但过了一段时间，我们可能就会听
到"哦，好吧，又是一只知更鸟"，就好像它**只不过是**另一只知更鸟
罢了。没什么大不了。没什么值得注意的，因为有很多知更鸟。而

这一只特定的知更鸟的特别之处就可能会消失。

关于儿童从他人那里习得哪些差异是重要的，有一个例子让我着迷了多年：儿童可以习得哪些词音差异对于区别单词来说是重要的，哪些词音差异是无关紧要的。音位是在一种特定语言中可以感知到的、不同的语音类别，用以区分不同的单词。例如，用于区分"pad"和"bad"这两个词的音位类别是 /p/ 和 /b/，用于区分"bad"和"bat"这两个词的音位类别是 /d/ 和 /t/。一种语言音位的**类别内**差异是不会被这种语言的使用者感知到的，但如果它们是另一种语言里用于区分单词的音位，那么另一种语言的使用者就可以感知到这种类别差异。例如，尽管 /r/ 和 /l/ 在英语中是截然不同的声音类别，但在日语中却不是。

很小的人类婴儿能够感知和区分人类语言中**所有**不同的语音。他们对于任何特定语言中所使用的音位并没有偏好。但是很快，他们就开始与照护者产生共享的音位偏好。例如，有证据表明，即使是 1 个月大的以英语为母语的婴儿，也会更加注意 /b/ 和 /p/ 之间的差异，而不是 /b/ 的类别内或是 /p/ 的类别内差异。6 个月大时，婴儿就不再注意他们同语言社群里那些非音位的声音差异了。它们不再重要了。由于不是共享现实，这些声音的差异已经变得如此无关紧要，以至于它们不再被注意。[9]

在整个童年期和之后的时间里，我们与重要他人之间的互动建立起了关于什么重要以及什么不重要的共享现实。然而，共享现实的另一个社会来源——媒体（例如报刊、广播、电视）变得越来越重要，尤其是如今的社交媒体（例如 Facebook、Twitter）。通过媒体，我们不仅从专家们（包括自称专家的那些人）那里听到关于什么重要的意见，而且媒体所讨论和评论的一些事本身还建立起一种共享现实，那就是这些事情一定是重要的，一定是相关的。在

111

Facebook 上，我们甚至可以看到关于一个帖子获得多少"赞"（即竖起的大拇指）的反馈。竖起的大拇指越多，它就越重要。这还不是全部。它还告诉我们，我们应该产生什么样的感受。如果有很多人竖起大拇指，你也应该同样喜欢它。如果有很多人点了朝下的大拇指，你就应该不喜欢它。我们甚至不需要真的认识那些"点赞"或者"点踩"的人。

在结束这个部分的讨论之前，我需要就一个对于我们每个人（我们自己）而言都很重要的事再说点什么。有些类型的亲子互动（第 8 章会有详细的讨论）会向儿童传达一种信息：他们并不重要。一种是虐待，另一种是忽视。忽视可能是最糟糕的，因为这传递给儿童的信息是：你一点儿也不重要，以至于我不愿意花费精力去虐待你。这就可以解释为什么儿童明知道自己会受到惩罚却仍然去做错事，因为这样的话至少有人会注意到他们。如果他们因为自己的所作所为而受到惩罚，那就意味着有人注意到他们的所作所为，也就意味着他们是重要的。这比惩罚带来的痛苦更重要。

不仅仅是儿童，相比没有任何关注，成年人可能也更喜欢消极关注："被关注总比没有好。"正如戴尔·卡耐基所说："一个人的名字对于那个人来说是任何语言中最甜美、最重要的声音。"当有人使用你的名字时，他们就和你建立了一个共享现实：这是**你**的名字，它的用途是指代你——你很重要。我们当然希望别人用积极的方式叫出我们的名字，但相比没有人提到我们的名字，我们希望能有人提就可以了。

112 （对于我们而言）什么是积极的或消极的

我在第 2 章也讨论了婴儿如何通过与他们的重要他人建立共享

现实，来学会对哪些事物产生积极情感、对哪些事物产生消极情感，喜欢什么、不喜欢什么。12 个月大的儿童就能够认识到，某人的情绪表达是对某一特定物体或活动做出的反应，并且他们可以通过注意这些面部表情或声音表达来学习以积极或消极的方式对该物体或活动做出反应。[10] 前文提到过一个经典例子：婴儿在选择是否爬过一个看似深邃的悬崖（表面坚固但透明）时，会观察母亲的面部表情，如果母亲表现出消极的表情时，他们就会停下来。[11]

在"共享现实决定了对待事物的态度是积极的还是消极的"这个问题上，一个令人信服的例子就是食物偏好。约瑟夫·亨里奇在他的精彩著作《人类成功统治地球的秘密：文化如何驱动人类进化并使我们更聪明》中，讲述了"为什么辣椒是美味"的故事。[12] 他首先提出了三点：（1）人类是唯一在食物中放香辛料的动物；（2）一般来说，在食物中放香辛料对于营养的贡献很小或几乎没有；（3）在许多香辛料中，活性成分实际上是**令人反胃**的化学物质，其功能是让昆虫或哺乳动物等有害的东西远离那些香辛料作物。

结论是：食用香辛料**不是**天生的。但是我们很多都喜欢辣的食物。为什么？我们看到别人吃辣并做出积极的反应："嗯，嗯，我可真喜欢辣椒！"因此，我们从他们那里习得了对于辛辣食物的喜爱。我们一开始为什么要给食物加香辛料？因为它们能有效抵抗食物中的病原体，尤其是肉类中的病原体，而我们智慧的长者们认识到了这一点（虽然可能没有明说）。这种共享实践很重要，尤其是在世界上气候较热的地区，也就是最常见的那些吃辣地区（例如印度、印度尼西亚和墨西哥）。

当然，基于我们与家庭和社群成员的互动所形成的不仅仅是我们的饮食偏好，还包括我们在音乐、娱乐活动、着装等方面的偏好。此外，共享现实对我们积极和消极体验的影响也并不局限于我们观察他人对不同事物和活动的反应、观察他人对于"做什么"和"不做什么"的选择。更重要的是，它还源于我们的共享自我指导和共享社会规范。

让我们从共享自我指导开始。正如我在第 3 章所讨论的，学龄前儿童在大约 3~5 岁时就会和他们的重要他人建立起共享自我指导（共享目标和标准）。之后，学龄儿童获得了关于社会角色和社会规则的"概化他者"规范。但这并不意味着这些年龄较大的儿童（以及青少年和成人）不再与他们生活中持续出现的重要他人建立新的共享自我指导。他们确实会。比如他们会在青少年期和成年期，与童年后期出现的新的重要他人（比如他们的导师和伴侣）建立起新的共享自我指导。这些共享目标和标准对于"什么是重要的"，以及"对于什么事物应该做出积极的和消极的反应"都有着重要影响。

首先，个体的共享目标和标准对于一项活动（或行为）"相关还是无关"，以及"如果相关，它有多重要"这些问题都有着重要的影响。如果一项活动是达成共享目标、满足共享标准的一种手段（即工具），那么该活动就是相关的。目标和标准越重要，工具性活动越重要。如果工具性活动与一个共享目标和标准有关，那么该项活动的结果也更加重要。

其次，个人的共享目标和标准对于一项活动（或行为）是积极的还是消极的有着重要影响。如果一项活动**支持**了某个目标的达成或者满足了某个标准，那么它就会被认为是积极的。如果它**阻碍**了目标或标准的实现，那么它就会被认为是消极的。[13] 值得注意的是，这意味着一项活动是积极的还是消极的，不仅仅是其属性的函数。这取决于它与某个目标或标准之间的关系。一项活动可能会很痛苦，比如恶劣天气下的登山运动，但它仍然是积极的，因为它支持了一个人的目标，使其成为能够应对恶劣条件的登山者。如果一个伊斯兰极端分子相信"圣战"意味着杀死异教徒，并能让他成为一个更好的穆斯林，那么他就会把引爆自己当作一项积极的活动。这也意味着，基于每个人与他人不同的共享目标和标准，同样的活动可能被一个人看作是积极的，而被另一个人看作是消极的。同样，这种活动的积极或消极程度将取决于共享目标和标准的重要程度。

不仅活动本身的积极或消极性取决于它与共享目标和标准的关系，活动（或行为）**结果**的积极或消极性也取决于它与共享目标和标准的关系。假设这项活动是一名学生在学习，然后去参加考试。这个学生在考试中得了个 B。那么，这个结果是成功还是失败，是积极的还是消极的？正如我们要看到的，这取决于学生的目标和标准，而这些目标和标准通常是与他们的重要他人共享的，比如他们的父母或好友。

114

20 世纪，富裕家庭的孩子们读常春藤盟校的目标和标准是考 C，这样就能成为一个"绅士"，而不是一个"书呆子"（不断的学习使他们成为一个无趣的人）。富兰克林·罗斯福（Franklin Delano Roosevelt）在这方面是成功的，他在哈佛大学的成绩大部分是 C。考了 B 就是失败，说明他是个书呆子。其他学生都是书呆子，但他是个绅士。有趣的是，他确实在一些治理相关课程上得了 B，也许他在这个领域有不同的目标和标准。当然，如今对于许多在常春藤盟校上学的学生来说，拿到 B 也是一种失败，但原因与罗斯福完全不同。与得 A（以及一些想得全 A 的学生）的目标和标准相比，这就是一种失败。如今，全 C 对于大多数学生来说是一场灾难。

作为参照点，与重要他人共享的自我指导决定了什么是积极的或消极的体验。社会规范也是如此。社会规范涉及概化他者，并适用于每个人，它们也可以作为参照点，用来判断人们的体验是积极的还是消极的。当你的行为符合你所信奉的社会规范时，你就会有积极的体验。当你的行为打破了社会规范时，你就会有消极的体验。社会规范不同于自我指导，因为它们适用于每一个有能力实现它们的人（非新生儿），而自我指导仅仅是**你自己**的自我指导。他人不需要满足你的自我指导，但是他们和你一样，也被期望遵循社会规范。这意味着，与自我指导不同，作为参照点，社会规范不仅被用来评价你自己的行为和结果的积极和消极性，还被用来评价他人的行为和结果。

正如我前面提到的，使用社会规范作为参照点来评价他人的行为是积极的还是消极的，这取决于我们是否相信他人有能力遵循社会规范。这还取决于他人是否与社会规范背后的共享现实有关联。由于社会规范是**共享**的现实，它们背后具有认知和社会关系因素。如果某人是外群体的成员，他们可能不知道社会规范期望什么样的行为。他们也许有能力做出这种行为，但是他们不知道这种行为是被期望的（低认知水平）。此外，外群体成员与内群体成员没有社会联系（低关系水平）。因此，与内群体成员的行为相比，他们的行为与社会规范的相关性较低。

具有讽刺意味的是，相比外群体成员（低水平的共享现实相关性），当内群体成员（高水平的共享现实相关性）违反了内群体的社会规范时，人们会对他们产生更多的消极体验。这种差异甚至可以在儿童身上看到。在一项研究中[14]，研究者向 3 岁的儿童介绍了两个布偶，其中一个布偶马克斯和孩子们一样有着本地口音，戴着和他们一样颜色的手镯，而另一个布偶亨利有外国口音，戴着和他们不同颜色的手镯。在亨利出现之前，孩子们已经和马克斯很熟了。

作为儿童被试内群体的一员，一名成人主试以一种特殊的方式完成一项任务，然后对儿童被试说："我们是这么做的。"之后，内群体或外群体布偶错误地完成了任务，并且儿童被试有机会进行抗议。相比外群体布偶违反规范的条件，当内群体布偶违反游戏规范时，这些 3 岁的儿童更倾向于抗议。

　　因此，即使是学龄前儿童也更倾向于容忍一个外群体成员违反游戏规范的行为，而非内群体成员。当违反规范的行为发生在与你有着共享现实的人身上时，你会产生更消极的体验，因为此时违反规范的行为具有更高的相关性。而且，这不仅仅限于儿童。众所周知，无论是宗教团体还是政党，即使本群体某个成员的行为稍有差池，也都比外群体成员的越轨行为更加使人不安："他应该清楚他在干什么！" [15]

　　斯坦利·沙赫特（Stanley Schachter）关于情绪的标志性研究提供了一个经典的例子，说明了与他人之间的共享现实如何决定你所体验到的感受。[16] 一项研究的参与者被告知，这项研究的目的是测试一种叫作"Suproxin"的新型维生素对视觉能力的影响。被试同意注射这种维生素。在一种条件下，实验被试并没有被注射维生素，而是被注射了肾上腺素，这会使他们随后体验到生理唤起。在接受注射之前，被试被告知注射后的感受。他们中的一些人知道注射后的确切感受。他们被告知可能会体验到生理唤起的副作用。另一些被试得到的关于注射会给他们带来什么感受的信息是不准确的。他们要么被告知注射没有副作用，要么被告知注射可能会产生与肾上腺素唤起非常不同的副作用（例如，脚可能会发麻，身体某些部位可能会发痒）。

116

　　在接受医生的注射后，医生离开了，随后主试和另一名被试一起进入这个房间——这名被试实际上是一名假被试。主试让他们两个坐在房间里，等待"Suproxin"维生素在血液中起效。主试离开房间，假被试在介绍完自己并和被试聊了一会儿之后，开始表现出两种行为之一。在"欣快"条件下，假被试会表现出不同的愚蠢行为，比如把纸折起来，像小篮球一样把它们扔进废纸篓。在"愤怒"条件下，假被试会对他们都要填写的问卷中的一些问题（比如，被试父亲的平均年收入是多少，被试直系亲属中哪个成员不经常洗澡）做出恼怒的评论。

之前得到准确信息（药物注射副作用）的被试能够解释他们的唤起状态是由注射造成的。但是那些得到不准确信息的被试无法将他们的唤起解释为是由注射造成的。因此，他们需要找到唤起的另一种解释；于是，他们从当前的情境中寻找答案。如果被试与假被试在他们处境的情绪性质（即这是一个与欣快或愤怒相关的情境）上建立了一种共享现实，那么他们就有了一个答案。事实上，与"正确信息"条件下的被试相比，"错误信息"条件下的被试更有可能通过言语或是非言语表达出与假被试的行为（欣快或愤怒）相匹配的情绪。他们与假被试建立了一种共享现实，即在这种情境下应产生何种感受。

沙赫特的这项研究考察了人们如何通过观察他人来建立关于感受的共享现实，而这一研究受到他早期关于焦虑和社会关系的研究的启发。[17] 这项研究的被试都是女大学生，她们进入一个堆满实验设备的实验室，遇到一名看起来很严肃的主试——他穿着白色实验服，口袋里放着听诊器。他告诉她们，她们来这里是为了参加一项有关电击效应的实验。在"高焦虑"条件下，她们被告知自己将被连接到一台电设备，并接受一系列电击——"这将是相当疼的，但是，当然，它们不会造成永久性的损伤"。[18] 在"低焦虑"条件下，房间里没有电设备，她们被告知会接受非常轻微的电击，不会有任何疼痛，而更像是痒痒或刺痛。在这种条件下，主试向她们保证她们会喜欢这个实验。

然后，被试被告知需要 10 分钟来准备，所以她们需要在一个房间里等待。在这段时间，她们可以选择单独在房间里等或是和其他人一起等。只有三分之一的"低焦虑"被试选择与他人一起等，而有近三分之二的"高焦虑"被试选择与他人一起等。

一项后续研究发现，处于"高焦虑"状态的被试并不是为了"与他人在一起会感到舒适"而选择与他人一起等。如果其他人是在等着与她们的导师见面，那么"高焦虑"被试并不会选择与她们在一起。而如果其他人也在等着被电击，那么她们才会选择与其他人在一起。就像沙赫特所说，她们想和那些与自己处境相同的人共享她们的感受。他还指出，"痛苦需要有人分担"的说法是不正确的。相反，只有"同病"才"相怜"。人们可以和陪伴者一起建立情感层面的共享现实。

（我们会做出）何种积极反应和何种消极反应

人们对于发生的事情并不只是做出积极或消极反应。他们会产生特定类型的积极反应和特定类型的消极反应。关于我们对发生的事情做出何种积极和消极反应，我们与他人之间的共享现实是主要决定因素。例如，那些在选择是否跨越悬崖时会去看母亲的面部表情，并且当母亲的表情为消极时会止步的婴儿，他们并非体验到随意一种消极反应。这些婴儿体验到和他们的母亲同样的负性情绪——恐惧，而不是悲伤。同样，在向沙赫特点头示意后，与愤怒的假被试待在一起的被试也**确实**表现出愤怒这一消极反应，而不是悲伤或恐惧。

我已经讨论过，儿童与他们的重要他人共享的自我指导会决定一项活动或结果是否相关、是否积极，以及它有多积极或多消极。但这还不是全部。自我指导也可以决定你会做出**何种积极反应**和**何**

118

种消极反应——即使是在面对同样客观事件的情况下，比如考试不及格。这是因为自我指导在心理上与两种截然不同的动机系统有关：一种是**促进**（promotion）系统，它与从当前状态向更好的状态提升有关；另一种是**预防**（prevention）系统，它与维持当前的满意状态并对抗更糟的状态有关。[19]

我将在后面的章节更详细地讨论促进和预防系统之间的区别。在这里，我将充分讨论这两个系统，以便理解它们为什么会产生不同的积极和消极体验。让我简单地描述一下两种积极的亲子互动，以及两种消极的亲子互动，这两种互动有助于儿童获得更强大的促进系统或是更强大的预防系统。

在与儿童互动时，父母可以为他们创造两种不同的积极情景。每一种都向儿童传递了一种特定的信息，告诉他们这个世界是什么样的。第一种积极的互动会给儿童营造出一种**积极呈现**（presence of positive）的心理状态，比如一位父亲在女儿给了他一幅她画的画之后拥抱了她。这种互动向儿童传递了一种**促进**信息，那就是这个世界是可以让你得到抚育和成长的地方。在这种情况下，儿童会认同父母为他们设定的目标和标准，认为这些目标和标准是他们的希望。他们获得了共享的**理想**自我指导（ideal self-guides）。

另一种不同的积极互动为儿童建立了**消极缺失**（absence of negative）的心理条件，比如母亲阻止儿子把手放在热炉子上。这种互动向儿童传递了一种**预防**信息，那就是世界是一个你需要小心并负责任地去维护安全和保障的地方。在这种情况下，儿童会认同父母为他们设定的目标和标准，认为这些是他们的责任。他们获得了共享的**应当**自我指导（ought self-guides）。

儿童也从与父母的消极互动中获得理想和应当的自我指导。消极心理条件下促进系统的一个例子是：女儿和母亲一起吃饭时，

她的食物洒了，然后她的母亲就不再对她微笑了——**积极缺失** *119*
（absence of positive）。当父母与子女之间的积极呈现互动与这种积极缺失互动相结合时，他们就向儿童传递了促进成功和失败的信息，即这是一个具有潜在**收益**（gains）和**无收益**（nongains）的世界——是可以让人不断取得进步的世界。

对于儿童而言，消极心理条件下预防系统的一个例子是，父亲在儿子打了弟弟之后斥责儿子——**消极呈现**（presence of negative）。当父母与子女之间的消极缺失互动与这种消极呈现互动相结合时，他们就向儿童传递了预防成功和失败的信息，即这是一个由潜在的**无损失**（nonlosses）和**损失**（losses）组成的世界——是一个可能会让人出错的世界。

当人们成功或失败时，共享的促进理想自我指导和共享的预防应当自我指导之间的差异就会导致人们分别产生不同的积极体验和不同的消极体验。[20] 而且，即使当客观上成功与失败是同一件事时，也是这样的。以获得诺贝尔经济学奖为例。你会有什么感受呢？几乎肯定是积极的。但是何种积极反应呢？我想大多数人会欣喜若狂。这是有道理的，因为即使对于一个非常有才华的人来说，获得诺贝尔奖也是一种理想，一种你希望发生但大多数情况下只是梦想的东西。这意味着它将是一个"促进理想"（promotions ideal），而成功地实现"促进理想"会让你感到快乐和喜悦。因为它是一个极大的成功，所以你会感到非常高兴——欣喜若狂。

虽然感到欣喜若狂似乎是最有可能的体验，但这不是唯一的可能性。如果有些人相信，他们的重要他人期望他们获得诺贝尔奖呢？如果获诺贝尔奖是他们的内群体成员都能做到的事呢？也就是说，如果你认为获得诺贝尔奖是你的责任，即一个共享的应当自我指导，你会有怎样的体验呢？那样的话，当你成功时，你就不会感到欣喜若狂了。相反，你会感到**如释重负**。这正是一位芝加哥大学的经济学家在获得诺贝尔经济学奖时所说的话。他说他松了一口气。毕竟，他周围都是已经获奖的亲密同事。他觉得获奖也是他的责任。这清楚地表明，人们对于同样的成功有着不同的积极感受，这取决于它是与共享的"促进理想"有关的成功，还是与共享的"预防应当"（prevention oughts）有关的成功。

120 正如成功带来的积极情感与"促进理想"和"预防应当"之间的关系是不同的，失败带来的消极情感也是不同的。当学生在考试中不及格时，他们很可能会产生消极感受。但是，同样，不同的学生可能会有非常不同的消极感受，这取决于他们的考试成绩是与"促进理想"还是"预防应当"有关。如果你的考试成绩与"促进理想"，即你希望达到的成绩有关，那么考试不及格会让你感到悲伤、失望或沮丧。相比之下，如果你的考试成绩与"预防应当"有关，你认为你有责任取得好成绩，那么考试不及格会让你感到紧张、担心或不安。前者与沮丧相关的情绪和后者与焦虑相关的情绪之间有很大的不同。

还需要指出的是，作为与"促进理想"或"预防应当"有关的成功或失败的结果，积极体验和消极体验的差异并不局限于情绪体验层面。它们也包括其他类型的动机体验上的差异。[21]与"促进理想"有关的成功使人们感到更加充满渴望和热情。动机强度会增加（比如高强度的愉悦）。相反，与"预防应当"有关的成功使人们**不那么警惕**。动机强度会降低（比如低强度的平静和放松）。这些都是非常不同的动机体验。

与"促进理想"或"预防应当"有关的失败也会带来非常不同的动机体验。与"促进理想"相关的失败使人们感到沮丧，不那么渴望了。动机强度会降低（比如低强度的悲伤）。相比之下，与"预

"防应当"相关的失败使人们**更加**警惕。动机强度会增加（比如高强度的紧张）。

　　这意味着在生活中，我们对成功和失败的体验是非常不同的，这取决于我们是追求"促进理想"还是"预防应当"。这就好像我们生活在不同的经验世界里。这些差异甚至会影响当别人对他们的成功或失败产生不同感受时，我们如何体验和做出回应。例如，在一项研究中 [22]，被试阅读了有关另一个人因未能实现自我指导而感到痛苦的文字描述。不同条件下实际遭遇的失败是相同的：最近这个害羞的人一直很难结识新朋友。在一种条件下，这个目标人物将失败描述为未能达到理想的自我指导（一种希望），报告了悲伤的感受，并被描述为"眼睛低垂和声音低沉"。在另一种条件下，这个目标人物将失败描述为未能达到应当的自我指导，报告了焦虑的感受，并被描述为"坐立不安和说话的语速很快"。

121

　　被试自己也在处理他们理想自我的失败或是应当自我的失败。与之前的讨论一致，在阅读了目标人物的失败后，处理个人理想自我失败的被试感到了更多的悲伤和沮丧，而处理个人应当自我失败的被试感到了更多的害怕和焦虑。但事情还不止于此。被试还被问到，当他们阅读文字材料时，他们在多大程度上对目标人物的痛苦感到同情，以及目标人物的情绪反应是否与其处境相称。当目标人物的失败与被试自己所面对的自我指导失败属于**相同**的类型时（即，自己和目标人物都是理想自我的失败，或者自己和目标人物都是应当自我的失败），他们对目标人物的同情明显更强，并且认为目标人物的情绪反应就当时的处境来说是恰当的。

　　换句话说，当目标人物的失败与他们正在处理的（理想或应当）自我指导失败属于**不同**的类型时，被试对目标人物缺乏同情心，并认为目标人物的情绪反应就当时的处境来说是不恰当的。这就好像人们在处理应当自我的失败时，会对一个因理想自我失败而感到痛苦的人说："我不明白。你为什么难过？这说不通啊。"

到目前为止，我所讨论的问题是，人们对自己和他人生活中的情感和动机体验——会产生何种积极体验和消极体验——取决于他们是需要针对共享的理想自我指导做出反应，还是需要针对共享的应当自我指导做出反应。这里有一个特别有趣的例子——**移情**（emotional transference）。对于西格蒙德·弗洛伊德[23]来说，移情不仅仅是一种临床现象，即患者会对她们的治疗师（通常是男性）做出反应，这种反应体现了她们对父母（通常是她们的父亲）的无意识幻想。它也是日常生活中的一种现象，在这种情况下，个体对他们的重要他人产生了心理表征，这种表征会影响他们对另一个人的反应；由于这个人（无意识地）让他们想起某个特定的重要他人，个体就会表现得好像这个人**就是**那个重要他人一样。苏珊·安德森（Susan Andersen）针对日常生活中的移情开展了广泛而具有开创性价值的研究。[24]

当我们遇到某个人在某些方面与我们的某个重要他人相似时，我们对那个重要他人的心理表征就会被激活。这可能会导致我们在记忆、感受和行为反应上对这个新人表现得好像他/她就**是**我们的那个重要他人。[25]事实上，当被试的重要他人具有某种特定的性格特征时，被试就会**高度**自信地报告说，他们在目标人物身上看到了与重要他人这种相似的特征，尽管实际上主试并没有提供关于目标人物的这些信息。[26]

但这还不是全部。当我们遇到一个与我们的重要他人很相像的人时，比如像我们的母亲或父亲，我们与那个重要他人共享的自我指导也会被激活。如果我们碰巧在这些共享自我指导方面失败了，我们就会感到痛苦。当我们的失败同与重要他人共享的理想自我指导有关，或者是与共享的应当自我指导有关时，我们所遭受的痛苦在形式上会有所不同吗？这正是安德森和她的同事们所检视的问题。

在其中一项研究的第一阶段[27]，一些大学生描述了他们的父亲和母亲。值得注意的是，所有的被试都认为他们的父母很重要，也很爱他们。他们还接受了理想自我指导和应当自我指导的测量，以确定一组被试经历过共享理想自我指导的失败，而另一组被试经历过共享应当自我指导的失败。两周后，在一项被认为毫无关联的研究中，他们被告知，他们将会遇到一个新人。为了考察被试在了解将要见到的人前后的感受是如何**变化**的，在第二阶段开始时主试测量了被试的感受，然后被试才拿到关于新人的描述。对于一些被试来说，有关新人的描述包括一些个人特征，这些特征与被试的父亲或母亲具有相似性（潜在的移情条件组）。此外，对于这些被试中的一些人来说，新人类似于他们未能满足理想自我指导的父母；而对于另一些人来说，新人类似于他们未能满足应当自我指导的父母。

如果移情发生了，那么当这个新人与他们所爱的、对他们很重要的父母相像（相比不像的条件）时，被试应该对这个人感到更加积极，并期望这个人会更加接纳他们。事实上，这两种典型的移情效应都被发现了。此外，更重要的是，当新人激活了父母对他们的理想自我的期望（且他们没能满足父母期望）时，被试与沮丧相关的感受增加了；而当新人激活了父母对他们的应当自我的期望（且他们没能满足父母期望）时，被试与焦虑相关的感受增加了。[28]

还有其他的证据能够表明这种移情效应会影响个体的感受。例如，在一项研究中，被试被问及有关他们所认识的、不同的人的各种问题。[29]例如，有一个问题是，他们的父亲在多大程度上希望他们在字谜游戏中表现出色（**父亲**对他们**理想自我**的期望）。另一个问题是，他们的父亲认为他们有多大的责任或义务去玩好这个字谜游

123

戏（**父亲**对他们**应当自我**的期望）。在开始字谜任务之前，他们做了一些练习。当他们做练习的时候，一些被试被潜意识地（无意识地）启动了与父亲相关的词（例如"父亲""爸爸"）。之后他们完成了字谜游戏。在完成任务后，他们会收到成功或失败的反馈。那些父亲对他们有强烈理想自我期望的被试在得到成功反馈后感到快乐，在得到失败反馈后感到沮丧，而那些父亲对他们有强烈应当自我的被试在得到成功反馈后感到放松，在得到失败反馈后感到焦虑。

这些有关移情的发现是引人注目的，但也是令人不安的。在安德森的研究中，被试期望见到一个与自己父亲或母亲相似的新人，他们会对这个新人产生更加积极的感受，并感到被这个新人接纳。尽管如此，他们在见到新人之前仍然感到痛苦，因为新人激活了他们与之分享自我指导的父亲或是母亲，而他们未能满足这些自我指导的要求。当共享的自我指导是理想自我时，他们感受到与沮丧相关的情绪；当共享的自我指导是应当自我时，他们感受到与焦虑相关的情绪。这表明，我们的共享现实使得人类具有苦恼的易感性。这种易感性在其他动物身上是不存在的，并且它能够将我们割裂。如果我们与一个重要他人共享自我指导，那么只是见到（甚至只是期待见到）一个与重要他人相似的新人，就可能会激活"我们未能满足重要他人的共享自我指导"这种记忆，从而使我们体验到痛苦。而且不需要是个新人。一个人可能有一个长得像他或她父母的恋人，如果这个人没能满足与父母共享的自我指导，那么就算他或她满足了当前恋人的自我指导，也可能会感到痛苦。

当人们接受重要他人为他们设定的目标和标准后，他们就会用这些目标和标准来指导他们的目标达成，他们也会用这些目标和标准来评价他们自己的表现，即他们自己的成功和失败。但这不是全部。我们与重要他人共享的标准也可以用来评价其他事物和事件，即我们如何感受我们在这个世界上看到的事物和参与其中的事件。例如，什么算是一部好看的电影或者一个好吃的汉堡包，这通常取决于我们与他人之间的共享标准。此外，个体可以有多个不同的重要他人，且他们有着不同的标准，此时他们如何评价事物就取决于当下哪个重要他人是凸显的（易得的）。

一项研究很好地说明了这一点。[30] 研究的被试是女大学生。这些女性以为她们参与了两个独立的研究，而实际上第一个研究用来操纵被激活（启动）的重要他人是"两位年长的家庭成员"还是"两个校园朋友"。第一个研究的表面目的是考察"视觉化"，被试需要在脑海中描绘各种场景、人物和情景，然后再进行讨论。她们被要求去想象"两位年长的家庭成员"或是"两个校园朋友"。

在第二个研究中，一位女性主试表面上要求被试阅读一些文章段落，并说这么做的目的是确定什么会让文章内容更有趣或更令人愉快。关键的部分是文章的第二段，这是一个关于性放纵的故事，描述了一个女人的春梦（关于一个她觉得有魅力的男人）。在阅读了这篇文章之后，被试被问及她们有多喜欢这篇文章。研究发现，女性被试对于**同样**一段文字的喜爱程度取决于哪个重要他人被激活了。与"两个校园朋友"被激活时相比，当"两位年长的家庭成员"被激活时，她们喜爱的程度更低，这反映了性放纵标准的差异。

道德评价与情感

前面的这项研究讲到了一种非常重要的、用于评价行为和事件的标准——道德标准。人类以一种道德视角看待自己所追求的目标以及追求目标的方式。20 世纪社会学巨匠罗伯特·默顿（Robert Merton）曾指出："每个社会群体都会将其文化目标与规章制度联

125

系起来，这些规章制度植根于习俗或制度，它们决定了可以用来实现这些目标的、被允许的程序。"[31] 这里的"文化目标"是我们可以接受的目标，"被允许的程序"是我们可以接受的手段。在"什么是正确的目标"以及"什么是追求这些目标的正确方式"这些问题上，我们有着共享的现实。

人类非常注重以**恰当**的方式行事，因此虽然"什么是恰当的"这个问题本身实际上并不是一个道德问题，但它会影响我们对事物的感受。例如，美国人认为正确使用叉子的方式与英国人（和欧洲人）不同。美国人用右手拿叉子，叉子尖朝上。英国人用左手拿叉子，叉子尖朝下。英国人用叉子的方式在美国人看来是不对的。美国人用叉子的方式在英国人看来是**绝对**错误的。事实上，当美国人同时使用刀叉时，他们通常在切肉时用左手拿叉子，然后在吃饭时用右手拿叉子。英国人切肉**和**吃饭时都用左手拿叉子。这对于他们来说是常识。对于他们而言，这感觉像是"恰当"的方式，也是"正确"的方式。但我们不要因此把它当成一个道德问题（虽然我们经常这么做），这就是我的观点。

顺便说一句，我从书里读到过，美国人和英国人之间的这种差异与早期美国移民很穷有关。他们无法奢侈地让每个人都有自己的刀。每个家庭必须共用一把刀。刀会被传一圈，当轮到哪个人用刀的时候，就需要把盘子里所有的肉都切了。所有的肉都切好了之后，就只留下叉子来吃肉。鉴于大多数美国人是右利手，用右手拿叉子就比较容易。这就说得通了。这一切都是因为他们穷。这是另一个为什么不能把这件事当成道德问题的理由。

基于不同共享现实的实践是不是"恰当"或"正确"地做某件事的方式，关于这个问题我们不应该小题大做，更不用说把它当成道德问题了。但我们还是这么做了。来看看我和我的同事在哥伦比

亚大学开展的一项研究吧。[32]被试需要表达他们对于一只哥伦比亚
大学的咖啡杯和一支廉价钢笔的偏好。我们只对那些做出同样选择
的被试感兴趣，而且正如我们预期的那样，绝大多数人选了咖啡杯。　*126*
我们这么做是因为我们想要研究他们对于同一件物品（咖啡杯）的
重视程度是否取决于他们决策的"正确"性。

　　在被试做出选择之前，他们被随机分配到两种不同的条件下，
这两种条件在强调决策时有所不同。一种条件强调的是决策的**结果**，
研究者通过标题"**最佳选择！**"和指导语"**最佳选择**是具有更好结果
的选择"来进行强调。另一种条件强调的是决策的**过程**，研究者通
过标题"**正确的方式**"进行强调。标题是"用**正确的方式**做出你的
决定"，指导语则是"你需要以**正确的方式**做出决定"。

　　在这两种条件下，指导语的结尾都是一样的："想想选择杯子的
积极和消极结果。想想选择钢笔的积极和消极结果。请把你的想法
写在下面。"因此，在这两种条件下，被试需要采取的具体行动是相
同的。不同的是，它们强调的是结果还是过程，即这些具体的行动
是与**最好**的结果还是与**正确**的过程有关。

　　在他们考虑了这两种选择并表达了他们对这个杯子的偏好之后，
出乎他们意料的是，他们得到了一次用自己的钱购买这个杯子的机
会。为了测量他们到底有多看重这个杯子，研究者使用了一种标准
的实验经济学方法。被试看到一个信封，并被告知里面装的是咖啡
杯的价格。如果他们开出的价格低于信封里的金额，他们就得不到
这个杯子。然而，如果他们开出的价格超过了信封里的金额或与信
封里的金额相同，他们就会以**他们开出的价格**得到咖啡杯。研究发
现，在**正确方式**条件下的被试比在**最佳选择**条件下的被试开出了更
高的价格来购买同样的杯子。

　　这还不是全部。被试还被问及他们在多大程度上赞同一些强调

"以恰当的方式追求目标"的警世名言，比如"不能为了目的不择手段"和"输赢不重要，重要的是游戏过程"。如果**正确方式**条件下的被试更喜欢杯子是因为他们更关心"以正确的方式行事"，那么这种效应对于那些认为"以正确的方式追求目标很重要"的被试来说就应该更强。事实上，对于那些坚信"以正确的方式追求目标很重要"的被试来说，**正确方式**条件下购买杯子所花费的金钱要远远高于**最佳选择**条件。[33]

127

这些发现很有趣，因为被描述为**正确方式**的决策过程确实是一个正确的过程，但它并不是一个**道德上**正确的过程。然而我们发现，那些被人们认为是道德的东西之间存在相当大的差异。例如，我们发现，当人们用来做决定的方法与他们的动机取向相符时，比如在具有促进目标（相比预防目标）导向时使用"渴望"策略（相比"警惕"策略），人们会对自己做出的决定"感到正确"，而此时他们会感觉自己的决定在**道德**上也是正确的——"如果感觉对，那它就**是对的**"。[34]

总之，共享现实可以通过许多不同的方式影响我们的感受。首先，共享现实可以决定世界上哪些事物或行为与我们有关，哪些重要、哪些不重要。在那些重要的事物中，共享现实可以决定我们的体验是积极的还是消极的。它还可以决定我们产生何种积极的体验（例如愉悦还是平和），以及何种消极的体验（悲伤还是焦虑）。

此外，当我们遇到一个与我们的重要他人（我们与其有着共享的促进理想自我指导或预防应当自我指导）有那么一点相像的人时，这些不同类型的积极和消极体验就可能会发生。我们可能会对一个事物产生不同的感受，而这取决于我们的重要他人中哪一个在当下是凸显的或易得的。共享自我指导也可以影响我们对于他人所经历的不同类型的痛苦的同情程度。最后，共享的标准可以强化某些事情让我们感觉对或错的程度——不仅包括实际的道德问题，也包括非道德问题。

在所有这些方面，我们与他人之间的共享现实都对我们的生活体验产生了深远而普遍的影响。而我们的所感只是一个开始。我们的共享现实也会影响我们的信念和我们的知识。这是我们接下来需要思考的另一个方面。

│ 注 释 │

1. 关于烹煮对于人类饮食存在影响的一段精彩讨论，见 Wrangham, 2009。

2. 关于这一点有一篇出色的综述，见 Shteynberg, 2015。

3. 见 Baron-Cohen, 1995; Bruner, 1983。

4. 见 Striano, Reid, & Hoehl, 2006。

5. 例见 Shteynberg & Apfelbaum, 2013; Shteynberg et al., 2014。

6. 见 Shteynberg, 2018。

7. 见 Robson, 2013。

8. 见 Robson, 2013。

9. 关于这些现象的讨论，见 Eimas, Siqueland, Jusczyk, & Vigorito, 1971; Kuhl, 1983; Werker & Tees, 1984。

10. 见 Carpenter, Nagell, & Tomasello, 1998; Moses, Baldwin, Rosicky, & Tidball, 2001; Mumme, Fernald, & Herrera, 1996。

11. 见 Sorce, Emde, Campos, & Klinnert, 1985。

12. 见 Henrich, 2016。

13. 见 Brendl & Higgins, 1996。

14. 见 Schmidt, Rakoczy, & Tomasello, 2012。

15. 相比外群体成员，内群体成员的糟糕表现会导致更消极严厉的评价，这被称为"黑羊效应"（black sheep effect）。见 Marques & Yzerbyt, 1988。

16. 见 Schachter, 1964; Schachter & Singer, 1962。

17. 见 Schachter, 1959。

18. 见 Schachter, 1959, p. 13。这真是一种经典的沙赫特式实验操纵！

19. 例见 Higgins, 1997; Higgins & Cornwell, 2016。

20. 关于心理和情绪方面促进和预防之间差异的更深入讨论，见 Higgins, 1987, 1989a, 1989b, 1991, 1997, 2001。

21. 关于动机方面促进和预防之间差异的更深入讨论，见 Higgins, 1997, 1998b。

22. 见 Houston, 1990。

23. 见 Freud, 1912/1958。

24. 例见 Andersen & Baum, 1994; Andersen & Berk, 1998; Andersen & Cole, 1990; Andersen, Glassman, Chen, & Cole, 1995; Berk & Andersen, 2000。

25. 见 Andersen & Chen, 2002; Andersen, Reznik, & Glassman, 2005。

26. 见 Andersen et al., 1995; Andersen & Cole, 1990; Glassman & Andersen, 1999。

27. 见 Reznik & Andersen, 2007。

28. 值得注意的是，对于每一个被试（被分配了与父亲或母亲相似特征的新人）而言，都存在另一个控制组的配对被试，这些配对被试也被分配了同样的新人，但是这个新人不像他们的父母。研究发现，尽管新人的特征在两种条件下是一样的，但相比"不像父母"的条件，在"像父母"的条件下，被试体验到了更多消极的情绪。这表明，被试情绪受到的影响并非源于新人的特征本身。最重要的是，这个新人像他们的父母，并且他们没能满足父母对他们的理想自我或应当自我的期望。

29. 见 Shah, 2003。

30. 见 Baldwin & Holmes, 1987。

31. 见 Merton, 1957, p. 133。另见 Rokeach, 1973; Schwartz, 1992。

32. 见 Higgins, Camacho, Idson, Spiegel, & Scholer, 2008。

33. 组织决策领域的一位重要人物詹姆斯·马奇（James March，1994）认为，以合适或恰当的方式追求目标与创造价值有关，而不仅仅是为了得到享乐的结果（理性工具）。这些研究的结果以一种新的方式支持了他的这一看法，它们表明，如果选择是通过恰当的方式做出的，那么被选择的事物本身的价值也会增加。

34. 见 Camacho, Higgins, & Luger, 2003。

第6章 ||||

我们的所知

并非看到的那么简单

在 1964 年美国最高法院"雅各贝利斯诉俄亥俄州"(*Jacobellis vs. Ohio*)一案中,法官需要判断一部特定的电影是否属于大尺度色情片(即淫秽电影)。在这个著名的判决中,最高法院法官波特·斯图尔特(Potter Stewart)写了以下声明来解释为什么他**不认为**有争议的材料是淫秽的:

> 我今天不想再尝试通过这种简单的〔对大尺度色情片的〕描述来定义材料的种类,也许我永远也无法成功地这么做。但**当我一看到它时我就知道**,这个案子里的电影不是那种色情电影。

波特·斯图尔特的那句"当我一看到它时我就知道"已成为历史。但这句话背后的想法并不是他发明的。我们很多人认为自己知道某样东西是**什么**、它属于什么类别(因为它具有某些属性),即使我们不能清晰地定义这些属性到底是什么。我们以为我们是根据**某物**的属性来判断它是否属于某一类别,并且这和我们**自身无关**。比如:"我知道那是一根香蕉,因为它是黄色的,而且呈新月形。"是的,我们就是这么想的。但我们也有可能是错的,因为我们对于事物的态度可能更多的是基于**我们自身**,而不是基于我们所看到的事物的属性。而且,不仅仅是出于我们的个人观点,更多是出于我们与他人之间的共享现实。当涉及我们的判断时，事情远不止表面看起来那么简单，因为我们相信的东西根植于我们与他人之间的共享现实。

在继续讨论这个话题之前，请阅读下面这段关于一个叫苏的学生的故事：

> 苏和我是哥伦比亚大学的同学。有一天，我们约好在洛氏纪念图书馆（Low Memorial Library）前见面。那天早上天气晴朗，我慢慢地走到图书馆。我从很远的地方就能认出苏，因为我看到了她的蓝夹克。我们决定去附近的一家咖啡馆，因为我们都很喜欢吃糕点。然后在去咖啡馆的路上，我很吃惊地看到我们的政治学教授琼斯朝我们走来。他停下来和我们交谈，并提到苏的论文质量很高。苏没有表现出任何特别的反应。也许她的脸上带着一丝微笑。

131

你对苏是什么样的人有清晰的印象吗？大多数人没有。这个故事的目的就是对她的性格做出非常模糊的描述，并且其中的信息对于大多数人来说的确是非常模糊的。但在一项研究中，仍有一些被试十分笃定地认为苏很**自负**。这似乎很令人惊讶，因为如果你不是这些被试的一员，那么几乎没有证据支持这样的结论。

为什么这些被试认为苏很自负呢？因为在他们读到关于苏的故事之前，"自负"这个概念对于他们来说就已经具有高度的易得性。高易得性源于以下几点。首先，在阅读关于苏的故事之前，这些被试都被悄悄地暴露于与"自负"相关的词汇（"自负"这个概念在最近被**言语启动**了）。其次，在做这个研究之前，通过对不同特质概念的长期易得性的测量发现，对于这些特定的被试而言，"自负"特质是长期易得的。[1] 当"自负"对于被试来说是长期易得的特质，**并且他们最近刚被启动了"自负"概念时，他们就会留下清晰的印象认**

为苏是自负的，并且没有意识到他们对苏的印象受到了"自负"这一概念的**预先**易得性的影响。其他人都没有留下这样的印象。为什么他们会从关于苏的实际信息中得出这样一个缺少证据的结论呢？可怜的苏是共享特质概念高易得性的受害者。

我曾在其他地方说过人类的判断中存在一种基本的偏差，我称之为"关于"（aboutness）原则。[2] 简单来说，它是指当我们做出判断，比如根据一个人的行为判断他是什么类型的人时，我们会认为判断的依据是我们所掌握的、关于这个人的信息，即认为判断是**关于**这个人的行为的。如果你要质疑人们为什么会判断那个人是那种类型的人，他们就会用那个人的行为来证明他们的判断是正确的。我们从没想过的是，我们判断一个人的依据可能与我们所掌握的关于这个人的行为信息无关，而是与我们**自身**有关。比如，一个特质概念恰好是我们长期易得的，一个特质概念可能最近刚刚被启动了，或者，在这个例子中，两者皆有。

这一研究和其他研究表明，判断实际上是与做出判断的人有关，而不是基于判断对象的属性——在这个例子中，影响判断的是"自负"这一特质概念的社会共享含义的易得性。为什么这很重要呢？正如我在第 2 章所讨论的，这是因为词语的意义来自我们与他人之间的共享现实。当儿童学习事物的符号名称时，他们学习的是共享现实，即哪些名称代表世界上哪些事物的类别或概念。很快，儿童不仅习得了物体的名称，还习得了用于描述人的特征的名称。正因为如此，暴露在一个名称前就会激活特质概念，这个概念就可以被用来描述一个人的特质，尽管此时几乎没有证据证明它适用于那个人——就像把苏描述为自负的人一样。

共享现实影响我们的所知，这种影响是回答"是什么造就了人类"这个问题的基础。它对我在第 1 章讨论过的"共享为实"问题进行了补充。在那一章，我提到当我们试图与他人建立一种共享现实时，我们关于行为和事件的记忆——我们后来对它们的看法——在很大程度上受到我们与沟通对象所谈论的内容的影响。就"共享现实如何影响我们的所知，或者至少是我们以为我们知道的"而言，这是整个故事中很重要的一部分。值得注意的是，正如"共享为实"的相关研究结果以及我刚才描述的共享特质名称的易得性效应所阐明的那样，这些共享现实会扭曲判断和记忆。

　　与第 1 章不同，本章关注的是在我们交流之前，共享现实如何影响我们对世间万事万物的表征。这些概念**本身**就是我们与他人之间的共享现实；我们看到或没看到的、相信或不相信的东西都取决于我们与他人在共享现实中产生的这些概念。当**你**看到**它**时你就知道的那些东西，与其说是关于**它**的，不如说是关于**你自己**的——这里的**你**是你与他人建立共享现实时获得的一套概念。而且，这套概念不仅可以被你激活，也可以被其他人对你所说的话激活（不管你是否意识到了），就如言语启动的作用一样。接下来我将更详细地探讨这些影响。

我们的信念来自社会层面的共享意义的预先激活　　133

　　"苏没有表现出任何特别的反应。也许她脸上带着一丝微笑。"对苏的上述行为的描述是模糊的，因为提供的信息中几乎没有证据可以对苏是什么样的人进行分类。这与我在第 1 章讨论的"共享为实"研究中使用的那篇关于唐纳德的描述不同。在那些研究中，对唐纳德行为的最初描述在评价层面看是模糊的，即有足够的证据对唐纳德的性格进行两种相反评价的分类。例如，看看下面有关唐纳德的描述：

除了商业活动，唐纳德与人的接触相当有限。他觉得自己真的不需要依赖任何人。不管要花多少时间，不管过程有多难，一旦唐纳德下定决心去做一件事，这件事就都跟已经做完了一样。他也很少改变自己的想法，即使改变一下想法可能会更好。从他的一举一动，我们可以很容易地看出，唐纳德清楚地意识到凭他的能力能把很多事做好。

你对唐纳德的印象如何？人们通常留下一种复杂的印象。这是有道理的，因为实际上这些描述很模棱两可。此外，对于描述的某一部分你可能会从积极的角度去消除歧义，而对于另一部分则从消极的角度去消除歧义。不同的人会产生不同的印象。

最后一句关于唐纳德的描述是什么？再读一遍。对于这样的描述，你们大多数人可能有相同的印象——唐纳德很自负。如果是这样的话，这可能是因为你在本章已经多次接触到"自负"这个词——以及与之相关的特质概念。对于你而言，**自负**已经被言语启动了。但对于那些参加了之前预实验（考察个体对唐纳德的反应）的被试来说，大约一半的人认为唐纳德是**自信**而不是自负。在前面的描述中，第一句和第二句在他是"独立"还是"冷漠"这个问题上让人感到模糊不清，第三句和第四句在他是"执着"还是"固执"这一点上也是模棱两可的。

134

对唐纳德模棱两可的评价性描述不只被用在"共享为实"研究中。它们也被用于其他研究，比如对苏的研究，以便考察在这些研究中会发生什么。被试在研究开始时不经意地接触到一些特质词（言语启动），随后在另一项他们认为毫不相关的研究中阅读了对某人的行为描述，并形成了对此人的印象。在最初考察言语启动的研究中，被试在第一项任务中被启动了积极或消极的特质概念，这些概念可以用于第二项任务，以便对他们要读到的唐纳德的行为描述进行表征。[3]他们被告知第一项任务的目的是检视信息加工对知觉的影响。主试要求他们尽快说出 10 张不同幻灯片的背景颜色。在每张幻灯片出现之前，他们都会听到一个单词，他们必须在说出幻灯片的颜色后重复这个单词（表面上是为了增加任务的难度）。这 10 个单词中包含与积极特质概念（如"自信""独立""执着"）或消极特质概念（如"自负""冷漠""固执"）有关的单词。

　　完成这项任务后，被试被带到一个单独的房间，另一位主试把"言语理解"任务的指导语发给他们。作为任务的一部分，他们需要阅读关于唐纳德的文章，然后描述唐纳德的特征。大约两周后，他们回到实验室并评价对唐纳德的喜爱程度。研究发现，被试对唐纳德的印象并不复杂。相反，他们会根据他们在第一项任务中接触到的积极特质词或消极特质词来描述唐纳德是具备积极特质还是消极特质。[4]此外，那些接触了消极（相比积极）特质概念并对唐纳德进行了消极描述的被试，在两周后对他产生了更消极的态度。

　　这项研究里所有被试阅读的关于唐纳德的信息都是**相同**的。人们可能会认为不同的被试会对他产生不同的印象，并且有许多人对他的印象应该是复杂的。但考虑到随机分配和信息的模糊性，仅仅因为他们在之前的一项与唐纳德**无关**的研究中遭遇了很小的差异，我们不应该期望两组被试对唐纳德的印象会出现系统的差异。我们也当然不应该指望两周后，被试对唐纳德的态度会有所不同。

　　是的，没人会预料到，可事实**就是**如此。在这项研究中，只是通过激活不同的共享概念用以评价人的性格，就导致被试在随后的任务中对唐纳德的最初印象以及在两周后对他的态度产生了显著的不同。如果在阅读有关他的文章这第二项任务之前，被试在

135

第一项任务中偶然接触到负面的性格词汇，这对于唐纳德来说可不是好消息。可怜的唐纳德，又一个共享特质概念高易得性的受害者。

在刚才讲到的研究中，被试先接触了共享特质概念，然后才形成对唐纳德的印象。先前接触到的共享特质概念在逻辑上与关于唐纳德的信息无关，不应该影响人们对唐纳德的看法，这就是这个结果令人感到十分惊讶的原因。然而，在日常生活中，接触到的共享特质概念或其他共享概念并不总是与要感知的目标人物无关。接触的形式通常是听别人谈论对目标人物的看法，而这些看法是通过共享概念表达出来的。如果我们和这个人建立了一种共享现实，而且我们总是被鼓励这样做，那么我们就会根据这种共享现实来感知目标人物。

作为实验社会心理学的先驱，哈罗德·凯利（Harold Kelley）对这类共享现实效应进行了经典的论证。[5] 目标人物是被试不认识的人，他们因为任课老师外出而作为一门课程不同部分的代课老师。课程管理员利用这个机会，研究了不同班级对不同代课老师的反应。学生们读到一些有关新老师的介绍性信息。班上所有学生获得的信息都一样，但（随机地）一半学生会读到老师"相当冷漠"，而另一半会读到老师"非常热情"，如下：

> ××老师是麻省理工学院经济和社会科学系的研究生。他在另一所学校有过三个学期的心理学教学经验。这是他教 Ec 70 这门课的第一个学期。他今年 26 岁，退伍军人，已婚。了解他的人认为他是一个［相当冷漠］［非常热情］的人，勤奋、挑剔、务实、有决心。

学生们并不知道班级里不同的学生读到的是不一样的标签。实

136

际上老师也不知道。老师引导全班进行了 20 分钟的讨论。之后，学生们被要求说出他们对老师产生的真实印象，并被告知这不是针对老师的考试，也不会影响他的未来。相比之前读到"非常热情"标签的学生，读到"相当冷漠"标签的学生认为他们的老师更正式、更不善于交际、更不幽默，甚至更**缺少人情味**。对于每个人来说，由于之前标签的作用，他们对于**同一位**带领**相同**课堂讨论的老师产生了不同的感知，而且这与老师或是讨论本身没有任何关系。由于早在课前就接触到关于老师的不同标签，学生们建立了关于老师的不同的共享现实，并且这些共享现实与实际的课堂体验无关。对老师的印象本应基于老师的课堂，但现在他们却形成了截然不同的印象。这显然说明了我们与他人建立共享现实动机的弊端。对于那位可怜的老师来说，这又是一个坏消息，只因为他的学生在见到他之前就得到"相当冷漠"的标签，他就变成缺少人情味了！？

接纳他人对某件事的看法使得我们与他人建立起共享现实，并随之带来一些弊端，上述现象不仅限于我们对他人会形成错误的印象，也总发生在我们对事物的态度上。而且，这种影响可能是巨大的。在这方面，伊丽莎白·洛夫特斯（Elizabeth Loftus）是一位先驱，她让人们注意到人类的记忆（尤其是目击者证词）通常是带有错误和偏差的。[6] 这种错误有几个来源，其中一个来源就是目睹事件的目击者与询问他们的采访者之间所建立的共享现实。

在一项关于目击者证词的经典研究中[7]，被试观看了描述交通事故的不同影片。在观看完每部影片后，被试需要描述他们刚刚看到的事故，然后回答一系列具体的问题，其中包括撞车车辆的速度问题："那两辆车相撞时开得有多快？"一些被试的问题里出现的是"撞上"（hit）这个词，另一些被试接触到的是以下这些替代词：

"撞烂"（smashed）、"碰撞"（collided）、"碰上"（bumped）或"接触上"（contacted）。当问题中出现的词是"接触上"时，被试对汽车行驶速度的判断是 31.8 英里 / 小时[①]，当出现的词是"撞烂"时，判断的速度是 40.8 英里 / 小时，而对其他标签的判断则介于两者之间。

在第二项研究中，研究者给被试看一部关于连环车祸的电影，然后使用"撞烂"或"碰撞"字样来询问被试车祸中那些车的速度，或者根本不问速度（控制条件）。被试在一周后回来，在没有再次看那部电影的情况下，被问道："你之前有看到碎玻璃吗？"被试需要回答"有"或"没有"。事实上，在拍摄的事故中并**没有**碎玻璃。因此，在实际上并没有碎玻璃的情况下，只有大约 10% 的控制组和"碰撞"组的被试回答"有"，这是可以预料的。但是在"撞烂"组中，尽管影片里根本没有玻璃，却有几乎三分之一的被试回答"有"。

第二项研究表明，当另一个人使用"撞烂"这个词时，人们就会把这起事故描述为汽车撞烂了，那么这个事件就会被记忆为包含一些并没有发生的事情——比如有碎玻璃。这也不是什么好消息。尤其是对于那些没有目睹事件的警察或记者来说，当他们首先询问目击者看到了什么的时候，提问题时使用的词就很重要了。如果警察或记者想要得到一个特定的答案——肯定会发生这样的情况——他们就可以用他们提出的问题来扭曲目击者对所发生事情的记忆。

我想补充的是，这样的提问不仅会直接歪曲目击者的记忆，也会歪曲目击者的**说法**，从而使他们调整自己的回答来迎合提问者

---

① 1 英里约合 1.6 千米。——译者注

（听众），这就让我们想起之前在第 1 章讲过的"听众调谐"以及"共享为实"效应带来的偏差。对于想获得真相来说，这可真是一团糟。而真相又是至关重要的，因为一个被告是否在审判中被定罪，甚至是否在一开始就成为被告，这都取决于证人所说的话。

不只是提问会产生共享现实记忆错误。仅仅接触别人对某一事件的看法，就能构建出虚假记忆，并产生共享现实记忆错误。例如，在一项研究中 [8]，两个被试阅读了一本彩色图书，这本书讲述了一个犯罪故事：两个男人在玩斯诺克，一个女人被看到正在偷他们其中一人的钱包。当一个男人进入斯诺克厅时，她也出现在门口。这些描述的信息对于所有被试来说都是一样的。不同的是，一半的被试看到书里的这个女人孤身一人，没有同伙，而另一半被试看到的是她和一个男同伙在一起。

当被试被问到关于整个故事的问题时，他们最初关于这条信息的记忆是正确的，即关于他们是否看到这个女人有同伙。5 分钟后，两个（成对）被试（其中一个看到了同伙，而另一个没有看到同伙）被要求一起描述发生了什么，就像在向警察进行描述一样，主要需要注意描述事件的先后顺序和不同人物的行为。然后，他们需要回答关于这个故事的问题，包括这个女人是否有同伙。尽管两个被试在书里看到的关于这个问题的信息是不同的（从他们之前单独回答这个问题的答案中可以明显看出这一点），但两个被试对所发生事情的记忆（信念）融合在了一起。在是否看到同伙这一问题上，两个被试的回答本应存在分歧（因为他们看到的不一样），但几乎 80% 的人就这一问题达成了共识——一个由于建立了共享现实而导致"社会传染"（social contagion）的经典例子。

也有证据表明，沟通中占主导地位的成员对他人造成的社会传染效应更大。例如在一项研究中 [9]，被试们读到四个小故事，每个故事都包含不同的细节，比如一个与婚外恋有关的故事就包含关于两个人相遇地点的不同细节（比如在酒吧、在牛排餐厅、在咖啡馆）。然后被试们分别回忆这个故事。第二天，两个互不认识的小组成员见面并有机会互相了解。然后，他们一起回忆其中的两个故事。之后，研究者对他们进行再认测验，以考察他们是否会记住某个细节，但这个细节并未出现在他们读到的故事中，而是出现在另一个小组成员读到的故事中（比如这两个人是在哪儿相遇的）。

主要的测量指标就是再认错误——**虚假记忆**（false memories）——这种错误可能来自被试之前一起的谈话。研究发现，被试确实错误地记住了某个细节，且这个细节并未出现在他们读到的故事中，而是出现在他们的同伴前一天讲过的故事里。研究还发现，这种效应主要来自谈话中占主导地位的小组成员，即讲述者越强势，他们的同伴就越容易产生与讲述者所说内容一致的虚假记忆。因此，占主导地位的谈话者对交谈双方建立共享现实的贡献最大。需要指出的是，他们的同伴实际接收到的信息里其实并没有这些共享现实。

社会层面的共享意义：以刻板印象为例

到目前为止，我讨论了接触一些涉及共享概念的词如何使我们对生活中特定的人和事的印象、态度和记忆产生偏差。然而，我们的共享现实对我们的信念和世界观的影响甚至比这更大。我们会就不同类别的成员是什么样的建立共享现实，即使我们**没有**直接的证据来证明这些信念。从这些共享现实中，我们**知道**类别成员是什么样的，而后当我们遇到该类别的一个新样例（instance）时，我们就会认为该样例具有该类别成员的典型特征，尽管并没有证据支持这一信念。来自共享现实的这种影响可能是非常有益的，也可能是代价高昂的。

让我们先从好处说起。想象一下，你当前感知到并与之互动的所有事物都被你体验为一种新颖和**独特**的事物。由于所有这些体验都是独特的，你无法把当前的体验和过去的体验联系起来。也就是说，**你没有学习的机会**。但与其他动物一样，对于人类而言，从过去的体验中学习**至关重要**。要做到这一点，我们必须把当前的样例与一些过去的样例联系起来，并将它们视为彼此相关、在某些方面相似。我们需要对世界上的事物进行分类。学习分类的一个办法就是：当我们与重要他人互动时，他们以某种方式（通常是名字）指出当前的样例就是你曾遇到过的特定类别的一员。

这是非常有益的，因为通过了解每个类别的具体特征，当你再次遇到这个类别的新样例时，你就可以推断出它具有该类别的典型特征，而不需要为这一特定样例的特征寻找额外的直接证据。例如，你可以去市场上买一根类似"香蕉"的东西，并相信当你回家吃的时候，它的味道会和香蕉一样而且能给你补充能量，而你不需要在商店里通过品尝来验证。这是好处之一。另一个好处是，想象一下，如果一位"调酒师"知道你点了苏连红马提尼（超干，带拧绞），他 *140*
就能把你想要的饮料端过来（尽管我发现"超干"并非在每个国家都适用）。

说到调酒师，我们的共享类别中最重要的就是我们的共享**社会**类别，比如"调酒师"。我们的某些社会类别是通用的（比如"婴儿"），但很多类别不是通用的（很不幸的是，"调酒师"就不是）。了解共享社会类别的成员的特征是非常有益的。我们可以猜测某个社会类别的新样例大概会是什么样的，即使我们只知道他或她从属于这一社会类别。这不仅适用于调酒师，也适用于教师、公交司机、图书管理员、护士、消防员、服务员等。

总而言之，我们学习共享类别是有益的。但也有不好的一面。我们会认为所有的样例都是一样的，以至于我们会用同样的方式看待它们。我们忽略了每个样例的**独特**之处。"哦，又一个日落"，而不是"哇！看**那个**日落！"。当涉及社会类别时，如果我们不能认识到某个类别的每个样例的特殊之处——一个社会类别的每个成员的特殊之处——那就尤为有问题了。把别人当作"只是另一个服务员"或"只是另一个图书管理员"可能会侮辱一个人，并破坏我们的社会关系网。我们不应该把个体看作只是他们社会类别中的一员而已。

认为某一社会类别中的每个成员都和该类别的其他成员一样，会导致的最糟糕结果就是**社会刻板化**（social stereotyping）。我们都认为刻板化他人是很糟糕的事。但是为什么呢？只是因为我刚才描述的原因，所以刻板化就是很不好的吗？那确实够糟糕的。但还有什么其他的原因是我们应该关注的吗？

多年前，心理语言学和社会语言学的开创者罗杰·布朗就曾精辟地论述过这个问题。我的分析是以他的分析为基础的。在他的里程碑式著作《词与物》[10]中，他最先对经典的社会刻板印象进行了批判，例如针对20世纪30年代的犹太人和德国人的刻板印象，这些刻板印象对人进行了泛化而忽视了社会类别内的个体差异。但他也指出，所有的类别其实都是忽略了样例之间的差异而进行的泛化，就像我们前面提到的"香蕉"的例子。如果这是个问题的话，那它就不是社会刻板印象独有的。当然了，我们这么对待一个社会类别的成员**确实**要比这么对待"香蕉"的类别成员有更大的问题。是的，对于一个社会类别来说，这种问题更严重，但这仍然不是症结所在。

接下来的一个论点是：刻板化的问题不在于泛化，而在于这种泛化是错误的。但问题是：我们说"错误的"是什么意思呢？如果

141

某一样例与所属的类别成员不一致，是否就足以推断出这种泛化是错误的呢？我们都知道狗会叫。叫是狗的特征。但等一下。那不会叫的巴仙吉犬呢？不会飞的企鹅（鸟类）呢？哦，**现在**我明白了。说狗会叫和鸟会飞只是对它们的刻板化，这是非常糟糕的。这对于巴仙吉犬和企鹅来说非常不公平。**真的吗？** 这就是为什么刻板化是一个问题？

好吧，其实我们总能接受一些例外的情况，所以布朗接着提出了下一个论点：刻板化本身并不是一个问题，因为确实有对特定样例进行不恰当的错误泛化的情况。问题在于，我们认为某一类别的某些特征比实际上更常见。这种论点是在说："是的，某种真相可能存在一个核心要素，但你想说的是这个核心要素非常大。你的意思是它总是正确的而不会出错，但事实并非如此。"不过，这个核心要素要多大才不会有问题呢？有什么证据去证明核心要素足够大或是不够大呢？

是的，如果我们让一个社会类别的某个特征听起来比实际上更普遍，这确实**是**个问题，特别是当它涉及对类别成员的**消极**描述时。这是共享现实存在的一个严重的问题：当某一类别的大多数成员不具备某个消极特征，或是在消极程度上和其他社会类别的成员一样时，我们还是过度泛化这一消极特征。但这就是刻板化的根本问题吗？布朗认为，从根本上说，这些问题都不是刻板化不对的原因。我同意他的看法。事实上，还有一些更加令人担忧的问题。[11]

最根本的问题是，刻板印象通常包含的一些特征从最开始就不是用来描述类别成员的。它们**不是描述性的**。它们只是对某一社会类别成员的看法和感觉，但却**被当成**代表了与他们有关的实际知识或事实。同时作为加拿大公民和美国公民，我就有一个例子。据报道，美国人平均每周洗澡超过 6 次，而加拿大人平均每周洗澡 5 次。 *142*

看到这个报道后，美国人和加拿大人**都**感到愤怒。美国人现在认为他们觉得加拿大人"脏"是对的。加拿大人现在认为他们觉得美国人"浪费"是对的。

　　每个群体都认为他们现在对彼此的了解只是描述性的：这只不过是事实并且就是事实。但它并不是。事实是每个群体每周淋浴或洗澡的频率，仅此而已。可是每个群体在得到事实后都根据他们自己的行为标准对其进行了评价。评价本身不能被证明或证伪，因为它超越了事实本身。给另一个群体贴上的标签代表着一种观点，一种基于某个评价标准的感受，而这种评价标准被美国人或加拿大人共享。尽管它被视为知识，但它不是。每个群体都认为自己的共享标准才是**正确**的标准。这就是**族群中心主义**。刻板印象的问题就在于族群中心主义。

　　当对外群体成员的判断来自共享的内群体标准，而这些标准又偏向于内群体成员时，它们就构成基于族群中心主义的刻板化。这就是为什么它是一个严重的问题。这种基于族群中心主义的共享现实无疑就是症结所在。顺便说一句，如果我这周洗5次澡，下一周洗7次澡，那我这周对于美国人来说就是"脏的"，下一周对于加拿大人来说就是"浪费的"。基于族群中心主义的共享现实令人恼火——而且显然比令人恼火更糟。

　　如果关于社会类别的刻板信念包含基于特定的共享标准对类别成员做出的评价，那么个体可能会在不同时间对同一个社会类别持有不同的信念，这取决于此时哪种标准是凸显的或易得的。例如，当我在美国的家里时，我不认为一周5次淋浴或洗澡是浪费。但这可能是由于我想要与其他美国人建立联系，因为与他人建立共享现实会受到社会关系动机的驱动，受到想要与他人建立联系的驱动。有证据表明，在对非裔美国人的积极或消极的看法上，确定存在这种社会关系效应。

例如，在一项针对白人本科生的研究中[12]，主试要么穿着印有 "Eracism" 字母的**反种族主义**衬衫，要么穿着一件颜色相同但没有字母的衬衫。对主试的喜爱程度也通过实验进行了操纵：主试要么感谢学生被试参与研究并告诉他们出于感谢她给他们带了些糖果（友好），要么把糖果拿走并告诉学生被试她认为他们因为参与研究而获得学分已经很幸运了（粗鲁）。然后，被试需要在电脑上完成一项旨在测试针对非裔美国人的偏见的任务：在看到"好"（good）这个词时尽快按下一个键，在看到"坏"（bad）这个词时尽快按下另一个键。他们不知道的是，在他们看到这些词之前，白人或黑人的面孔照片会在阈下呈现给他们。

阈下看到白人面孔后，对"好"这个词的反应比"坏"这个词的反应要快；或是阈下看到黑人面孔后，对"坏"这个词的反应比对"好"这个词的反应要快，上述情况就说明被试存在偏见。研究发现，当主试对被试表现粗鲁时，被试暴露在反种族主义衬衫和无字衬衫下的偏见反应之间没有差异。但是，当主试对被试友好时，相比无字衬衫，主试穿着反种族主义衬衫时，被试的偏见明显减少——实际上是没有偏见。因此，当主试具有宜人性时，被试会觉得与她亲近，并想要与她建立共享现实。被试（无意识地）接纳了她所支持的标准（即反种族主义），这体现在他们此时不再共享"黑人坏"这一评价性的观点了。

顺便说一下，也正是罗杰·布朗在半个多世纪前首先让人们注意到这样一个事实：人们可以采用多种分类方式对同一个物体进行分类，且每种方式都是**正确**的而不是相互矛盾的。在他的经典论文《一件东西该如何命名？》（How Shall a Thing Be Called）中，他强调每个目标对象都具有等级结构的不同分类选项。[13] 他举的例子是，你可以选择性地称呼你口袋里的东西为"1952年的一角硬币""一角硬币""钱""金属物品",甚至是"一件东西"。显然有很多种可能的名称,而且它们都是正确的。那么哪个名称应该被用来与他人建立正确的共享现实呢? 布朗指出,虽然有多种选择,但我们的社会给许多物品起的名称都是相同的,比如勺子通常被称为"勺子",而不是被叫作"银器"或"金属物品"。我们共享的现实是这个物体应该被称为"勺子",这是因为当我们一起互动时,重要的是把勺子和其他银器(如叉子或刀)区分开来。我们共享的现实是采用一个具有良好区分度的名称,而这个名称能让我们在一起工作时更有效。

使用最恰当的名称来区分一个对象和其他对象,通常可以让我们在与他人互动时建立起一种有用的共享现实。但并不总是如此。比如单用一个人的种族来称呼他就是有问题的,因为这传递了这样一种信息:关于这个人的最重要的东西就是他的种族社会类别,而不是他所从属的其他社会类别。当人们把一位黑人心理学教授简单地称为"黑人"时,它所传递的信息是:对于这个人而言,最重要的就是区分他是黑人还是白人,而不是(比方说)他是一位教授还是一名飞行员,或是在更低的等级结构层面,他是一位心理学教授还是一位物理学教授。当存在其他合理的名称时,我们却选择采用一个特定的种族名称,这样建立起来的共享现实是显而易见的:对于这个人来说,重要的是他是黑人而不是白人。这是当我们与他人建立共享现实时可能会产生消极影响的另一个例子。[14]

通过与他人互动建立共享信念

到目前为止,我讨论了如下问题:我们所共享的关于世界的知识，包括我们共享的词汇意义和共享的社会类别，在被激活时，它们会影响到我们对所观察的特定个体和事件的看法和认识。但是这些共享的知识从何而来呢？在第 2 章和第 3 章，我提到这种共享知识的发展性来源；在第 8 章，我将更多讨论照护者－儿童的不同互动类型如何促进共享目标和共享标准的习得。

当这些成人－儿童互动发生时，儿童会意识到年长的成年人比他们更了解这个世界是如何运作的；因此，对于儿童来说，在感受和认知方面选择接受成年人的指导是具有意义的。[15] 但是如果一个成年人遇到一种新情境，而这种情境对于其他成年人来说也是全新的，那么此时他们应该选择相信谁呢？是他们自己还是其他人？他们应该相信他们所看到的，还是应该尝试与他人建立一种共享现实呢？这正是社会心理学先驱穆扎费尔·谢里夫在他关于社会规范建构研究中提出的基本问题。

145

社会规范的建构

我在第 4 章描述过谢里夫的研究：随着时间的推移，个体对光点运动的判断变得越来越相似（聚合），最终他们建构了关于光点运动的群体规范。而实际上光点是静止的——它根本不动。在完全黑暗的房间里，是观察者的眼跳运动使得静止的光点看起来好像在运动。[16]

这项研究很好地说明了，当涉及我们的信念时，事情远不止表面看起来那么简单——这项研究的例子正说明了这一点，因为光点是静止的。这是怎么回事呢？令人惊讶的是，这些人逐渐放弃了他们个人对光点运动的看法，改变了他们的判断，使之与其他群体成员的判断更相似；然而，此时并没有证据表明别人的判断就比他们的判断准确。事实上，其他人的判断都是**错误的**，因为光点没动，但他们每个人都说光点动了。在没有任何证据支持他人判断的情况下，你就放弃了你的个人观点——你在之前许多试次中所持有的信念——而去贴近他人的判断，这种选择并不仅仅是令人感到吃惊。对于许多人来说，这也让人感到不安。事实上，正如大众所熟知的以及在多数社会心理学教科书中出现的那样，这种选择被贴上了贬义的标签。它被称为**从众**（conformity）。从众被视为软弱的表现，因为从众者为了讨好别人或避免被排斥而放弃了"说真话"和"坚持立场"这些基本原则。

对于很多人来说，谢里夫的研究揭示了人性的弱点。在共享现实层面，它表明人们与他人建立共享现实的渴望——对某件事持有共同的观点——是如此强烈，以至于人们会在没有任何证据支持这些观点的情况下去追随他人的观点。是的，这确实**是**我们人类与他人建立共享现实的渴望的潜在弊端。与他人建立共享现实的动机会导致我们接受一些**并非**事实的事实。它会让我们不那么批判性地接受别人的观点，把虚假的"备选事实"（alternative fact）当作真相。

146　　但这项研究反映出的潜在弊端并非故事的全部。而且，在我看来，这不足以让我们称呼这些人为"从众者"。事实上，人类的积极一面也是这个故事中值得关注的一部分——它比大多数社会心理学教科书提到的更加值得引起我们的关注。对于谢里夫而言，这项研究不是关于"从众"的。"从众"一词甚至都没有在他的书中出现。相反，对于他来说，这些结果说明了**群体规范**（group norms）是如何从趋同判断中诞生的。群体规范对于人类社会的运作至关重要。尤其是在大型社会中，人类成员之间的有效合作和协调需要存在和使用社会规范。而且，是的，这些社会规范可以是任意的，就像在语言界使用单词的声音模式去命名一个特定的物体，比如像说英语的人那样使用"dog"这个词来命名那个四条腿、毛茸茸、会叫和捡木棍的动物。名称的选择是任意的，它不基于证据。这只是一种社会规范。但是在语言界，这种关于物体和事件名称的共享现实对于协调沟通互动是非常有用的。

当进一步思考谢里夫的研究结果时，这种与语言界词语使用所进行的类比就变得更形象了。研究发现，对于不同的群体来说，关于光点移动了多少的群体规范是不一样的，正如不同的语言群体对事物的命名也有不同的社会规范一样。而且，当个体随后在他人不在场的情况下做出私下判断时，他们还是倾向于坚持群体的判断，而不是回归到他们最初的群体前判断（pregroup judgment），这也与我刚才所说的"共同的群体判断就像是一种规范"的观点相一致。对于一个讲英语的人来说，即使在私下里，那个动物的名称也是"dog"。

其他人的后续研究提供了进一步的证据，即谢里夫的研究创造出的共同群体判断与惯常规范（比如事物的名称）的作用方式相同。[17] 当一个群体的原始成员被新的参与者逐一取代，直到群体里不再有任何原始成员（即全新一代的群体成员）时，这个新群体维持了原来群体对光点运动的判断。而且，令人印象深刻的是，这种维持群体判断的现象持续了好几代（且每一代群体成员都完全被替换了）。这就像是新一辈讲英语的人，一代又一代，仍然用"dog"这个词来指代那个四条腿、毛茸茸、会叫和捡木棍的动物一样。[18]

是的，通过建构社会规范来与他人建立共享现实的人类动机确实存在弊端。创造出的群体规范会导致我们产生虚假信念，就像谢里夫的研究中关于光运动的虚假信念，以及关于物质世界本质（还

147

记得地球曾被认为是平的吗？）或精神世界本质（还记得人们曾相信存在树精吗？）的虚假信念。但是建立群体规范也有巨大的好处，比如人们会在那些随意的单词声音模式的含义方面达成一致，从而促进人际沟通。而且在更一般的水平，反映了群体共识的规范通常是具有适应性的。最重要的是，正如谢里夫探讨社会规则和社会产品（如语言）问题时所言："只要聚集在一起的时间足够长，人们就会情不自禁地产生规则、习俗、价值观和其他类型的规范。"[19] 以群体规范的形式建立共享现实既不是纯粹的坏事也不是纯粹的好事，只不过我们作为人类都会这样做罢了。

这项关于社会规范建构的研究阐明了人们对事物形成共享信念的基本过程。这个共同建构的过程是我们获得有关世界的共享知识的主要途径。这项研究的重要之处还在于，它说明了当建构一种事实上**虚假**的共享信念时，同样的过程也会发生。因为光实际上是静止的，所以关于光运动的共享信念就是虚假的。尽管如此，人们还是相信光是运动的。同样，我们可以建立关于自然界的虚假共享信念（比如地球是平的），以及关于超自然界的虚假共享信念（比如儿童关于圣诞老人的共享信念，或是成年人认为找到四叶草就会带来好运的信念）。

顺便说一句，我和妻子努力维持着（也许是帮助创造了？）我们的女儿凯拉关于圣诞老人的信念。在圣诞节之前我们不会让她见到圣诞老人的礼物，直到圣诞节的早上，我们会把那些圣诞老人送的礼物用薄薄的红纸包起来，单独放在一旁，并与我们作为父母送给她的礼物分开。我们送给她的礼物会用更厚的彩色包装纸包着，上面有丝带和蝴蝶结。有时，作为父母，我们甚至会拒绝送给女儿她圣诞节最想要的东西，比如新的粉色芭比汽车；但令她惊讶和高兴的是，圣诞老人显然知道她想要什么，并送给了她新的芭比汽车。

当她打开它时，她高兴地尖叫起来，然后犹豫地转过身来看着我们。我们轻轻地摇摇头，给了她一个无力的、顺从的表情说："好吧，你可以留着它，因为它是圣诞老人送的。"这让她在接下来的几年里一直相信圣诞老人的存在。

　　我们为什么要费尽周折地让我们的女儿体验到关于"圣诞老人是真的"这样一种共享信念呢？因为当你还是个孩子的时候，相信"有一个非常特别和神奇的人在关心你并想让你开心"是一种快乐。长大后，当你知道圣诞老人其实是妈妈和爸爸时，你会意识到他们有多爱你，多想让你开心。他们可能没有圣诞老人那么特别和神奇，但他们一直都在你身边，而不仅仅是圣诞节。

　　需要指出的是，群体成员在群体规范上的趋同并不局限于群体成员对某件事的判断会逐渐趋同。作为群体成员判断基础的一些**策略**也会趋同。此时的规范不再是关于判断本身，而是关于在做出判断时使用何种策略。例如，在一项研究中，被试完成了一项再认记忆任务：他们先看到一组目标刺激，随后逐一看到单个刺激，这个刺激要么来自之前那组目标刺激（"旧刺激"），要么不属于那组目标刺激（"新刺激"）。他们可能会犯判断错误，即把不属于目标刺激的"新刺激"说成"旧刺激"，这被称为"误报"（false alarm）；要么把"旧刺激"说成"新刺激"，这被称为"漏报"（miss）。

　　先前的研究表明[20]，在这类任务中，促进定向（promotion-focused）的人倾向于说"旧刺激"，这是冒险（或是宽大处理）策略，因为他们宁愿出现"误报"错误，也不愿少说了"旧刺激"。对于他们来说，错过一个"旧刺激"是一种"不作为错误"（error of omission），相当于"消极的无收益"（negative nongain）。相反，在这类任务中，预防定向（prevention-focused）的人倾向于说"新刺激"，这在策略上是保守的，因为他们宁愿"漏报"也不愿"误报"。对于他们来说，"误报"是一种"张冠李戴的错误"（error of commission），相当于"消极的损失"（negative loss）。

这项新的研究检视了不同群体在完成再认记忆任务时的决策策略。[21] 每个群体的**所有**成员被实验操纵为促进定向或是预防定向，从而创建了促进组和预防组。研究发现，随着时间的推移，促进组的成员逐渐**趋向于**做出冒险的选择，而预防组的成员趋向于做出保守的选择。任务结束时，每组的成员都共享了一种判断策略，其中促进组和预防组的共享判断策略不同，**而且**共享判断策略是一种判断上的**偏差**。这再一次说明，共享现实不一定是正确的。

与意见一致的他人建立真相

就像在谢里夫的研究中那样，**共同创建共享现实**是我们与他人建立共享现实的一种方式。让父母告诉我们世界是如何运转的，并接受他们所言（想想圣诞老人的例子）是另一种方式。第三种方式是听取其他人就某件事所达成的共识。

一项研究使用第 1 章描述的"共享为实"范式，为第三种方式提供了一个例子。在阅读一篇描述一名男子行为的文章之前，参与沟通的被试了解到他们的听众似乎喜欢（或不喜欢）这名男子。所有的沟通者都为交流做好了准备，但最终只有一半人这样做了（另一半人的设备"出现了故障"）。前人的研究发现，当听众只有一个人[22]，并且沟通者真的需要向他们的听众传达信息时，了解到这名听众对于目标人物的态度会影响到沟通者对于目标人物的记忆，但当沟通者不需要真的向听众传达信息时，这种影响就**不会**发生。消息的传达是记忆效应发生的必要条件。

然而，当听众不是一个人而是三个人，并且他们都一致地喜欢目标人物（三个人**都**喜欢他）或是一致地不喜欢目标人物（三个人

都不喜欢他）时，情况就不同了。[23] 在这种情况下，即使没有实际传达信息，态度一致的听众也会对被试的记忆产生直接影响。此时，记忆效应的发生不再需要消息的传达。其他人对于目标人物的一致意见足以让被试与他们建立一种关于他是令人讨喜还是令人讨厌的共享现实。这进一步又影响了对于目标人物行为的记忆，即被试的记忆被歪曲，以便在评价层面更好地匹配态度。

和之前的"共享为实"研究一样，在这项研究里，对目标人物行为的描述在评价上是模棱两可的。在谢里夫的研究中，有关目标刺激"光运动"的信息也不明确。因此，这就提出了这样一个问题：在这些例子中是否真的存在共享现实？因为这些研究中的个体对于真相感到困惑或不确定。个体最初的想法和他人表达出来的想法之间并没有强烈的冲突，这是因为事实上人们并不清楚什么才是正确的答案。但如果正确答案是明确的，会发生什么呢？人们还会让他们的观点朝群体规范的方向靠拢吗？人们还会为了与他人建立一种共享现实而改变自己的观点吗？

我在第 1 章提到过利昂·费斯汀格的观点，即人们只有在对于物理现实的信念较为薄弱时才会从社会现实中寻找真相。[24] 从这个角度来看，当正确答案明确时，人们不应该为了与他人建立共享现实而改变自己的观点。另一位伟大的实验社会心理学先驱所罗门·阿希（Solomon Asch）也是这样认为的。于是他研究了这个问题。[25]

在标准的研究中，7～9 名学生聚集在一间教室里。主试告诉他们，将给他们呈现几条不同长度的线段，而他们的任务是从呈现的三条比较线段之中选出一条与标准线段长度相同的线段。下一页所示的图显示了这项任务的样子。哪条比较线段与标准线段等长？是 1 号线段、2 号线段，还是 3 号线段？这看起来很简单，但是阿希在研究中埋了一个伏笔。

150

 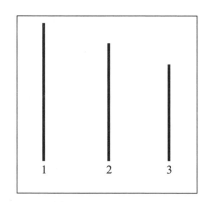

标准线段

1　　2　　3

实际上，在 7~9 名学生中，只有一个真正的被试。房间里的其他学生都是实验者的同伙。此外，学生们的就座方式使得真正的被试在每个试次中总是最后一个回答的人。实验简单直接地开始了，所有的假被试总是给出正确的答案，被试也给出了正确的答案。开始一切都很好。但随后麻烦就来了。从第三次开始，在某些试次中，所有的假被试在判断"哪条比较线段与标准线段等长"时，都（一致地）给出**相同**且**不正确**的答案。参考上面这个图，就比方说他们**都**回答 3 号线段是正确答案。

在这些冲突的试次（即正确的答案与假被试一致的错误答案之间存在矛盾）中，有时假被试一致选择的那条线段与正确答案之间的差别很大（很容易区分），有时差别很小（很难区分）。但是，值得注意的是，控制组里单独完成任务、没有听到其他人答案的被试几乎总是能回答出正确答案（92% 的人总是答对，平均正确率也有94%）；而且，即使在难度更大的试次中，他们也表现得很好。因此，虽然某些情况不容易甄别，但被试仍然能很容易地给出正确答案。这意味着，当实验组里（群体中）出现冲突试次时，真被试会因他们认为的正确答案和群体中其他人一致认为的正确答案不同而**感受到冲突**。这也意味着在物理现实中，正确答案已经足够清楚了。

按照费斯汀格的想法，如果物理现实已经足够明确，就没有必要向社会现实求助了。

可在这些冲突试次中，实验组被试做了什么呢？在任何一个冲突试次中，包括那些比较简单的试次，都有被试给出了错误答案（这些错误答案是小组中所有其他成员一致给出的）。总的来说，实验被试在关键试次中给出错误答案的次数占了三分之一——这是单独完成任务的控制组被试的**五倍**！

阿希的发现让很多人感到不安。它们再一次证明人类是从众者，面对他人的压力无法坚守真相。这又是一个关于人类软弱无能的故事。但我认为还有别的原因。阿希也是这样认为的。

问题是，大多数人以及社会心理学教科书都把这个故事描绘成：在群体条件下的被试知道真相却不愿坚守——他们屈服了。但他们知道真相是什么吗？他们不知道其他学生是假被试。你是知道的，但他们不知道。从他们的视角来看，他们听到了几个独立个体的独立判断，这些人**都**赞同某一个特定的答案是正确答案。如果其他人是诚实和值得信赖的（被试可能确实信任这些学生），那么这些学生陈述的观点就值得被试去认真对待。而被试们也**的确**认真对待了他们的答案。正如阿希所言，"开始（对自己）有了一些怀疑"[26]，被试表现出一种令人感动的谦逊，比如他们中的一个人报告说："我怀疑不可能这么多人都是错的，而只有我是对的。"[27]

这意味着人们并不知道他们认为正确的答案**实际上**就是真相。这并不是说他们不愿意坚守真相。相反，他们不再确定真相是什么，他们愿意信任其他就真相达成共识的、诚实的人。这不是从众。这是与他人建立共享现实的动机的一部分。它有一个重要的好处，那就是对他人表现出谦卑、信任和尊重。这实际上确实是我们从他人那里习得正确信念的方式。[28]

152

这一章的开始我以苏的故事为例，来说明"事情远不止表面看起来那么简单"。在你所看到的之外，还有我们的共享现实。阿希的研究结果也说明了这一点。在**你**看不到的地方，还有我们与**他人**之间的共享现实。我们从别人身上学习我们所看不到的东西。我们相信和了解的世界并不局限于我们所感知到的。直到最近的太空旅行之前，我们不能**看**到地球的形状。现在我们可以看到一个漂亮的蓝色星球。值得注意的是，我们最重要的信念所关注的问题基本是无法直接观察到或永远都无法观察到的。共享现实的一个重要好处就是，我们可以从别人那里学习这些我们永远无法知道的事情。

正如我在第 2 章所讨论的，**向他人学习**对于儿童的发展至关重要，对于成年人的发展也一样。儿童和成年人一样，不仅愿意向别人学习，还主动**找**别人学习。此外，儿童和成年人一样，会去找别人并向他人**传授**他们认为别人不知道的东西，比如在那边的树枝上有一些值得看的东西。成为传授者和学习者是成就人类的关键。然而，这也可能是一个弊端，比如在阿希的研究中，我们建立了一种共享信念，认为某件事是真的，但实际上它却是**假的**。这种从信任的人那里获得虚假信念的故事还有很多版本，其中一些确实产生了非常严重的问题。第 7 章会进一步讨论关于我们自己的一些虚假信念。

153 在结束这一小节前，我想说一些关于阿希的事情。许多年前，我和他共进过午餐，他告诉我，别人对他研究成果的解读让他感到非常困扰。他在第二次世界大战结束后不久就进行了这项研究。由于美国人信奉"不屈不挠的个人主义"，他们讨厌任何出于他人压力而导致的类似"从众"的行为。"要勇于公开表态。"许多人，包括社会心理学家，对于阿希的实验对象只有轻蔑，因为他们在冲突的试次中给出了错误答案。但是阿希却有不同的看法。他看到他们在为真相而挣扎。这的确是一种挣扎，因为他们相信其他学生，认为他们说的确实是他们相信的事实。他们在尽自己最大的努力去寻找真相，而建立共享现实的动机对于他们来说是一种强大的力量。[29] 阿希对于这些学生被试在学术出版物上遭到侮辱这件事感到非常沮丧，就连科学家也无法人性化地看待他们。因此，他放弃了社会心理学，转而研究老鼠的学习。从阿希那里听到这个消息让我感到痛苦——以这种方式失去这样一位杰出的科学家，这对于社会心理学而言是一个多么大的悲剧啊！

旨在建立关联的沟通链

我在第 1 章讲过双人沟通会影响人们最终知道和相信的东西，即"共享为实"效应。但是，沟通对于人们所知所信的作用并不仅限于两个人之间。第一个人告诉第二个人的事，第二个人随后会告诉第三个人，第三个人会告诉第四个人，以此类推。我们知道，这就是流言的作用原理和传播方式。我们知道，人类一直喜欢做这样的事。我们也知道，我们最开始谈论的信息，到了沟通链的末端就会变得不一样了。

第一个系统地研究这一现象的人是弗雷德里克·巴特莱特（Frederic Bartlett），他在研究影响重构记忆的社会力量方面是一位先驱。在他的经典著作《记忆》（*Remembering*）[30] 中，他介绍了他的"系列复述法"（method of serial reproduction）。A 读了一篇原创的故事，然后复述它，B 读了 A 的复述，然后再复述出来，C 读了 B 的复述，然后再复述出来，以此类推，在许多不同的人身上进行。

154

从谣言传播的基本情况来看，与后来的研究发现一致[31]，巴特莱特发现，随着不同的人复述故事，故事慢慢地发生了变化。随着时间的推移，它会变得越来越简单，例如会失去标题和其他一些细节。

但最重要的是，对于听众来说，故事会变得更加有意义。这包括在被试所在社群添加道德方面的重要信息，例如提倡家庭成员应该好好地对待彼此。

让我们设想一个标题为《试图智胜父亲的儿子》的故事吧。故事的开始是，某一天儿子对父亲说了一句："我会躲起来，你找不到我。"他把自己变成一颗花生仁，然后被一只鸟吞了，这只鸟又被猫吃了，这只猫又被狗吃了，这只狗又被一条蟒蛇吞了，这条蟒蛇被捕鱼器捕获。父亲找到蟒蛇，把它里面所有的东西都剖开，直到他看到花生，打碎壳，露出儿子。故事到此结束："儿子惊呆了，从此再也没想过要智胜父亲。"[32]

到了第 20 次复述时[33]，标题消失了，现在故事变成："一个小男孩，因为做了什么恶作剧，想要瞒着他的父亲"。故事里仍然存在无尽的吞食，父亲仍然是切开巨蟒和里面的一切，露出他的儿子。现在故事结束："儿子喜出望外地又见到父亲，发誓再也不向父亲隐瞒任何事情了。他说不管他犯了什么错，他都将接受他应得的惩罚。"啊？这些内容是从哪儿来的？我们现在有了一个道德故事可以讲给我们的孩子听了。它提倡一种与"十诫"中第五诫——**当孝敬父母**——相似的共享现实规范。嗯，想想看，这还真是个不错的主意。

感谢鹿岛（Yoshihisa Kashima）和他的同事们的重要研究，他们扩展并详细阐述了巴特莱特的研究成果。[34] 现在，我们对于社会知识（特别是社会刻板印象）通过沟通链得到加强和保持的动态过程有了更多的了解。例如，一项研究[35]考察了在沟通链中，与刻板印象一致的信息是否比与刻板印象不一致的信息更容易被保留下来，以及刻板印象一致性信息在沟通者之间具有"共享性"（sharedness）是不是导致这一现象的原因。该研究还考察了除了实际的共享性，**感知到**的共享性是否也起到了重要的作用。[36]

被试首先了解到一个虚构的群体——扎米扬人（Jamayans）。他
们了解到扎米扬人住在一个小岛的村庄里。然后了解到他们作为一
个群体是什么样的人。这被用于创建关于群体的刻板印象特征，比
如他们聪明诚实，只喜欢吃水果和蔬菜。在将群体成员作为一个整
体进行描述后，他们又读到一个故事，故事的主角是一名特定的
群体成员，他的行为在某些方面与群体类别一致，在其他方面则不
一致。

在读完故事后，被试需要以书面形式复述故事，以便供另一名
被试阅读。随后的沟通链由四名被试组成。没有人知道他们在这条
链中的位置。对实际共享性的操纵是：让处于每个沟通位置的所有
被试要么都读到同一段文字（实际的共享知识），要么都读到一个人
向另一个人复述时出现的不同文字（实际的非共享知识）。对感知到
的共享性的操纵是：告诉被试，听众要么会收到与他们所读到的一
样的文字（感知到的共享知识），要么不会收到同样的文字（感知到
的非共享知识）。

毫无疑问，在实际共享条件下，与刻板印象一致的信息比不一
致信息的记忆效果更好，这是因为非共享的信息会阻碍沟通链中的
信息传播。然而，有趣的是，这种刻板印象一致性误差出现在了**感
知到的非共享**知识条件下，而没有出现在感知到的共享知识条件下。
这又是怎么回事呢？

如果沟通者调整信息是为了想要与听众建立共享现实，那么当
他们相信他们已经与听众拥有共享现实时（即感知到的共享知识条
件），他们就不需要调整信息了。但如果他们认为自己还没有与听众
共享现实（即感知到的非共享知识条件），那么他们就必须调整自己
的信息来实现这一点。他们确实是这样做的：在复述故事时**强化**他
们所共享的关于扎米扬人的刻板印象。这再一次说明了我们与他人

建立共享现实这一动机的弊端。

　　本章回顾了一些证据，用以说明我们与他人之间的共享现实会影响人们关于世界上的人和事物的信念和知识。这些研究清楚地表明，我们所相信的和我们所知道的远不像看到的那么简单。相反，它依赖于构建的共享现实。还有另一种知识对于我们每个人都非常重要，它也涉及构建的共享现实，即我们的**自我知识**（self-knowledge）。它也与身体和行为的证据无关。它与通过和他人互动构建的社会现实有关。我将在下一章讨论这一重要的共享现实。

156

｜ 注　释 ｜

1. 见 Higgins & Brendl, 1995。对于个体而言，当被问到"你喜欢什么样的人""你不喜欢什么样的人""你喜欢接近什么样的人""你倾向于回避什么样的人""你经常遇到什么样的人"这些问题时，如果个体在回答时自发且频繁地提到某种特质（比如自负），并且这种特质在诸多被提及的特质中较早出现，那么就可以认为这种特质概念具有长期易得性（用频率和出现时间的早晚作为易得性的测量）。

2. 见 Higgins, 1998a。

3. 见 Higgins, Rholes, & Jones, 1977。

4. 为了检验"迎合"效应，研究者询问被试第一项任务是否对第二项任务有影响，以便可以做出程序上的改变来避免这个问题。只有一名被试注意到第一项任务和第二项任务有关。这名被试的数据在分析中被剔除了。

5. 见 Kelley, 1950。

6. 见 Loftus, 2005。

7. 见 Loftus & Palmer, 1974。

8. 见 Wright, Self, & Justice, 2000。

9. 见 Cuc, Ozuru, Manier, & Hirst, 2006。

10. 见 Brown, 1958b。

11. 需要说明的是，关于"刻板印象究竟有多准确或多不准确"这个问题（即真相核心要素的大小）存在着争议（综述见 Jussim, Crawford, & Rubinstein, 2015）。这的确是一个重要问题，但你也会看到，我不认为这是刻板印象的根本问题，因为关于社会类别成员的准确表述（你的看法和意见）与关于这些人的准确描述不是一回事。

12. 见 Sinclair, Lowery, Hardin, & Colangelo, 2005。

13. 见 Brown, 1958a。

14. 值得注意的是，如果这个人被称作"黑人心理学教授"而不只是"黑人"的话，情况就不同了，因为前者强调了心理学教授不全是白人。

15. 见 Harris, 2012。

16. 见 Sherif, 1936。为了开展研究，谢里夫利用了一种叫作"游动效应"（autokinetic effect）的视知觉现象，即在完全黑暗的房间里，静止的光点看起来好像在运动。在黑暗的房间里，双眼会自发朝一个方向自主运动（眼跳运动）。由于完全黑暗的房间没有为眼动提供任何环境线索或者参照点，这种眼睛的运动会被认为是物体的运动。因为不同的观察者在判断运动幅度时会设置不同的参考系，所以人们在判断光点移动距离时存在个体差异。而谢里夫发现，他人在场会影响个体随后的判断，即在多个重复试次后，他们的判断会趋同。

17. Jacobs & Campbell, 1961。

18. 正如之前讨论的那样，当"正确"答案不确定或没有正确答案时，个体出现了认知确定性（真相）需要，此时与他人建立共享现实的动机就会增强。认知确定性需要对于群体规范稳定性的作用还有更多的证据，见 Livi, Kruglanski, Pierro, Mannetti, & Kenny, 2015。

157

19. 见 Sherif, 1936, p. 3。

20. 见 Crowe & Higgins, 1997。

21. 见 Levine, Higgins, & Choi, 2000。

22. 例见 Higgins & Rholes, 1978。

23. 见 Higgins, Echterhoff, Crespillo, & Kopietz, 2007。

24. 见 Festinger, 1950, 1954。

25. 见 Asch, 1952, 1956。

26. 见 Asch, 1952, p.463。

27. 见 Asch, 1952, p.464。

28. 关于群体的影响以及阿希研究发现的意义（即人们何时会与他人建立
    或不建立共享现实），还有更多具有思考价值的综述，见 Levine, 1999;
    Levine & Tindale, 2015。

29. 罗斯等（Ross, Bierbrauer, & Hoffman, 1976）的研究也为共享现实的视
    角提供了一些额外的证据。他们认为，被试在阿希研究中的处境是非常
    艰难的。在那些冲突的试次中，是什么促使他们为了与达成共识的其他
    群体成员保持一致，而给出了错误的答案呢？罗斯等认为，被试想要获
    得其他群体成员的理解，想要与他们分享，想要知道为什么其他人的答
    案和自己不一样（即在冲突试次里给出正确的答案而不是给出其他人的
    错误答案），但是阿希研究中的情境并没有提供任何被试可以利用的信
    息，让被试可以建立起共享现实，搞清楚为什么自己的答案和其他人都
    不一样。出于这个原因，被试感受到了压力，所以必须和其他群体成员
    一致给出同样的（错误）答案。罗斯等认为，如果实验情境中存在可利
    用的信息，能够让被试建立起"每个人的答案都不尽相同"这一共享现
    实，那么被试就不太可能在冲突试次中给出错误答案了。而他们在研究
    中恰好发现了这一结果。

158   30. 见 Bartlett, 1932。

31. 见 Allport & Postman, 1945, 1947。

32. 见 Bartlett, 1932, p. 129。

33. 见 Bartlett, 1932, pp. 135–136。

34. 例见 Kashima, 2000; Kashima, Bratanova, & Peters, 2018; Kashima et al., 2010; Kashima, Lyons, &Clark, 2013; Lyons & Kashima, 2003。

35. 见 Lyons & Kashima, 2003。

36. 关于这一区分的更多讨论，见 Clark, 1996。

第7章 ||||

我们对自己的认知

我是谁？我做得怎么样？

在这个世界上的所有事物中，我们最常体验到的就是我们自己。人类对于他们自身是什么样的人有"自己"的看法。他们对自己的看法也代表重要他人（如母亲、父亲、伴侣、好朋友、同事、上司、导师）在他们是什么样的人上的看法，即"他人"对自己的看法。我们关于自己，以及其他人关于我们的信念和意见都很重要。事实上，它们是我们思考、感受和行动的核心。

尽管不同的人在你是一个怎样的人上的看法可能不尽相同，但这些看法的共同之处在于它们都会对你产生重要的影响。如果一个人的看法对于你来说并不重要，那么这个人对于你来说就不是（或不再是）一个重要他人。在你所知道的以及所相信的一切事物当中，你是你自己最关心的，并且是最想要去了解的。正因如此，当涉及共享关于这个世界的信念和意见时，你最关心的事情是：重要他人是否和你共享关于你是谁的信念和意见。

事实上，许多人对"自己"的看法和"他人"对他们的看法没有什么不同。相反，我们对自己的看法是和别人共享的。有可能你对自己某方面的看法与某个重要他人所共享，而对自己另一方面的看法又与另一个人所共享；但通常，在自己的各个方面，都至少有一个重要他人共享你的观点。有趣的是，这种共享的观点并不总是积极的。

自我理解

　　我们是如何去学习理解自身的呢？[1] 这都是从别人给你的反馈开始的。[2] 而且，它从婴儿时期就开始了。儿童学习到他们可以用一种特定的方式行动以便实现自己的目标。如果他们想要被抱起来，他们就可以举起自己的胳膊。如果他们想要分享当下感兴趣的东西，他们就可以吸引照护者的注意，并用手指向他们感兴趣的东西。正如我在第 2 章所讨论的，这是共享现实的开端，婴儿就能够共享现实了。

160

　　当照护者对儿童的行为做出反应，把他们抱起来或者对他们指向的东西表示出兴趣时，儿童就会体验到他们可以控制所发生的事情，而更重要的是，他们会觉得自己很重要。他们形成了一种**社会权变**（social contingent）自我——自我知识的一种形式，即"和 A 做 X，A 就会做 Y"。其中，X 是儿童的动作，A 是重要他人，Y 是重要他人对儿童动作的反应。[3] 这是儿童通过观察别人对自己行为的反应形成关于"我是谁"信念的开始。著名社会学家查尔斯·库利（Charles Cooley）把这个过程称为"自我镜映"（looking glass self）。[4]

　　形成社会权变自我是儿童自我理解（self-digest）发展的一部分。其中，自我理解是指对"从与你的关系角度来看，这个世界是什么样子的"这一问题的总结。自我理解通过总结"儿童与世界的关系"和"这些关系的个人结果"来实现自我调节功能。我认为，自我知识最重要的地方在于，它让人们可以有效地进行自我调节，从而能够与这个世界和谐地相处。关于自我的另一些视角则强调它的认知属性，比如自我特质相互关联并形成认知结构，而这也确实很重要。[5] 但是我认为，自我最重要的地方在于，自我是一个独特的客体，并以特定的方式与世界联系在一起。因此，我们可以利用我们关于自己的知识来选择做什么或不做什么。[6]

"自我知识是一种自我理解，具有自我调节功能"这一观点与"人类生存要求儿童适应周围环境，特别是社会环境"的普遍假设是一致的。为了获得生存所需的养育和安全，儿童必须与其他人，尤其是那些能满足其基本需要的成年照护者建立和维持关系。这意味着儿童必须了解，作为世界的一个客体，自己的哪些特征以及何种行为决定了他人对其做出的反应。他们必须知道这些人际关系中的权变事件，并规范自己的行为，以增加他人为自己提供所需的养育和安全的可能性。[7]

为了有效地规范他们的行为，儿童还需要了解他们的个人能力和胜任力，了解他们自己的优势和弱点。例如，他们必须知道，虽然一些年龄稍大的孩子可以在攀爬架上做某些动作，但如果他们也试图做同样的动作，他们就会摔下来受伤。他们必须了解自己的极限。随着他们的能力发生变化，他们的自我理解也会发生变化，以反映新的能力。知道自己的长处和不足，知道自己能做什么和不能做什么，这是具有适应性的。当在实现目标的不同方法之间做出选择时，你最好知道哪种方法最适合你的能力。当决定是否追求一个目标时，你最好知道你是否可以达成它，如果可以的话，按照你的能力需要做出多少努力才能实现它。

这种自我知识也是自我理解的一部分。而且重要的是，它还受到其他人的影响并且涉及共享现实，因为儿童从其他人那里得到关于他们能做什么和不能做什么的反馈，他们通常会接受这些长辈的意见。从好的方面来说，从别人那里得到积极的反馈，可以在儿童的自我理解中创造一个积极的共享现实的通道。比如，"我擅长数字"，这可能会提升他或她在数学上的信心。不好的方面是，从别人那里得到消极的反馈会产生一个消极共享现实的通道。比如，"我是音盲"，这可能会降低儿童成为音乐家的兴趣。自童年期到成年期，人们都在持续学习这两种自我知识。

我要强调的是，除了自我理解，还有其他与自我调节相关的知识。知道你是人类——而且只是人类——对于自我调节而言是非常有用的知识，这是因为它暗示了你能做什么和不能做什么。例如，呼吸对于人类来说很重要，而人类不能在水下呼吸（没有特殊设备的话）。这是关于你的有用知识，但它并没有被存储在自我理解中，因为作为人类的意义对于你来说并不特别，不能体现出**你**在世界上是一个**独特**的客体。

在我们所有的知识储备中，我们的自我知识、我们的自我理解具有独特的地位，这是因为自我是一个永远与我们在一起的客体。因此，认识到大部分（即使不是全部）自我知识是与他人之间的共享现实非常重要。现在让我们讨论三种不同的功能自我（它们构成了自我理解），包括社会权变自我（social contingent self）、预期自我（expectant self）和被监控的自我（monitored self），并思考共享现实在构建这些自我中的作用。

社会权变自我

162

即使是年幼的婴儿也知道，如果他们对某个人做了一个特定的动作，那么这个人就会以特定的方式做出反应。"当我吃东西的时候，妈妈会对我微笑。""当我扔食物时，妈妈会对我皱眉。"这些都是共享现实，因为身处这种关系的成年人知道，他或她对待苏西的不同方式取决于她如何对待食物。事实上，重要的是，大人经常教导孩子要权变（contingency）[1]："苏西，吃掉你的食物；别把它扔掉。"
当孩子吃东西时，母亲看着她微笑；当孩子扔食物时，母亲看着她
并皱起眉头。在这种情况下，社会权变（social contingency）[2]就是
共享现实。

　　社会权变自我的发展在个体早期就开始了，但它也会持续一生。
成年人也有社会权变自我。"当我忘记我妻子的生日时，她会很伤
心。""当我打破100米短跑的最好成绩时，我的教练拍了拍我的背。"
这些同样都是共享现实。例如，妻子知道丈夫忘记她的生日会让她
很伤心。但这并不是一种普遍的社会后果。世界上许多人甚至不庆
祝生日。例如，在一些国家，庆祝的不是你出生的那一天，而是与
你的名字有关的那一天（即命名日；比如我的生日是3月12日，但
Edward[3]的命名日是3月18日）。此外，当丈夫忘记她们的生日时，
有些妻子会感到生气而不是难过。

　　值得注意的是，我们每个人都存储着许多社会权变自我知识。
我们大多数人有许多重要的人际关系——有些人甚至有超级多的人
际关系（如果你不相信的话，看看Facebook）——而每一种关系都
可能有许多种权变。你可能没有完全察觉到这些权变，因为社会权
变自我知识可能是隐性的。但它仍然是非常重要的人际知识，好好
使用它就可以加强我们与他人的关系，而不好好使用它就会损害人
际关系。而且正如我前面提到的，它可以专属于某一特定关系。也
就是说，你不能假定两个（或更多）与你有关系的人会对同样的行
为做出一样的反应。"当我讲一个黄色笑话时，我的朋友约翰笑了，
而我妈妈却很生气。"与人相处需要大量的社会权变知识，而这并不

---

① 指灵活应对不同的行为结果。——译者注
② 指灵活应对不同的社会结果。——译者注
③ 本书作者的英文全名是 Edward Tory Higgins。——译者注

容易。我将在第 11 章对此展开讨论。

预期自我

预期自我涉及我前面所说的"了解你的能力"——你的优势和弱点。它还涉及"了解你的好恶"。它回答了这个问题："我**可能**会做什么，或者我是怎么了？我能**期望**什么？"

预期自我知识可以是非常具体的。例如，对于小孩子来说，勺子不仅是世界上的某个物体，而且是他们用来吃东西的。一开始，他们可能会发现很难不把勺子里的食物洒出来，从而形成"我用勺子舀食物的时候，经常把它洒出来"这种感知。预期自我知识对于儿童有很大作用，因为这能让他或她下次更努力地去将事情做得更好。在另一些情况下，预期自我知识可以引导儿童避免做某事，比如吃某些食物（比如"我吃花生就会生病"）。

值得注意的是，某一特定的预期自我可以随着经验而改变，比如一个孩子在做某件事时越做越好了："当我用勺子舀食物时，它**不会**洒出来了。"事实上，一旦这个技能达到和其他儿童相同的水平，那么这个特定的预期自我很可能就会消失。因为当关于你自己的知识和其他人一模一样时，存储这些知识就没有价值了。正如我前面提到的，这是由于自我理解的目的是存储关于你的独特的知识。

重要的是，儿童关于自己独特之处的知识往往来自其他人对他们的评价。他人提供这类信息的一个经典例子是："你真是一个 ___。"如果一个孩子很幸运，那么家长、老师或年长的哥哥姐姐可能会说"勤奋的孩子"这个词。如果不那么幸运，这个词可能就是"懒鬼"。而收到这类信息的人往往会很走心。它会变成一种共享现实。

正如在不同的关系中（比如亲密的朋友相比你的母亲），社会权变自我知识会有所不同，预期自我知识也会有所不同。例如，你可以根据你的网球搭档的水平来判断自己是不是一个有能力的网球运动员。你还会从别人那里得到不同的反馈：你的妻子可能会说你很优秀，而你的岳父会很勉强地称赞你。好消息是，你可以选择和那些让你觉得自己更有能力的人交往。在这一章的后面，我将谈论更多关于自我提升（self-enhancement）的问题。

164　　就像刚才提到的，在判断你的表现，进而判断你的潜在能力时，不同的他人（比如你的妻子相比你的岳父）会有不同的标准。即使他们没有给你明确的反馈，这种差异也会影响到你对自己的表现或能力的看法。这些重要他人可能成为你的**内在观众**（inner audience），成为评判你表现／能力的标准。例如，在一项研究中[8]，被试首先想象出两个不同的内在观众——要么是在他们遭遇困境时支持他们的好朋友，要么是由于他们的成功才喜欢他们的新朋友。重要的是，在这两种条件下，被试都觉得自己为内在观众所喜欢。然后，要求被试完成一项困难的记忆任务，旨在让他们相信自己表现得很差。因为任务很困难，被试本可以认为他们的表现并不能反映他们的总体能力。研究发现，与那些想象内在观众是好朋友的被试相比，如果被试的内在观众是因为他们的成功而喜欢他们的，则这些被试更有可能将他们在记忆任务中的糟糕表现归因于他们的个人失败（低能力）。而镜子组被试（被试在镜子前完成记忆任务，且主试谎称镜子是之前一项研究留下来的）的自我批评尤为强烈，因为镜子使他们的自我意识得到凸显。

　　自我评价性的判断还取决于你的何种共享信念处于凸显状态。我们所有人都属于多个社会类别。我是一名老年公民、白种人、男性、纽约市居民、教授。我是所有这五个社会类别中的一员，不过如果你问我，我会首先说我是纽约人。换句话说，我的纽约人身份对于我来说是最长期易得的——它是我最容易想到的一个身份。每一个类别都有与之相关的各种刻板印象。有些刻板印象甚至是相互矛盾的，比如老年人走得慢，而纽约人走得快。我到底是哪一种呢？我走得慢还是快？我认为自己更像是一个纽约人，而不是一个老年人，所以我的回答是"走得快"。

但类别身份的凸显并不是一成不变的——在某些情况下，我的其他身份可能会变得比我的纽约人身份更凸显。例如，如果我处于一个挤满年轻人的房间，就像我给本科生上课时那样，会怎样呢？在这种情况下，我可能会认为自己比平时更像一个老年人，此时我对行走速度问题的回答将是"走得慢"。

研究表明，改变类别身份的凸显性是相对容易的，并且这样做的结果也很有意思。让我们以种族和性别类别为例。亚裔美国女性是有更高的数学能力还是更高的语言能力？作为典型的女性，她们的语言能力应该高于数学能力。但作为典型的亚裔美国人，她们的数学能力应该高于语言能力。在一项通过凸显性别或种族类别成员来考察其影响的研究中[9]，亚裔美国女性被告知该研究是要检视她们在紧张的学业情境下的反应。所有被试首先回答一组"人口统计学"问题，包括她们的年龄和她们的年级。然后，主试通过让她们回答一个关于性别（女性身份凸显组）或种族（亚裔美国人身份凸显组）问题，来凸显她们的社会类别成员身份。接下来，被试需要尽可能生动地想象自己就是她们正在阅读的故事中的人，即将参加一场非常困难的 GRE 考试（包括数学和语文部分）。研究发现，当种族凸显时，亚裔美国女性评价自己在数学部分表现得更好；而当性别凸显时，她们评价自己在语文部分表现得更好。

还有一点我需要强调。在所存储的预期自我知识中，关于你自身的知识一定是那些对于自我调节有用的知识。这些信息对于你做出选择至关重要。仅有独特性（比如大多数人比你更擅长下棋）还

165

不够。为了让你的独特性成为预期自我知识的一部分，它必须是对于你来说很重要的知识。[10] 如果下棋对于某些人来说无关紧要，那么下棋比别人差（一个"糟糕的棋手"）这样的信息就不会被那些人放入他的预期自我知识当中。

重要的是，自我属性的凸显性或感知到的独特性也会随着其所建立的共享现实而变化。例如，有证据表明，当小学生被要求描述他们自己时（"谈谈你自己"），如果他们的性别在家庭中占少数，他们更有可能提到性别这一自我属性。[11] 这意味着性别这一属性对于他们的家庭成员和他们自身来说都很凸显——它是关于他们自身的凸显共享现实。但这还不是全部。由于他们在家里是性别上的少数人，他们在家里会受到不同的对待和被提出不同的要求。而且，他们和家人都知道存在这些基于性别而产生的对他们的期望。因此，这又是一种共享现实。可见，对于拥有相同自我属性（如性别）的个体来说，这种自我属性的凸显性将随着它所创造的共享现实而有所变化。

关于自我能力的信息是预期自我知识的重要组成部分，但它并不是唯一存储在自我理解中的预期自我信息。预期自我知识还包括你的个人喜好信息，即你的好恶。一个人可能有这样的预期自我知识：她喜欢粉雪滑雪、薄边比萨、间谍电影等。你无法存储所有关于你喜欢或不喜欢的东西的信息。例如，如果因为日落很美所以所有人都喜欢日落，那么即使你认为你也喜欢看日落，你仍然不会存储这一信息。也就是说，欣赏日落说明了**日落**是多么美丽，但它并没有说明**你**是一个独特的日落欣赏者。[12] 在你关于日落的知识里，你会存储"日落是美丽的，人们都喜欢看它"这样的信息。而且，鉴于你是一个人，你也爱看日落。可你不需要把你对日落的欣赏作为你的自我知识的一部分。

不过，也有例外，这取决于你对某物的喜爱程度。以巧克力为例。几乎每个人都喜欢巧克力，但我妻子不仅仅是喜欢巧克力。她**超爱**巧克力。她是一个巧克力狂，尽管她不同意这个说法，因为她不认为自己对巧克力的喜爱是过度的。每次我们出去旅行，她都会带一袋巧克力（如果是长途旅行，她就会带一盒）。她对巧克力的喜爱是她预期自我知识的一部分。

而我**超爱**日落。我对日落的喜爱是我预期自我知识的一部分，我尤其喜欢从我公寓的前窗向西望向从哈德逊河到新泽西的日落。每天太阳下山时（虽然这一时间全年都在变化）我都尽量待在家里，因为我期待享受这一时刻。所以"爱日落"是我的预期自我知识。日落和阳光是不一样的。我喜欢阳光，但我不热爱阳光。我不比其他人更喜欢阳光。我没有在我的预期自我知识中存储"我喜欢阳光"。可日落是不同的，我晚上什么时候回家受到我对日落的热爱的影响。更重要的是，我特别喜欢和同样爱日落的人一起看日落。这种共享现实让看日落的体验更加精彩。我妻子对于巧克力也是这样。对于她来说，没有什么比与另外一个巧克力爱好者分享巧克力更美妙的了。

167

被监控的自我

被监控的自我是自我理解的第三个功能组件。在你做某件事或完成某个行动时，你都可以用某种标准来评价自己。正如在自我调节的经典控制论或控制模型中所讨论的那样，追求目标的过程包含对当前状态和期望的最终状态（目标）之间关系的监控。[13] 如果监控过程表明两种状态之间有差异，则采取措施减少差异。用于定义期望的最终状态的标准可能是长效的，比如你的**理想抱负**（ideal aspiration）或你的**应该责任**（ought responsibilities）。差异带来的反馈会导致负面情绪。例如，当下的自我与"理想抱负"不符时，你会感到悲伤；当下的自我与"应该责任"不符时，你会感到担忧。

被监控的自我是自我理解的一部分，它关注并向你提供个人目标追求成功与否的反馈："我做得怎么样？"而这个问题的答案通常是与另一个重要他人共享的现实。因为人们通常有不止一个重要他人，"我做得怎么样？"这个问题的答案取决于他们当下心目中的重要他人是谁。如果一个母亲有一个 4 岁的小女儿和一个 13 岁的大女儿，她可能会认为在她学龄前的女儿眼里她是一个好妈妈，但在她十几岁的女儿眼里她是一个坏妈妈（这是一个相当普遍的模式，许多父母可以证明）。当想到她学龄前的女儿时，她开始微笑，但当想到她十几岁的女儿时，她开始皱眉。另一个例子是，当人们为了实现老板的目标而不是配偶的目标时，他们对于自己的想法和感受通常是不同的，因为这两个"评价者"对于他们应该如何表现有着不同的标准。

被监控的自我的一个主要结果是它对自尊的影响。其中，自尊是指你对自己的尊重，或者你关于自身价值的信念。因为人们往往想要高自尊，他们就使用自我提升的方法来提高他们的自尊。下面让我们从共享现实的角度来看看它是如何起作用的。

168 自尊和自我提升

从历史上看，整体自尊指的是个体对自身的总体评价——他们是否认可自己，他们是喜欢自己还是不喜欢自己。[14] 可问题是，哪一个"自我"正在被评价、认可或喜欢并不总是那么清楚。正如自我理解所表明的，存在各种不同的可能性。

马克·利里（Mark Leary）和他的同事认为，自尊在任何时候都显示了人们在人际关系中所处的位置。在这里，自尊是一种衡量标准，或者说是一种"社会计量器"（sociometer），用来衡量你与他人的社交互动是否有效，而这将影响到他人对你的接受或拒绝。[15]

值得注意的是，别人接受或拒绝的反馈以及你对反馈的内化（一种共享现实）会导致高自尊或低自尊。如果你不相信或不关心别人的反馈，它就不会影响你的自尊。自尊的社会计量器视角是一种"社会权变自我"的视角。你可以通过记住你妻子的生日和做她希望你做的事来获得高自尊。即使你不再是一个孩子，你也可以成为"一个好男孩"或"一个好女孩"。

关于自尊的另一种观点认为，自尊反映了你对自己能力和本领的评价。你相信你的能力和本领会让你满足生活的要求，并在你的努力下取得成功吗？你能完成手头的任务吗？在很多方面，自尊可用于"自我描述"（self-description），即你用积极或消极的方式来描述自己。而且，正如前面提到的，基于别人对你能力和本领的反馈，"自我镜映"创造了一种共享的现实自我，而它决定了你的自尊。这是一种从预期自我的视角来看待自尊的观点。

关于自尊的第三种观点也有很长的历史。人们认为"自己是什么样的人"和他们理想中"想成为什么样的人"或认为自己"应该成为什么样的人"之间存在一致性（高自尊）或差异（低自尊），而这就是自尊的来源。[16] 这是从被监控的自我的视角来看待自尊。共享现实在这里也扮演一个关键的角色，因为它影响着你认为自己实际上是什么样的人**以及**你想成为什么样的人和你认为自己应该成为什么样的人。

好消息是，我们的真实自我、理想自我和应该自我是与他人之间的共享现实。正因为如此，可以通过建立一种新共享现实（关于"你究竟是谁"或"你的理想或应该自我是怎样的"）来改善个体的低自尊问题（以及通常与之有关的抑郁或焦虑）。因此，根据共享现实（你是谁）以及 / 或者重要他人对你的期望（理想或应当自我）是否提高或降低了你的自尊，你可以相应地增加或减少一个新的重

169

要他人。实际上，当面对来访者关于他们是谁的"虚假"消极信念，以及／或他们不切实际（或过于苛刻）的理想和应该自我时，治疗师作为一个新的重要他人可以参与到上述两种干预中去。[17] 结果就是，来访者可以与治疗师建立新共享现实，从而让他们对自己的看法和感受更加积极一些。

在这里，我需要强调一点。人们通常假定每个人都想要高幸福感和高自尊。但事实并非如此。虽然每个人都想要高幸福感，但并不是每个人都想要高自尊。实际上，提高自尊并非对每个人都好。提高你的自尊——让你自己**膨胀**（inflating）——是提高渴望程度的有效工具；如果你追求的是促进理想目标（promotion ideal goals），那你确实应该这样做。自我提升与促进是相匹配的。但是提高自尊也会降低警惕程度（比如让你感到更满足和放松）；如果你追求的是预防应当目标（prevention ought goals），那么降低警惕程度就不是你想要的。相反，你需要提高警惕程度，这可以通过给自己**泄气**（deflating）来实现。

事实上，强有力的跨文化证据表明，在促进动机方面表现良好的个体具有更高的自尊，但在预防动机方面表现良好的个体则没有这种正相关。[18] 如果效能感可以提升你的自尊，那么那些能有效地促进**和**预防的人就都应该有较高的自尊。但事实并非如此。这种正相关只存在于具有促进动机的情况。为什么呢？因为高自尊提高促进动机，而不是预防动机。

还有证据表明，促进和预防动机使用自我膨胀和自我泄气的方式不同。例如，在一项研究中，被试要完成 6 个字谜。[19] 其中一半的人认为只有 6 个字谜需要做，因此在他们完成这 6 个字谜后，任务就结束了。另一半的人认为有 12 个字谜要做，因此预期在完成 6 个字谜后还会继续。此时，所有的被试都需要接受标准的自尊测评，这就为那些认为他们还要完成更多字谜的被试提供了一个机会，让他们可以"使用"自尊作为一种动机工具。相比完成任务组，继续任务组中具有促进动机的被试报告了更**高水平**的自尊（即自我膨胀）；同样是相比完成任务组，继续任务组中具有预防动机的被试报告了更**低水平**的自尊（即自我泄气）。[20]

在动机方面的促进－预防差异是特别有趣的，因为它也与共享自我信念的文化差异有关。人们可以有**独立型**的自我建构，即使用那些可以使他们与其他个体分离并保持其独特性的属性来自我表征，或者人们也可以有**互依型**的自我建构，即将他们自己嵌入更大的社会。独立型自我建构在西方文化中更常见，而互依型自我建构在亚洲文化中更常见。[21] 也有证据表明，独立型自我建构与促进动机的关联更强，而互依型自我建构与预防动机的关联更强。[22] 因此，将两者结合起来，西方文化的成员可能以促进动机为主导，而亚洲文化的成员可能以预防动机为主导。[23]

这一切都表明，文化之间的重要差异反映了共享信念和动机方面的差异。例如，美国人倾向于在他人面前积极地展示自己和自我提升。相比之下，日本人往往更谦逊、更现实，甚至自我批评。[24] 这些差异源于美国人更多地共享与独立和促进有关的文化信念，而日本人更多地共享与互依和预防有关的文化信念。

在结束自尊和自我提升这一节之前，我想对一种流行的观点再做一些额外的评论，那就是人们普遍需要积极地看待自己。我认为这种观点是基于一个更广泛的假设，即人类的主要动机是将快乐最大化和将痛苦最小化，**即享乐主义**（hedonism）。在我早期的著作《超越苦乐原则：动机如何协同运作》（*Beyond Pleasure and Pain: How Motivation Works*）[25] 中，我探讨了这种观点之所以错误的几个原因。在这里，我想从共享现实的角度再对这一观点进行一下反驳。

在生活中，人们并非只想得到想要的结果。他们不想要幻想（幻觉）和错误，而是想确定什么是真的以及什么是对的。人们与他人一起构建真相，即建立一种**共享**现实。此外（这里是重点），这种动机是如此强烈，以至于如果人们认为消极的自我信念能更准确地描绘他们自己，他们往往会选择消极的自我信念而不是积极的自我信念。他们想知道关于自己的真相。他们的确应该这样做，因为他们需要利用自我知识来做出选择，让自己能够与这个世界和谐有效地相处。我们不能为了让自己有更积极的感受就把这些选择建立在我们创造的幻觉之上。我们了解**真实**自我的一种主要方式就是让他人验证我们的自我信念，就像科学家希望其他科学家验证他们的研究结果一样。即使我们的自我信念是**消极的**，我们也想从别人那里得到这样的自我验证。[26] 与他人建立关于"我们是谁""我们做得怎么样"的共享现实，这样的社会验证（social verification）对于我们形成和保持自我信念至关重要。

自我验证

根据比尔·斯旺（Bill Swann）的自我验证理论，为了在社会关系中取得成功，人们需要了解他人如何看待和回应他们，然后使用这些知识来构建自我概念，用以预测今后人们会对他们做出何种反应并做好准备。[27] 鉴于这一目标，对我们的自我属性有稳定的感知并与他人共享这些知识是很有用的。这些感知发生任何实质性改变对于个体功能的有效发挥而言都是一种威胁。因此，即使是在一些负面的属性上，人们也想让别人验证他们的自我概念（即与他们建立一种共享现实）。一项针对已婚夫妇的研究很好地说明了这一点。[28]

伴侣双方分别在一系列属性（如社交技能、智力）上将自己和其他同龄、同性别的人做比较并进行打分。他们的自我评价加起来决定了某人的自我概念是相对积极的还是消极的。同样，每个人对其伴侣的打分也被加总，以测量这些评价是积极的还是消极的。最后，伴侣双方都报告了他们对婚姻的承诺水平，包括维持婚姻关系的愿望、对婚姻关系的满意度以及与伴侣相处的时间。

　　研究发现，当伴侣对他们的评价是积极的而不是消极的时，自我概念更积极的人对婚姻的承诺水平更高。这并不奇怪。但令人惊讶的是（同时正如自我验证理论所预测的那样），研究还发现，当被调查者的伴侣对他们的评价更**消极**而非积极时，具有消极自我概念的人对婚姻的承诺水平更高。因此，对于拥有消极自我概念的人来说，让他们的伴侣验证自己的消极属性，比让伴侣对他们做出光鲜的评价更加重要。其他研究结果表明，无论人们的自我概念是积极的还是消极的，产生婚姻承诺的关键都是相信他们的伴侣对他们有一个准确的看法——这种感知到的准确性就需要基于共享的现实。

　　斯旺和他的同事发现，当个体的自我信念已经具有很高的确定性时，他们对自我信念进行社会验证的动机尤为强烈。值得注意的是，这种确定性本身可能源于过往历史中的某些重要他人与其共享这些自我信念。[29] 例如，对于丈夫来说，如果他的父母认为他是一个很贴心但又有些健忘的人，那么妻子也对他持有同样的想法就非常重要。鉴于他和父母的长期关系，他非常肯定自己就是那种人。如果他的妻子说他贴心且**不**健忘，那么他就会在"他是否健忘"的共享现实方面陷入矛盾。他需要他的妻子来证实他（和他的父母）认为自己健忘的信念，因为如果她不这样做，他的整个社会网络就会出现社会关系和认知上的问题。事实上，有证据表明，当他人对个体的评价与这些个体的自我信念一致时，确定性较高（相比较低）的人与这些他人的关系更紧密。[30] 因此，一个疏于验证的妻子不仅

172

会给她的丈夫造成认知冲突，也会与他的父母产生社交冲突。

有证据表明，自我验证非常重要，以至于人们会根据他人对**自己特征的认同程度**来评价他人**总体**上是否能很好地评判别人——"如果她验证了我的自我信念，那么她总体上就是一个很好的评判者。" [31] 不出所料，研究发现，当他人同意自己关于目标人物的看法时，人们就会认为这个人是一个好的评判者。但更重要的是，如果这个人同意人们对自己的评价的话，那么人们就会认为他的"他人评判能力"更强。

173　　因此，有大量证据表明，个体希望他人验证他们的自我信念。他们想要在自我信念上与他人建立共享现实。值得注意的是，处于亲密关系中的个体想要的还不止这些。他们也希望与他们的伴侣在**理想**伴侣方面建立一种共享现实。他们会努力去实现这一点。他们会对伴侣的真实自我加以肯定和支持，使其符合他们对理想伴侣的看法。例如，如果他们希望理想伴侣"是深情的"，那么每当伴侣做出一些很深情的举动时，他们可能会说"谢谢你，你真的太好了"或者"我真幸运有这样一个深情的伴侣"；而当他们的伴侣没有做出深情的行为时，他们就会默不作声。

好消息是，这种对伴侣真实形象进行改造的办法通常是行之有效的，即他们对伴侣采取一些行为能使得其更接近于理想伴侣。[32] 这是"自证预言"（self-fulling prophecy）的一个温和版本。人们对其伴侣的理想化看法，在最初看起来好像是"爱情让人盲目"，而现在看起来则是"有先见之明"，而这都要归功于塑造（shaping）的作用。[33] 久而久之，另一半就会和你共享这个被理想化的现实，并认为这就是**真实**的他（她）——一个皆大欢喜的结局。

最后，认识到自我理解存在不同的功能可以让我们更清楚地了解到自我提升和自我验证是可以同时发生的。社会权变自我可以让我们习得哪些"公共自我"（包括一些"虚假的公共自我"）在自我呈现（self-presentation）或印象管理（impression management）中是有效的。通过让他人相信你拥有一些你实际并没有的能力和偏好（一种自我提升的形式），你就可以让熟人以一种积极的方式对你做出回应。此外，与此同时，你的预期自我可以保留关于你能力和偏好的真相，并且你希望那些与你亲近的重要他人能够验证这些真相（自我验证）；即使这些真相并不像你向别人呈现的那样积极，你也想让你的亲密朋友了解到"真实的你"。

从社会类别认同中获得自我信念和自我知识

一个人的自我理解是"社会性的"，因为它包含别人如何对你的行为做出回应，他们认为你是什么样的人，以及你在多大程度上达到了他们为你设定的目标和标准。自我理解涉及作为一个个体，你 *174* 如何影响关于自己的信念和感受，以及你在自我调节方面的选择。然而，还有另一种重要的"社会"信息，它不仅与你作为个体有关，也会影响你关于自己的信念和感受以及你在自我调节方面的选择。它就是关于你的**社会认同**（social identities）的信息，而社会认同也涉及共享现实。[34]

正如约翰·邓恩（John Donne）所说："没有人是一座孤岛，可以自全。"也就是说，我们从属于不同的群体，我们接纳它们，认为它们反映了我们是谁以及我们想成为什么样的人。我们不仅有个人认同，也有社会认同。亨利·泰弗尔（Henri Tajfel）和约翰·特纳（John Turner）是研究社会成员身份意义的先驱，他们发现，我们所属和接纳的群体是我们自豪感的关键来源。[35] 例如，当个人的失败使我们沮丧时，为社会群体的成就而感到骄傲（例如我们最喜欢的运动队赢得了冠军）可以让我们高兴起来。

要理解是什么造就了人类，重要的是要认识到我们不只是属于群体并与这些群体的其他成员合作，我们也会用我们所属的社会类别来定义自己。我们已经看到自我理解里的"我"（I）本身就是与他人之间的共享现实。但还存在一个"我们"（we 和 us）的共享现实。大多数人具有多重社会认同，这对于他们来说很重要，并影响着他们的行为。

社会认同

从泰弗尔和特纳及其同事的视角来看，当个体将自己和他人纳入一个具有共享属性的社会类别，且这些共享属性不同于其他社会类别成员时，社会认同就会产生。[36] 这导致了对内群体成员和外群体成员的不同看法和行为，也是社会认同理论家一直以来的主要关注点——后面第 11 章讲到人类如何彼此相处时会展开进一步的讨论。在这里，我更关心的事实是，当个体形成一种社会认同时，他们就具有了一种基于共同属性（即内群体成员的原型品质）的集体纽带。

根据社会认同理论，当个体认同一个群体时，他们与其他成员的关系不是基于他们独特的个人品质，而是基于他们共同的品质。这是一个"我们"的群体认同，而不是一个紧密联系家庭中的"我"的认同。群体成员如何看待自己和他人具有重要的影响。随着社会认同的增强，个人的自我变得越来越不凸显和易得，个体越来越多地认为自己代表群体的典型品质。[37] "我是纽约大都会队的球迷。"他们也会有目地以群体典型的行为方式来行动，比如戴大都会队的球帽，从而区别于其他群体的行为。此外，当一种特定的社会认同（如女性认同）凸显时，她们会认为自己具有该社会类别的刻板属性，比如女性将自己表征为"依赖的"或"抚育的"，即所谓**自我**刻板化（self-stereotyping）。[38]

175

社会融合

比尔·斯旺和他的同事最近描述了一种与之相关但又不同的方式，即**社会融合**（social fusion）；通过社会融合，个体的群体成员身份变成他们自我的一部分。[39] 社会融合与社会认同相似：个人感知到自己是一个群体的成员，并将这种成员身份作为自己身份的主要组成部分。然而，社会融合又不同于社会认同，因为个体保持了他们的个人身份，并根据群体其他成员各自的独特品质与其建立起独特的个人关系。因此，社会融合的功能更像是家庭成员的关系，每个成员都忠于整个"家庭"，但与单个家庭成员（比如父亲相比姐姐）之间的关系仍然是不同的。这种"融合"源于人们体验到他们个人身份和社会身份之间的紧密联系——"我和我的家人是一体的"。重要的是，个体与其他群体成员形成的独特社会关系纽带会加强其与群体的融合。

关于社会融合，除了血缘家庭，另一个很好的例子就是在战争中形成的作战单元，就像著名的"兄弟连"一样（第二次世界大战中美国陆军第 101 空降师的一个名为 Easy Company 的小分队）。[40] 斯旺和他的同事发现，对于这种作战单元下的社会融合而言，其群体成员愿意为群体做出极端的牺牲，包括为彼此牺牲他们的生命。[41] 斯旺和他的同事还发现，当觉得与国家有着高度的融合时，美国人表示更愿意通过极端行为来支持他们的国家（例如愿意为他们的国家而死），并且当被试被提醒美国人的共享核心价值观（如民主、自由）时，这种效应更加强烈。[42] 最后，另一项针对西班牙学生的研究发现，对于那些感觉与西班牙融合程度较强（相比较弱）的被试来说，启动共享的核心价值观（如诚实）会增强他们视其他西班牙人为家人的感知（比如"我把我国的其他成员视为兄弟姐妹"）。在"融合"影响"被试为他们国家做出极端牺牲的意愿"的作用中，"将其他西班牙人视为家人的感知"是其背后的原因（即中介作用）。[43]

对于人类来说，"我是谁？""我做得怎么样？"这些（看上去）简单的问题有着许多不同的答案。我们的社会权变自我、预期自我和被监控的自我都可以回答这些问题。我们的自我知识也来源于我们的社会认同和社会融合。所有这些都是共享现实，它们在很大程度上影响着我们对自己的感受以及我们在生活中所做的选择（包括选择为他人做出最终的牺牲）。

是什么造就了人类？在前面的章节，我讨论了人类与他人建立共享现实的动机如何影响我们的所感和所知，包括我们对自己的认知和感受。但它还有更多的作用——它影响着我们的态度和观点。这将是我接下来要讨论的。

| 注 释 |

1. 关于自我发展的精彩论述，见 Harter, 2015; Nelson, 2007。

2. 关于符号互动视角的精彩综述，见 Stryker, 1980; Stryker & Statham, 1985。

3. 关于社会权变自我（我之前称为**工具性**自我）的讨论，以及自我理解的其他功能，见 Higgins, 1996a。

4. 社会学领域最初的开创性工作（尤其是关于符号互动主义的讨论），见 Cooley, 1902/1964, 1909/1962。另见米德（Mead, 1934）关于符号姿势的讨论。更早期的关于"自我镜映"的讨论，见 Smith, 1759。

5. 例见 Markus & Smith, 1981; Rogers, 1981; Sarbin, 1952。

6. 见 Higgins, 1996a。

7. 例见 Bowlby, 1969, 1973; Cooley, 1902/1964; Mead, 1934; Sullivan, 1953。

8. 见 Baldwin & Holmes, 1987。

9. 见 Sinclair, Hardin, & Lowery, 2006。

10. 见 Markus, 1977。

11. 见 McGuire, McGuire, & Winton, 1979。

12. 见 Kelley, 1973。

13. 例见 Carver & Scheier, 1981, 1998; Miller, Galanter, & Pribram, 1960; Wiener, 1948。

14. 例见 Greenwald & Pratkanis, 1984; Rosenberg, 1965, 1979; Wylie, 1979。

15. 例见 Leary, Tambor, Terdal, & Downs, 1995。

16. 例见 Cooley, 1902/1964; Duval & Wicklund, 1972; James, 1890/1948; Mead, 1934; Piers & Singer, 1971; Rogers, 1961。关于这一视角的综述，见 Higgins, 1987。

17. 例见 Beck, Rush, Shaw, & Emery, 1979; Ellis, 1973; Rogers, 1959。关于治疗的有关理论视角，见 Moretti, Higgins, & Feldman, 1990。

18. 见 Higgins, 2008。

19. 见 Scholer, Ozaki, & Higgins, 2014。

20. 预防动机下的自我泄气效应在另一项研究中更强，见 Scholer et al., 2014；在这项研究中，被试以预防动机为主导。

21. 见 Markus & Kitayama, 1991。其他关于个体主义和集体主义之间差异的讨论，见 Triandis, 1989。

22. 见 Lee, Aaker, & Gardner, 2000。

23. 见 Higgins, 2008。

24. 例见 Akimoto &Sanbonmatsu, 1999; Heine, Lehman, Markus, & Kitayma, 1999; Yamagishi, Hashimoto, Cook, & Li, 2012。

25. 见 Higgins, 2012。

26. 关于共享现实中社会验证作用的讨论，见 Hardin & Higgins, 1996。还需要在这里指出的是，虽然被感知为客观的并因此而满足了我们获取真相的动机，但经过社会验证的自我信念并不一定是真相，正如经过科学

177

验证的结果也不一定就是真相一样。就像在第 7 章讨论过的，可能存在"虚假的客观性"（false objectivity）。我想说的是，即使是消极的自我信念，我们也想要验证它们。

27. 虽然关于自我一致性的重要作用，还有一些更早期的理论（如 Lecky, 1945），但我聚焦于比尔·斯旺的分析是因为它是理论上发展最为充分的以及被研究最多的。

28. 见 Swann, 1984, 1990。

29. 见 Hardin & Higgins, 1996。

30. 见 Pelham & Swann, 1994。

31. 见 Chun, Ames, Uribe, & Higgins, 2017; Kwang & Swann, 2010。

32. 见 Murray, Holmes, & Griffin, 1996; Rusbult, Finkel, & Kumashiro, 2009; Rusbult & Van Lang, 2003。

33. 关于这一点以及相关证据支持，见 Murray, Holmes, & Griffin, 1996；另见 Rusbult, Finkel, & Kumashiro, 2009。

34. 见 Hogg & Rinella, 2018。

178   35. 见 Tajfel, 1974; Tajfel & Turner, 1979; Turner, Hogg, Oakes, Reicher, & Wetherell, 1987。

36. 见 Tajfel & Turner, 1979; Turner et al., 1987。

37. 见 Turner et al., 1987。

38. 例见 Brewer, 2007; Hogg & Turner, 1993。

39. 例见 Swann & Buhrmester, 2015; Swann, Jetten, Gómez, Whitehouse, & Bastian, 2012。

40. 关于这支队伍的历史，见 Ambrose, 1992。

41. 见 Whitehouse, McQuinn, Buhrmester, & Swann, 2014。

42. 见 Swann et al., 2014。

43. 见 Swann et al., 2014。

第 8 章 | | | | |

我们的态度和观点

把主观的体验为客观的

　　如果我们把我们的判断或信念当作"客观的"，这意味着什么呢？请回想一下阿希的经典研究，被试在听到其他几个人（假被试）的一致选择之后，需要判断哪条比较线段与标准线段一样长。当群体内其他人的答案是不正确的，而被试仍然选择附和他们的意见时，这个选择会**被体验**为主观的还是客观的呢？人们可能会假定，为了将自己的判断感知为客观的，被试必须把自己的判断建立在关于标准线段和比较线段的物理证据的基础之上。但考虑到他们的判断是他们与其他群体成员构建的共享现实，我们应该预期到被试不会将他们的判断体验为客观的。但事实果真如此吗？

　　问题的关键在于个体的客观性**体验**（experience of objectivity），而当人们相信自己和他人就某一判断达成一致时，他们就会有客观性的体验。[1]与他人建立共享现实可以产生一种超越现有信息的客观性体验。这令人惊讶，因为应该是客观的东西（即基于现有的信息）实际上**不是**客观的；人们建立的共享现实创造了**客观性的体验**。

　　还有一些人类对世界的理解方式也让人感到惊讶。对某事物的客观反应与主观反应应该是不同的。与客观反应相反，对某事物的主观反应并不需要基于对该事物现有信息的无偏反应。相反，它可以是一个人对这一事物私下做出的、存在潜在偏差的反应。后一种情况下不需要存在社会共识，因为这种反应被归于个体自身（与他或她自己有关），而不是事物本身的属性。[2] 因此，没有必要为了支持对某事物的主观反应而与他人建立共享现实。毕竟这只是个人的事情，就像喜欢开心果味的冰激凌一样。但令人惊讶的是，这对于人类来说还不够。**我们希望自己的主观反应得到别人的验证。**[3] 我们想要就我们的主观反应与他人建立共享现实，就如同我们的客观反应一样。我们想让别人同意开心果味的冰激凌确实很好吃。因此，与传统意义上的主观与客观的区分不同，我们对事物的反应不是单纯基于个人的主观反应，或是基于对信息的客观反应。对于人类来说，我们有着关于事物的共享现实——并且，我们将它们体验为客观的。

上述这些问题对于事实（facts）和观点（opinions）之间的差异来说意味着什么呢？与事实相反，观点是对那些不需要确凿证据的事物的反应，比如一个人对特定食物的偏好。与事实不同，一个人不需要别人同意自己对某件事的看法："好吧，你不同意，但那是我的观点。"尽管如此，我们人类还是希望自己的观点能与他人共享，而我们也更愿意与共享观点的人互动。于是，我们就会将我们的观点**体验**为客观的而非主观的。这对于"是什么造就了人类"这个问题有着重要的影响：（1）我们有向他人学习的动机，也有被他人影响的动机，这是为了让我们的观点成为共享现实，进而使我们的观点变成客观的而不只是主观的；（2）我们把自己的主观观点当作客观事实，即共享现实导致了**虚假客观性**（false objectivity）效应。

把态度和观点变成与他人之间的共享现实

人类想要将自己的态度和观点与他人共享的动机意味着，在我们自己对世界上的事物做出反应的**基础之上**，他人也**能够**并且**将会**影响我们对事物的评价。同时，他人也会影响我们对自己和他人行为的道德评价。

他人对我们好恶的影响

在儿童发展的早期，人类向他人学习关于事物的感受的动机就已经很明显。正如第 2 章所讨论的，有证据表明在婴儿期就出现了共享情感。婴儿试图让身旁的人共享他们所看到的东西的乐趣，即共享他们的观点（这个东西是值得看的）。但他们也会对身旁的人的反馈（它是否**确实**值得看）做出反应。正如一项研究所表明的，当身旁的同伴同时看着婴儿的脸和一个移动的物体，并对这个物体表达出兴奋的情绪时，婴儿会更频繁地指向该物体。[4] 这种婴儿和同伴之间的来回互动是儿童建立关于某物的共享观点的开始。

儿童向他人学习如何评价事物也是他们形成了关于事物的共享观点的明显证据。正如前面提到的，12 个月大的婴儿甚至可以通过观察成年人对某物的情绪反应来学习如何评价电视里出现的新事物。他们会选择共享谁的评价，比如在实验室里，他们会选择从实验者（而不是从他们的母亲）那里学习如何评价一个正在靠近他们的新玩具。

儿童向他人学习如何评价事物的另一个例子是，他们会学习对食物的好恶。我之前讨论过习得喜欢辛辣食物的例子。就像我说的，吃辣不是天生的。吃酸也不是天生的，"酸"这个词甚至被用来比喻不好的东西，比如一段"变了味"的关系。尽管如此，儿童还是学会了吃酸**和**辣的食物。这并不是自发的。儿童观察到他们的父母和大一点的孩子对这些食物有着积极的反应。他人明确表示他们喜欢吃这种食物。为了共享这一现实，儿童就会去吃它们，并学着去喜

181

欢它们。值得注意的是，他们并不是简单地模仿吃的行为。他们不只是共享吃的实践。他们学着去共享对食物的积极态度，即**共享对食物的喜爱**。

顺便说一下，显然有许多父母知道他们的孩子对某事物的情感反应取决于他们对该事物的情感反应。一个有意思的例子是关于许多父母在蹒跚学步的孩子走路摔倒时所做出的反应。对于孩子而言，跌倒本身是一件消极的事情。对于婴儿来说，跌倒会引发一种反射性的惊吓反应，通常包括哭泣（莫罗反射）。因此我们会期望看到幼儿和他们的父母都对此产生消极的感受，仅此而已。可是，跌倒的幼儿通常会观察他们的父母对刚刚发生的事情是什么感受，而他们的父母通常**表现得**好像没什么大不了的，没什么消极的，只是碰巧发生的——一切都很好。有些父母甚至会在这种情况下露出温柔和善意的微笑（不管他们内心的感受如何）。幼儿通常会接受父母的这一信息，从而学会把大多数跌倒看成没什么大不了的事。他们想要共享父母传达给他们的观点，即跌倒没什么。通过建立一个共享现实，一个自然发生的消极事件会转变成较为良性的事件。这是人类想要建立共享现实的一个好处。

当然，不只是儿童的观点会受到他人好恶信息的影响。青少年和成年人也会受到来自朋友、恋人、老师或老板的信息的影响，还会更普遍地受到媒体的影响。历史上，在社会心理学、市场营销和消费者行为领域，最大的研究问题一直是来自他人的信息如何影响人们的态度和观点。虽然难以涵盖这么多关于态度形成和改变的文献[5]，但我确实想从共享现实动机的角度来讨论一下"他人的有效说服"领域的研究发现。

早期的态度文献并没有将它们与共享现实动机本身联系起来。然而，态度的两种功能与共享现实动机有关。一种是**知识**功能，即态度可以帮助人们理解他们的生活体验。[6] 这种功能和与他人建立共享现实的认知动机（epistemic motive）有关。态度的另一种功能是**形成和维护社会关系**[7]，这和与他人建立共享现实的社会关系（或联系）动机（social relational motive）有关。

有关社会影响类型的文献也涉及认知动机和社会关系动机的区别。研究社会权力的先驱约翰·弗兰奇（John French）和伯特伦·雷文（Bertram Raven）区分了参照权力（referent power）和专家权力（expert power）。[8] 一个有影响力的主体具有**参照权力**（referent power），是指受到影响的人有想要与这个主体"合一"（oneness）的感觉。一个有影响力的主体具有**专家权力**（expert power），是指受到影响的人认为这个主体拥有他们不具备的知识或专业性。因此，参照权力涉及与他人建立共享现实的社会关系（或联系）动机，而专家权力与认知动机有关。

与弗兰奇和雷文的划分类似，赫伯特·凯尔曼（Herbert Kelman）区分了基于**认同**（identification）的社会影响和基于**内化**（internalization）的社会影响。其中，前者是指影响力的接收者为了与影响者建立关系而接纳他们的观点，后者是指接收者之所以接纳影响者的观点是因为这种观点看起来是合理和有效的。[9] 凯尔曼的一项经典研究就很好地说明了，建立共享现实的前一种社会关系动机和后一种认知动机如何随着时间的推移而发挥不同的作用。

这项研究开展于 1954 年，就在美国最高法院决定取消公立学校的种族隔离制度之前。研究被试是一所黑人大学的黑人学生。他们收到一条说服性信息，信息主张一些全黑人的私立大学应该保持全黑人，以保存黑人的文化、历史和传统。这与大多数被试所持的观点相反。在"有吸引力的影响者"条件下，主试声称信息的来源是一名大四学生，他是一所顶尖的黑人大学的学生会主席。在"可信

183

的影响者"条件下，信息来源于一位受人尊敬的教授，他是少数族裔历史和问题方面的专家。研究还操纵了影响力的凸显程度：对于"高"凸显组，在呈现说服性信息后不久就进行因变量测量；对于"低"凸显组，则是在一到两周后进行测量。

研究发现，在"有吸引力的影响者"条件下，高凸显组的被试更容易接受说服性信息。相反，在"可信的影响者"条件下，高和低凸显条件下被试对于说服性信息的接受程度都较高。因此，与凯尔曼的分类一致，有吸引力的影响者（而非可信的影响者）的影响力取决于"关系"是否凸显。这表明，与他人之间的共享现实（基于认知动机和社会关系动机）会随着时间的推移而产生不同的效果。在前者（基于认知动机）的情况下，社会影响并不依赖于个体与影响者的紧密关系，因此即使影响者不再凸显，影响也会持续。

这一现象的另一个例子是第 1 章讨论过的"言表为实"研究中的一个额外发现。研究的被试被分配到沟通者的角色，他们需要对一个叫唐纳德的人的不确定行为进行评价。当听众喜欢唐纳德时，被试给他的行为贴上更积极的特质标签（如"自信""执着"），而当听众不喜欢他时，被试给他的行为贴上更消极的特质标签（如"自负""固执"）。请注意，由于唐纳德的行为在评价上是模糊的，被试对于如何描述唐纳德有着认知上的不确定性。此外，听众和目标人物唐纳德对于他们来说都是陌生人。他们认为自己不太可能在未来见到听众或是唐纳德。

考虑到上述因素，与听众建立共享现实的认知动机——**厘清唐纳德的模糊行为**——很可能比社会关系动机更强烈。如果是这样的话，那么无论是在向听众传达信息的当下还是在几周之后，都应该存在共享现实效应，即共享现实影响被试对唐纳德的态度。事实上，情况确实如此。

184

正如这些例子所述，有时是建立共享现实的认知动机构成了社会影响的基础。还有一些时候，建立共享现实的社会关系动机支配了人们的行为。我在第 3 章讨论过，当一个成年人榜样更准确，而另一个成年人榜样与他们有更亲密的关系时，学龄前儿童如何处理这两个成年人榜样之间的冲突。一个榜样人物用本地口音说话，但给熟悉的物体起了错误的名称，而另一个榜样人物用外国口音说话，但给出了正确的名称。当这些榜样人物给一个新物体起了不同的新名称时，儿童会选择跟着谁学呢？ 4 岁和 5 岁的儿童选择了外国口音的人建议的名称，他们选择了认知准确性而非内群体关系。**但是**，对于年龄更小的儿童来说，内群体关系胜过认知准确性。[10]

值得注意的是，对于成年人而言，人际关系也可以打败认知准确性。例如有证据表明，当影响者对信息接收者的吸引力较高时，信息中论点的质量（即认知支撑）的分量就会降低。[11]事实上，对于人们来说，想要共享他人的态度或观点（而不受他人的专业知识或论点的影响）是如此重要，以至于他们在接收到对方的信息之前就会改变自己关于这个话题的态度，使之与对方的立场保持一致——这就是预期性态度改变现象。[12]

成员身份群体（membership groups）和**参照**群体（reference groups）之间社会影响的差异也与共享现实动机相关。成员身份群体是指你所属的群体。参照群体则是指这样一种群体，该群体的态度和观点（以及价值观）被你用来指导你自己的态度和观点。在积极参照群体中，你会产生分享或接纳这个群体的态度和观点的动机。在消极参照群体中，你会产生不分享或拒绝接纳群体成员态度和观点的动机。你自己所属的群体可以是积极的，也可以是消极的参照群体。[13]例如一些少数群体的成员会贬低他们的群体，试图与这些群体保持距离，目的是避免由成员身份带来的社会成本。在这种情

185

况下，他们将自己的所属群体视为一个消极参照群体。还有一种情况：一个人可能会有一个积极参照群体，但自己并非其中一员。对于一些工薪阶层来说，"亿万富翁"就是一个非常积极的参照群体。参考群体的奇特之处就在于，它们可以塑造那些不属于（或不太可能属于）该群体的人的态度和观点，而且在许多情况下，这些人甚至从未与该群体中的任何一个成员互动过。

社会心理学先驱西奥多·纽科姆（Theodore Newcomb）在20世纪30年代末罗斯福总统的新政时期对参照群体开展了一项纵向研究。[14] 本宁顿学院（女校）的所有学生都在接下来的几年里参与了该项研究。这些被试当时既是本宁顿学院的社群成员，同时也是她们自己家庭的成员。值得注意的是，大多数被试的父母在政治和公共经济问题上是保守派，而本宁顿学院社群的大多数成员（如年龄较大的学生和教师）是自由派。学生被试间的不同之处在于，在政治和经济态度方面，对于她们而言，要么她们的家庭是更积极的参照群体，要么本宁顿学院社群是更积极的参照群体。

我们可能会假设，当学生们花更多的时间投身本宁顿学院社群时，这个社群就会成为一个更积极的参照群体，因此大三和大四学生会比一年级学生更不保守。事实也确实如此。在1936年的总统选举中，62%的一年级学生投票给共和党候选人，29%的学生投票给民主党的罗斯福，而9%的学生投票给社会党候选人。与之形成鲜明对比的是，在大三和大四学生中，只有14%的人投票给共和党候选人，而投票给罗斯福和社会党候选人的分别占54%和30%。

这是一个惊人的差异。本宁顿学院社群对于学生而言变成了一个积极参照群体，并且她们的观点不再那么保守，这还导致了另一个结果。为了测量学生在社群内的声望或地位，学生们被要求在一次校际聚会上从五名学生中选择一名"最有资格代表学院"的学生。

总的来说，被选上的这名学生比没被选上的学生更不保守，而这一点在大三和大四的班级里尤为明显。

在政治和经济问题上与当地社群共享观点可以提高学生在社群内的声望。对于这些学生来说，这是共享现实带来的社会效益。然而，对于那些继续把自己的家庭作为积极参照群体的学生来说，共享现实则有一个明显的弊端，即这会使她们在本宁顿社群中的声望变低。而且我想知道，对于那些把本宁顿学院当成更积极参照群体的人来说，共享现实是否也让他们付出了一些代价。这些学生是否失去了家庭中的地位？通常来说，选择一个群体（而不是另一个群体）作为参照群体很可能存在利弊两面性。我想知道，如果一个人并不是某个群体的成员（现在或将来），但他却选择将这个群体作为积极参照群体，比如工薪阶层的个体选择将"亿万富翁"作为他们的积极参照群体，那么其中的利弊两面性会是怎样的呢？

社会影响对我们的道德观念的作用

他人不仅影响我们的好恶，还影响我们的道德观念，而道德观念与偏好不同。比如，儿童可以从他们的家人那里学习到吃不辣的食物，如果他们看到其他孩子吃辣的食物，他们可能会觉得这很奇怪，甚至很不明智，但这并不是不道德的。与此同时，来自某些社群（比如英国）的儿童会认为吃马肉是不道德的，就比如认为法国人吃马肉是不道德的。这种道德观念并不是生物学意义上的必然要求。毕竟在道德上，吃马肉真的比吃牛肉更加糟糕吗？但如果一个社群认同马、狗或其他一些动物是真正的**家庭**成员，那么把它们杀死并吃掉就会成为道德问题，即形成了这么做在道德上错误的共享观点。

我在第 2 章讨论了幼儿如何学习共享他们所在社群的社会实践。

他们学习如何着装、如何使用餐具（包括他们的手）、如何给物体命
名等。这些社会实践大多不会被认为是道德问题。穿一只黑色、一
只棕色的袜子是一个错误，甚至是令人尴尬的错误，但它并不是不道
德的。叫错名字或念错名称也可能是一个令人尴尬的错误，但这同样
不是不道德的。（每当我读错名称的时候——这种情况经常发生——
我会说这是加拿大人的发音，或者至少是我长大的那个地方加拿大
人的发音。虽然我的妻子和女儿会对我翻白眼，但这招通常管用。）
即使是幼儿也可以理解社群中作为共享社会习俗的社会实践与作为
共享道德观念的社会实践之间的区别。[15]

包括西方文化和东方文化在内，许多文化中都有一些共享的道
德观念。著名文化人类学家、心理学家理查德·施韦德尔（Richard
Shweder）和他的同事发现，来自美国和印度的受访者都认为以下类
型的行为在道德上是错误的：伤害他人、违背承诺和乱伦。[16] 但对
于哪些行为在道德上是错误的，美国人和印度人也存在分歧。

施韦德尔举了一个例子。在印度，当妻子不服从丈夫的命令时，
比如没有经过丈夫的许可独自去看电影，丈夫会惩罚她。施韦德尔
认为，印度的家庭单元与军事单元类似，比如在美国军队中，低级
别成员如果未经允许离开军事基地将受到惩罚。从这个更广泛的角
度来看，如果从印度人的共享观点来看待妻子的行为（即家庭单元
类似于军事单元），那么人们就会同意印度人的道德观念，也就是未
经允许离开家（基地）应该受到惩罚。但如果不从这个视角来看妻
子的行为，那么人们就不会认同印度的道德观念。

上述观点强调的是，人们共享或不共享的一系列观点和看法
是以连贯的方式协同运作的。不能仅有道德观念本身，还需要有
一些共享的看法来佐证其合理性。如果人们不共享这些背景看法
（background viewpoints），道德观念就不合理。这可能会造成来自

不同文化背景的个体之间的误解和冲突。

　　观点背后的因素很重要。这些背后因素并不局限于共享的背景看法，还可以是共享的背景关注点（background shared concerns）。例如，对他人行为的道德判断取决于做出判断的人与他人共享促进关注（即关注成长和进步）还是共享预防关注（即关注安全和保障）。请考虑以下场景：

> 　　一对单独在家的兄妹决定做一次爱。妹妹已经在服用避孕药了，而哥哥也使用了避孕套。他们都很喜欢这种行为，但决定以后不再这样做了。他们答应彼此会对此事保密。

你对这对兄妹的所作所为有什么看法呢？大多数人的观点是消极的。不只是消极，他们还认为这对兄妹的行为在道德上是错误的。然而，他们并没有办法为自己的道德观念进行辩护，即他们通常会给出一些理由，但这些理由与情境描述冲突。例如，他们说那个妹妹会怀孕，但场景描述中却是她吃了避孕药而他哥哥戴了避孕套，这使得怀孕的可能性非常小；或者说，他们的父母会因为发生的事情而不高兴，但场景描述中却是这对兄妹保证会保密并且不会再这样做了。[17]

　　如果你发现自己在判断兄妹行为（在道德上）不正确时的理由是薄弱的，那你会改变看法吗？很多人不会，因为他们会跟着自己的直觉走，他们的感觉不断告诉他们，即使不能给出好的理由，所发生的事情也是错的。不过，确实有些人非常在意他们的理由是否能支持他们的观点。最近的研究发现，对于共享**促进**关注的人来说，上述场景下的道德判断更大程度上是基于**情感**的，而对于共享**预防**关注的人来说，他们的判断更大程度上是基于**理性**的。[18]鉴于在上述场景中谴责的理由是薄弱的，相比关注促进的被试，关注预防的被试就会认为这对兄妹行为的**错误程度更低**。[19] 因此,不同的共享背景关注点可能会影响某些行为是否被感知为在道德上是错误的。

正如前面提到的例子一样,乱伦被大多数人认为是道德上错误的行为之一。另一个道德上错误的行为是违反诺言或者不遵守承诺。保罗·哈里斯(Paul Harris)在他的著作《相信别人告诉你的事》(*Trusting What You're Told*)[20] 中描述了吃肉家庭里的素食儿童(年龄为 6 ~ 10 岁)对于吃肉这件事做出的道德判断。哈里斯称这些儿童是"独立"的素食者,因为他们的吃素决定与他们的吃肉家庭无关。然而,这并不意味着他们不与家人以外的人(其他素食者)共享关于吃肉的看法。因此我会像哈里斯一样,把"独立"放在引号里。除了"独立"的素食者,研究还包括其他两组年龄和背景相同的儿童——一组是**家庭成员**也不吃肉的**素食**儿童,另一组是与**家庭成员**一样经常**吃肉**的儿童。

这三组不同类型的儿童需要回答在某些情况下如果一个人吃肉会有多糟糕。在一种情况下,这个人是道德上坚定的素食者,他承诺不吃肉,因为动物是朋友而这会伤害它们;在另一种情况下,这个人没有承诺成为素食者,也从来没有承诺不吃肉。"独立"的素食者、家庭素食者和家庭吃肉者的道德判断没有差异。他们都谴责那个坚定的素食者违背了不吃肉的承诺,同时都没有谴责一个中立的、没有做出不吃肉承诺的人。

这是怎么回事呢?早先的一项研究发现,当被要求想出一种他们通常不吃的肉并给出他们不吃的原因时,"独立"的素食者绝大多数给出与动物福利相关的理由,比如:"我不想杀害动物。"相比之下,吃肉者最常给出的理由是味道不好,比如:"它尝起来有点……奇怪。"鉴于此,人们可能会认为"独立"的素食儿童和吃肉儿童在对吃肉的道德谴责上会存在区别。我认为,这项研究表明的是,共

189

享态度应该与共享道德观念区分开来。[21]"独立"的素食者对吃肉的态度与吃肉儿童不同。后者喜欢吃肉（当肉好吃的时候），前者不喜欢吃肉（即使肉好吃）。但是这些不同的儿童可以共享（而且这项研究表明他们确实共享了）关于**遵守承诺**的相同道德观念：做你承诺不做的事情是错误的，但如果你没承诺不做，那就没关系。

　　区分共享态度和共享道德观念为"独立"的素食儿童提供了一种解决潜在问题的好办法。他们与一些非家庭成员共同承诺不吃肉，因为他们都不喜欢伤害或杀害动物。但是他们并没有与家人共享这种不喜欢吃肉的态度。如果这些吃素的儿童因为他们不喜欢别人吃肉而提出道德质疑，比如告诉他们的父母"你吃肉就是一个坏人"，那么就会出现严重的冲突。与之相反，这些儿童可以决定不把它作为道德问题。取而代之，他们可以在承诺问题上与家人建立一种共享道德观念，即都同意遵守承诺是最重要的："如果你承诺不吃肉，那么你就不应该吃肉；如果你这么做了，那就是不好的。但是如果你没有承诺不吃肉，那么你就可以吃肉，你这么做也不是一个坏人。"素食儿童和他们吃肉的家庭成员都能共享这种关于承诺的道德观念。问题解决了——从此他们过上幸福的生活。

　　如果先前已经与他人就某种道德观念建立共享现实，那么在当前情况下，道德观念是否会受到他人在场并一致表达的反对意见的影响呢？这就像是阿希研究中的冲突一样，只不过这种冲突并不介于知觉判断和其他群体成员的共识之间。现在的冲突发生在两种共享现实之间：一种是关于正确道德判断的先验规范，另一种是群体中其他成员一致表达的相反的规范。最近的一项研究对这种冲突进行了检视。[22]

　　与阿希的研究发现一致，在那些冲突的试次里，本科生被试有一种显著的倾向，那就是与其他群体成员的道德判断相匹配（与非冲突

190

的控制组相比），并且当"什么是正确的道德判断"这个问题比较模糊时，这种倾向更明显。此外，当被试之后私下做出判断时，他们会继续支持他们新产生的道德判断。因此，道德判断上的共享现实的确发生了实际的变化。被试并不是简单地"为了相处融洽而附和"。[23]

研究还发现，被试会通过改变他们在这个问题上的立场来支持（也就是合理化）他们新的道德判断。例如，有一个场景是这样的。为了避免让她的朋友难过，金伯莉撒谎说："不！你穿那条牛仔裤不显胖。"大多数被试的标准回答是，这种行为在道德上是可以接受的，因为善良（一个小小的善意谎言）比诚实更重要。但是当其他群体成员声称这种行为在道德上不可接受时，那些改变了判断的被试也会修改他们在这个道德问题上的原始立场。他们改变了排序，认为诚实比善良更重要，会说"朋友之间应该彼此坦诚"之类的话。这种从"先前与他人建立共享观点"转变为"与当前群体共享新观点"的过程类似于纽科姆的本宁顿学院研究中发生的情况：那些学生将他们的政治和经济观点从"家庭成长过程中形成的观点"转变为"当前大学社群中占主导地位的观点"。

如果只想要共享现实，为什么有人会抵制说服？

大量证据——这比我目前所能回顾的要多得多——表明，人们的态度和观点会受到他人的影响。我认为，其中的一个主要原因是人们有着与他人建立共享现实的动机。但是如果人们为了与他人建立共享现实而愿意接受他人的影响，那么为什么还有明确的证据表明人们经常拒绝被他人说服？这种抵制从何而来？

在开始讨论之前，先弄清楚"抵制说服"的意思是很重要的。一次说服的尝试失败了并不意味着它一定是因为遭到抵制而失败的。说服尝试的失败有可能是因为它对于接收者来说根本没有说服力，

191

因此也就没有必要抵制它。这就像迎着微风走而不是迎着大风向前走。我们没有必要去抵抗微风，因为它的力量太微弱了。如果说服的尝试与接收者的认知动机或社会关系动机无关，那么人们就没有动机与施加影响者建立共享现实。说服尝试的失败不是因为建立共享现实的过程受到阻碍，而是因为一开始接收者就没有建立共享现实的动机。

　　现在我们在这里要讨论的是说服尝试与接收者的认知动机和 / 或社会关系动机有关的情况，因此人们应该有一些动机与施加影响者建立共享现实。既然如此，为什么还会存在抵制呢？这确实是个问题。

　　抵制说服的一个经典例子来自对心理抗拒理论（psychological reactance）的检验。心理抗拒理论认为，人们抗拒他人对自己施加的压力，比如告诉他们必须相信某事。[24] 人们抵制是为了保持独立性，或向施压的人（或观察者）展示他们的自主性。[25] 这项研究表明，当人们对某件事有一个最初的态度，然后接收到一条信息，这条信息不仅挑战了他们的态度，而且是以一种强制的方式这么做时，他们很可能会保持他们最初的态度（即抵制说服性信息）。更重要的是，即使信息与接收者最初的态度是一致的，使用压力策略也可能会产生与信息所主张的观点相反的变化（一种"回旋镖"效应）。此外，如果接收者在接受压力策略后必须公开表达自己的态度，则更有可能出现这种抵制。[26]

　　这些关于抵制的文献告诉了我们什么？这类文献表明，如果某人以一种让人感觉（或看起来）像被控制的方式强迫他们同意，则人们就不会有与那个人建立共享现实的动机。如果人们按照那个人想要的去做了，那只是顺从（表面的同意）而非内化（真正的同意）。因此，这不是共享现实。鉴于此，人们根本就**没有**这样做的共享现实动机。

　　还有一个关于抵制态度改变的研究发现值得关注。有证据表明，个体在年轻时比年老时更容易改变他们的政治态度——这就是所谓的"易受影响期"（impressionable period）。[27] 这与纽科姆在本宁顿学院研究中被试的年龄段相同。有趣的是，有两项后续研究（一项在 25 年后，另一项在 40 年后）使用了不少纽科姆最初研究中的学生被试，结果发现这些学生在政治态度上**仍然是**自由派。[28] 之前的态度改变持续存在。这是怎么回事呢？现在让我们思考一下这种"易受影响期"现象，以及我们讨论过的基于"与他人建立共享现实的动机"的抵制现象。

　　如果人们想要与他人建立共享现实，那么抵制来自哪里？我之前提到的一个答案是：当人们觉得某人施压想让自己顺从，因此不想和那个人建立共享现实时，他们就会抵制。另一个更普遍的原因是：人们事先已经与重要他人共享某些观点，那么他们就会对抗当前态度改变的压力以**捍卫这些**共享现实。以本宁顿学院的学生为例。当他们还是学生的时候，本宁顿学院社群是他们共享新自由主义政治态度的积极参照群体。而且，本宁顿学院社群之后也一直是一个积极的参照群体。随着时间的推移，与这个社群相关的共享现实被内化并一直保持稳定，甚至在几十年后，在面对攻击时，学生们仍然会维护这个群体。

　　当个人先前的态度受到当前相反信息的威胁时，人们就会捍卫这些与先前态度相关的社会关系。这包括在当前情况下向他人公开展示你是什么样的人（比如具有自主性），从而支持你和重要他人**共享**的（对于自己的）看法。我同意态度领域专家们的观点：由于强态度在动机上更重要，而且与许多其他态度和信念相关联，强态度比弱态度就更可能持续存在且更不易改变。[29] 但我要补充的是，强

193

态度之所以在动机上更重要且与许多其他态度和信念相关联，其原因就在于，它们是"与重要他人之间的共享现实"这一连贯系统的一部分。

把主观态度和观点当作客观事实

让我们回到本章开始时所讨论的主观与客观的区别。正如我当时提到的那样，人们希望他们的主观态度和观点能够被其他人验证。通过这么做，他们建立了共享现实，而此时，他们的态度和观点就被体验为客观的而非主观的。人们把主观态度和观点当作客观事实来对待，其中一个最清晰也是最令人不安的例子就是人们会使用**刻板印象**（stereotypes）来描述不同群体的成员。

我在第 6 章讨论了"为什么说刻板印象是有问题的"，并得出了结论（继罗杰·布朗之后）：最根本的问题在于，刻板印象中包含的特征通常不能用于描述类别成员，因为它们实际上不是描述性的，而是关于类别成员的意见和态度。也就是说，当使用刻板印象时，人们把针对社会类别成员的主观意见和态度当成它们好像是客观事实一样。不仅如此，在评价社会类别成员时，人们还会使用感知者自己的标准进行评价，并假定这些标准是普遍有效和正确的——认为它们是**正确**的标准。

最后，关于刻板印象还需要强调一个方面。刻板印象不是关于社会类别成员的事实（facts），而是基于人们与群体成员共享的标准所得出的**价值判断**。即使是积极的刻板印象，例如认为加拿大人"有礼貌"或德国人"工作努力"，感知者也是在根据自己的标准进行评价，而非简单地描述目标群体。实际上，目标群体基于自己的标准对自己进行评价时通常会做出不同的判断，例如德国人将自己

194

描述为"技术熟练"而不是"工作努力"。"工作努力"和"技术熟练"听起来都很积极,但是如果你问为什么德国工人的生产率如此高,那么将他们的生产率归功于努力和归功于能力是完全不同的答案。在这个例子中,有什么证据可以证明应该归功于努力而不是能力呢?这根本与事实无关;使用刻板印象的那些人只是想通过某个观点来得出想要的结论罢了。

当然,在许多情况下,关于社会类别成员的刻板印象不是积极的,而是消极的。它们意味着无法满足持有刻板印象的人的标准。例如变得"依赖""情绪化""敏感"并不是天生的坏事,但是如果感知者认为"独立""不情绪化""坚强"是美德,那么根据定义,前面的这些特征就是不好的。[30]因此,生活在"强个人主义"国度的美国人对女性的传统刻板印象是依赖、情绪化和敏感,而男性则是独立、不情绪化和坚强,这种刻板印象就有问题。当刻板印象以这种方式消极呈现时,它们就不仅仅是消极的观点,还起到消极态度(即偏见)的作用。这些偏见可能导致歧视。例如,由于工作场所中的男性对女性持有这些刻板印象,女性一直受到歧视。重要的是,当这种歧视发生时,歧视者认为他们对女性的刻板印象只不过是关于女性的**事实**罢了。事实上,在今天,对于一些有性别歧视的男性来说,任何持相反意见的人都只不过是为了保持"政治正确"。

当共享现实被建立时,人们的主观态度和观点被体验为客观真相还会带来其他后果。后果之一是,态度和观点可能变得更加极端。在早期关于群体极化(group polarization)的研究中,被试被分成小组(大约5人)来讨论另一个面临选择困境的人什么样的建议。困境是在风险相对较高的、更具吸引力的选项与风险较低的、不太有吸引力的选项之间做出选择。例如,一道选择难题涉及一名工程师,他可以选择留在现有职位,但很少有机会大幅提高薪资(吸引

力较小但风险也较低）；或者选择在新公司工作，如果一切顺利能 195
得到大幅提高薪资的机会（更具吸引力但风险更高）。该小组的任务
是建议如果目标人物选择新工作，他至少应该愿意承担多大的风险。
在这个工程师的例子里，小组需要决定的是，在新公司财务状况多
好的情况下（最低的可能性，例如财务状况良好程度不低于90% 或
低至30%），目标人物才应该接受新工作。

　　该研究先从被试作为个人单独提出建议开始，随后他们作为一
个小组聚在一起就建议的内容达成共识。早期的研究发现，相比群
体成员先前单独建议时的平均值，一个群体的建议具有更高的风险
性。这种现象被称为"风险转移"（risk shift）。但是随后的研究发
现，群体决策有时比平均后的成员个人决策显得更为谨慎。[31] 所以
一般来说，无论群体成员最初的决策方向如何，群体的决策都会比
群体成员单独的决策更极端或更极化。

　　对于这种群体极化现象，我们可以从"群体讨论使群体成员之
间建立起共享现实"这个角度来理解。在集体开会之前，当个人做
出决定时，个人的决定被体验为主观的**而非**客观的，因此不一定是
有效的或结论性的。此时，尚不清楚最佳建议是让目标人物朝着风
险方向还是谨慎方向行动。但是在群体达成共识后做出的决定是一
种共享现实，此时该决定被视为客观的，因此也是有效的和结论性
的。现在很明显，建议目标人物朝着风险方向行动或谨慎方向行动
就是最好的建议。这时，不再需要絮絮叨叨地来回修改建议。这就
是最好的建议，因此应该被明确地提出来。这导致了群体建议比平
均后的成员个人建议更极端。

　　有证据表明，群体极化背后的一种共享现实机制是社会验证。
早期的研究发现，当群体成员反复表达相同的态度时，态度会变得
两极分化。但是也有证据表明，当一个群体成员用以支持其态度的

论据被另一个群体成员接受，并在随后的互动中重复传达给自己时，这种影响就特别大。[32] 这种重复就是社会验证——一种创建共享现实的重要机制。

共享现实的建立使得人们的主观态度和观点被体验为客观的，这还会带来另一种后果。如果一种观点是客观的，成为当下关于世界的事实，人们就会将其作为用以了解世间万物的基础。而且，如果发生的某些事**看起来**与这种共享观点相矛盾，那么为了维护这种观点，就需要制造一些论点来解释所发生的事情。这与我之前讨论过的"抵制说服"类似，但此时的这种情况针对的并不是试图改变你观点的影响者，而是针对似乎与你的观点相抵触的某件事。而对于你而言，你的观点不仅是一种观点，也是关于世界的事实。

这一现象最引人注目的例子也许是政治心理学的重要人物约翰·约斯特（John Jost）和他的同事就以下问题开展的一项研究：当人们在现存社会中的地位对他们**不利**时，他们为何还会为社会政治现状辩护？[33] 在这个例子中，人们把"当前既有的社会安排（social arrangements）是公平和合理的"这一观点当成事实来对待。

但为何诸如美国数百万人生活在贫困中这样的境况会被认为是公平且合理的呢？答案是：美国是一个精英管理的社会，所以穷人就**该**（deserve）穷，因为他们缺乏赚钱的动机和／或能力。因此，"有很多人贫穷"这种境况就被认为是公平且合理的。这种信念在美国很普遍。例如，与北部较富裕的非裔美国人相比，南部较贫穷的非裔美国人**更**倾向于接纳精英制的意识形态。此外，有证据表明，收入低的美国人比收入高的美国人更有可能认为薪酬上的巨大差异对于鼓励人们努力付出是**必要**的，并且经济上的不平等也是合理且必要的。[34] 也有证据表明，与他人建立共享现实的社会关系动机支持这种**合理化体制的世界观**（system-justifying world views）。[35]

总之，共享现实所谓的"虚假客观性"效应存在一些重大弊端。这种影响会使我们对外群体成员产生刻板印象——这些信念被视为事实描述，但实际上它们只是基于我们自己的内群体价值观而做出的评价。它也可能与个人判断结合起来，进而导致更极端的观点。最后，即使这些观点与我们的自身利益相左，我们也可能会为这些毫无证据支持的观点辩护并将其合理化。因此，我们需要谨慎地认识到自己许多观点的真实含义——它们只是有限的证据支持下的评价性判断。我们不应该将它们视为事实。这意味着当政治冲突发生时，"备选事实"之间通常并不存在真正的竞争。如果确实是"备选事实"之间的竞争，那么我们可以确定哪一方的事实是正确的。但这并不是事实之间的竞争，而是**备选评价**（alternative evaluations）之间的竞争。

在结束本章时，值得一提的还有一种普遍存在的偏差，它会加剧虚假客观性效应的负面影响。这是一种我们认为我们在态度和观点上的共识比实际上更多的倾向——所谓的虚假共识效应（false consensus effect）。[36] 人们倾向于认为自己的态度和观点是与他人共享且相对普遍的。当幼儿这样做时，我们将其称为"自我中心主义"（egocentrism）；当成年人这样做时，我们通常将其称为"投射"（projection）——心理动力学相关文献认为它是一种扭曲的防御机制。但它不仅限于幼儿或异常的成年人。实际上，这是相当常见和普遍的。正常的成年人也总是这样做。而且由于共享现实的存在，虚假共识会导致虚假客观性效应。

关于虚假共识——有时被称为"假定的相似性"（assumed similarity）——我最喜欢的例子之一是早期一项表面上看是考察交流技巧的研究。这项研究要求学生在身上挂上写着"忏悔"的夹板广告牌在大学校园里走 30 分钟。一半的学生同意这样做，而另一半则不同意。然后他们需要估计研究中同意或不同意参加这项活动的学生百分比。那些同意佩戴挂牌的学生估计有 63.5% 的同学愿意和他们一样戴挂牌。那些**不**同意佩戴挂牌的学生估计有 76.6% 的人会像他们一样**不**同意戴挂牌。

请注意，对于戴着挂牌走这件事，两组学生都估计绝大多数人与自己有相同的看法。实际上，在这个问题上学生们并没有达成共识（而是意见不一），但是学生们为他们的观点创造了一种共识性的共享现实。这很重要，因为它为学生们提供了一个理由，即这是大多数人的选择，进而可以让他们把自己的观点从视为主观的转变为视为客观的。这样的话，虚假共识效应就会使虚假的客观性效应更加普遍并且更加成问题。

到目前为止，我讨论了共享现实如何从根本上塑造了我们的感受、信念和知识（包括我们的自我知识），以及我们的态度和观点。但这并不是共享现实故事的全部，因为我们的共享现实不仅仅会影响我们体验这个世界的方式。我们建立共享现实的动机还决定了我们所追求的东西——我们的奋斗目标和我们认为有价值的事物。接下来的一章将探讨"是什么造就了人类"这一问题的核心部分。

| 注 释 |

1. 见 Hardin & Higgins, 1996。

2. 见 Kelley, 1973。

3. 见 Hardin & Higgins,1996。

4. 见 Liszkowski, Carpenter, Henning, Striano, & Tomasello, 2004。

5. 关于这一文献的深入思考和回顾，见 Eagly & Chaiken, 1993。他们把态度定义为"一种心理倾向，可以通过对某一特定实体的好恶评价而表达出来"（p. 1）。

6. 丹尼尔·卡茨（Daniel Katz）和他的同事（如 Katz, 1960）介绍并命名
   了这种态度功能。

7. 关于该态度功能的经典讨论，见 Kelman, 1958；Smith, Bruner, &
   White, 1956。

8. 例见 French, 1956; French & Raven, 1959。

9. 见 Kelman, 1958。

10. 见 Corriveau, Kinzler, & Harris, 2013。

11. 例见 Norman, 1976。

12. 例见 Cialdini, Levy, Herman, & Evenbeck, 1973; Cialdini, Levy, Herman,
    Kozlowski, & Petty, 1976; Cialdini & Petty, 1981。

13. 例见 Kelley, 1952; Merton, 1957; Newcomb, 1958。

14. 见 Newcomb, 1958。

15. 见 Turiel, 2006。

16. 见 Shweder, Mahapatra, & Miller, 1987。

17. 关于人们对这一情境描述反应的深入的心理学讨论，见 Haidt, 2001。

18. 为什么会有这种促进－预防差异呢？关注预防的人希望维持目前令人满
    意的现状。当前的"无损失"现状对于他们来说很好。承担不必要的风
    险可能会让他们陷入更糟糕的"-1"状态。他们需要明确的理由来选择 *199*
    这样做，而这些理由是服务于有效的预防的。与之相反，关注促进的人
    想要从现状提升到更好的状态。目前的"无收益"现状对于他们来说并
    不好。他们愿意抓住机会进入一种更好的"+1"状态，而不是停留在一
    种令人不满的"无收益"状态。等待明确的理由会阻碍人们前进。往更
    好的未来发展总是会伴随一些不确定性，但维持现状一定是消极的（确
    定是无收益的）。那么跟着感觉走，即使它们无法用理由来证明，也是
    在为有效的促进服务。

19. 见 Cornwell & Higgins, 2016。

20. 见 Harris, 2012。

21. 关于为什么要做出这种区分的其他论据，见 Heiphetz, Spelke, Harris, & Banaji, 2013。

22. 本研究是在我和詹姆斯·康韦尔（James Cornwell）的指导下，作为卡尔·杰戈（Carl Jago）的哥伦比亚大学荣誉论文的一部分进行的。

23. 这项研究的另一个发现也表明，被试关心的是做出**正确**的判断，而不仅仅是努力和谐相处。这项研究操纵了被试，使一些人有高权力感而另一些人有低权力感。高权力与促进导向的被试相匹配，低权力与预防导向的被试相匹配。那些调节匹配（regulatory fit）的被试应该对他们关于每个道德场景的最初看法"感觉正确"，因为这一最初看法反映了他们在冲突情境出现之前所共享的常规标准。此外，这种"正确感"应该会让他们相信这种常规的道德判断**是**正确的（Camacho, Higgins, & Luger, 2003）。如果是这样的话，他们就不会轻易改变这种判断而同意当前群体的相反判断。事实上，这就是实际情况——调节匹配降低了当前群体的影响力。

24. 见 Brehm, 1966。

25. 见 Baer, Hinkle, Smith, & Fenton, 1980; Heilman & Toffler, 1976。

26. 见 Baer et al., 1980。

27. 见 Krosnick & Alwin, 1989。

28. 见 Alwin, Cohen, & Newcomb, 1991; Newcomb, Koenig, Flacks, & Warwick, 1967。

29. 例见 Eagly & Chaiken, 1993, p. 680。

30. 关于性别刻板印象和更一般的刻板化问题，见施奈德（Schneider, 2004）的一篇深入而细致的综述。

31. 见 Stoner, 1961, 1968。

32. 见 Brauer & Judd, 1996。

33. 例见 Jost, Banaji, & Nosek, 2004; Jost, Ledgerwood, & Hardin, 2008; Jost & Hunyady, 2005; Jost, Pelham, Sheldon, & Sullivan, 2003。

34. 见 Jost et al., 2003。

35. 见 Jost et al., 2008。

36. 见 Marks & Miller, 1987; Ross, Greene, & House, 1977。

第 9 章 |||||

我们的奋斗目标和我们认为有价值的事物

我们为了什么而奋斗？我们想要的是什么？从历史上看，传统的心理学与传统的经济学以及其他学科一样，对于这个问题都有一个简单的回答。**我们想要的和其他动物想要的一样：需要满足感和随之而来的快乐**。这是最基本的答案。智力作为我们人类的特殊天赋总是会受到称颂，而当谈到动机时，我们就好像和其他动物一样了。唯一不同的是，我们应该强调哪种与其他动物共同的动机呢？是必须满足的生理需求吗，比如对食物、水和性的需求？是使快乐最大化、痛苦最小化的享乐主义动机吗？[1] 无论是哪种，它都是人类和其他动物的共同动机。在动机方面，我们不会被认为与其他动物有什么特别不同。我们基本上是一样的。

然而，人类和其他动物在动机上是**不**一样的。[2] 我们在很多有重要意义的动机上与其他动物不同，其中最重要的就是我们有与他人建立共享现实的动机。人类有动机与他人建立共享现实是很特别的——是值得关注的那种"特别"。人类与他人建立共享现实的方式揭示了我们是谁，我们为什么以不同于其他动物的特殊方式与世界打交道、与世界和睦（或无法和睦）相处。

这一章强调共享现实动机的一个关键和核心点，它使得人类在动机上具有特殊性，即我们会基于与他人共享的内化目标和标准进

行**自我调节**（self-regulation）。共享现实发展的这一阶段在第 3 章
（**共享自我指导**）已经讨论过。令我惊讶的是，3 岁的儿童（在某些
情况下甚至更小的孩子）就能推断出他人对他们有特定的、想要他
们达成的目标，并且有特定的、想要他们遵循的标准。是的，这确
实需要很高水平的**社交智力**。但对于我来说，更值得注意的是，儿
童想要共享别人为他们制定的目标和标准。为了对**自身**进行自我调
节（内化），他们接受这些目标和标准并把它们当成**自己**的个人目标
和标准。[3]

　　因为年幼的儿童一直都在这样做，所以这可能看起来并不引人 *201*
注目，甚至很平常。但仔细想想正在发生这件事。父母可以教孩子
如何使用汤匙或参加其他的社会实践活动。但是，父母为孩子制定
的目标和标准是不能被直接观察到的。孩子必须进行推断。而且在
父母的目标和标准中，有一些是专门针对这个孩子的。这些目标和
标准并不是通用的社会实践。此外，重要的是，这些目标和标准往
往不仅仅是关于孩子现在需要成为什么样的人，而且关系到孩子**未
来需要成**为什么样的人。除此之外，儿童不仅在被他人观察时需要
遵循这些目标和标准，还要接受这些目标和标准作为个人目标和标
准，并且在没有监督的情况下（他们独自一人时）也能去实现和遵
循它们。事实上，非常年幼的儿童就能做到这一切，这确实**是**很了
不起的。而对于儿童的父母来说，这也是非常棒的。

儿童为了自我调节如何获得共享的理想与应当自我指导

　　我们怎么知道幼儿在自我调节方面已经接纳他人的目标和标准
呢？正如我在第 3 章所讨论的，他们即使在未被观察的情况下也会
遵守别人为他们制定的规则。更引人注目的是，当他们的行为方式

与别人为他们设立的标准不符时，他们会感到羞愧或内疚，即使是
当他们独自一人、别人不知道他们做了什么的时候也是如此。这里
关于儿童自我调节发展的故事还有更多的内容。儿童学习区分两种
自我指导（目标和标准），即他们理想中想成为什么样的人或渴望成
为什么样的人（**理想**自我指导），以及他们认为自己应该成为什么样
的人或有责任成为什么样的人（**应当**自我指导）。[4] 而且，他们还从
别人那里学习如何在自我调节中着重强调这些不同类型的自我指导。
这是怎么发生的呢？

照护者 – 儿童互动使共享的理想或应当自我指导得以建立

每个人都知道照护者和儿童间的互动在儿童的发展过程中非常
重要。我们也知道，照护者（比如孩子的父母）可以与儿童有着不
同的互动方式，其中有一些是支持性和管理性的（managing），即
积极的互动；而另一些则更多的是管教性的（disciplining），即消极
的互动。但即使是在积极的互动**内部**或是在消极的互动**内部**，父母
（从现在开始，我将用父母或家长来指代一般的照护者）与孩子互动
的方式也可能存在重要的差别。这些差别对于儿童与父母共享现实
的程度和方式而言是非常重要的。

父母与子女的互动会给儿童带来不同的心理状况。请想象一下下
面的互动：一个蹒跚学步的女孩朝她的母亲微笑，母亲用"抱起并拥
抱她"作为回应，女孩感到很高兴。在这种互动中，儿童的心理状况
是体验到**积极结果的呈现**（presence of a positive outcome）。相反，想
象一下这个女孩和她的母亲之间的另一种互动：当和她的母亲走在外
面时，女孩被一只没拴绳的狗吓得大哭，母亲的反应是把狗赶走并安
抚孩子，女孩松了一口气。在这种互动中，儿童的心理状况是体验到
消极结果的缺失（absence of a negative outcome）。

　　这两种情况对于孩子来说**都是积极的**互动，但它们是两种不同形式的积极互动。在第一种情况下，父母对孩子的反应使儿童从满意的现状（0）变成更好的结果（+1）。积极结果呈现的另一个例子是，父母帮助他们的孩子在某些活动上取得进步，或者从他们目前的状态发展到更好的状态。父母的这种帮助被称为"搭脚手架"（scaffolding）。这与维果茨基的最近发展区（zone of proximal development）概念有关，在这个区域，儿童得到的帮助让他们能够从当前状态进入具有更高技能水平的状态——这与父母帮助他们的孩子学习一种新的社会实践（比如给不同的事物命名）的情况是类似的。[5]

　　在第二种情况下，父母对孩子的反应使儿童从不满意的状态（-1）回到满意的状态（0）。安全和保障得以重建。另一个消极结果缺失的例子是，父母通过干预来防止不好的事情发生，比如阻止他们的孩子接触热炉子或走进车流。此时，当前的满意状态（0）通过防止不满意状态（-1）的发生得以维系，而互动的积极性正体现在消极结果的缺失上。

　　因此，父母可以为他们的孩子创造两种不同的积极互动，进而就"你生活在什么样的世界"向孩子传达截然不同的两种信息。[6] 在第一种情况下（积极呈现），父母所传达的信息是，这个世界是可以让你得到抚育、有所掌握和成长的地方：**你的生活可以变得越来越好**。父母和孩子之间的这种信息使一种共享的**促进**世界观得以建立。父母为孩子制定的目标和标准被儿童视为对他们的未来的一种期许，即共享的**理想**自我指导。

203

　　在第二种情况下（消极缺失），父母所传达的信息是：世界是一个你必须保持警惕的地方，因为不好的事情可能会发生。你必须努力维持或重建安全和保障：**只有你小心谨慎，我们的生活才会维持**

美好。父母和孩子之间的这种信息使一种共享的**预防**世界观得以建立。父母为孩子制定的目标和标准被儿童理解为他们的职责、义务和责任，即共享的**应当**自我指导。

儿童与父母之间不同的消极互动也会导致不同的共享自我指导和世界观。让我们从一次"促进失败"（promotion failure）开始讲吧。想象一下下面的互动：一个蹒跚学步的男孩在吃东西的时候洒了一些食物，父亲不再对他微笑，男孩感到悲伤。这种互动给儿童带来的心理状况是**积极结果的缺失**（absence of a positive outcome）。它代表一种抚育失败。积极结果缺失导致消极互动的另一个例子是，父母对孩子在某些活动上没有取得进展（比如不知道新玩具怎么玩）表示失望。把"积极呈现"和"积极缺失"相结合，父母向孩子传达的"促进成功"和"促进失败"信息就建立起一种共享的观点，即这是一个存在**收益**（gains）和**无收益**（nongains）可能性的世界。儿童从这些信息中学习到，要应对这个世界并在其中有效地生存，他们需要渴求并预见事情会如何发展。

现在让我们讨论一下预防失败。想象一下父子之间的另一种互动：当儿子穿衣服的时候，他没有集中注意力，把鞋子穿错了，父亲生气地吼了孩子，让孩子集中注意力，而孩子感到紧张。在这种互动中，儿童的心理状态是**消极结果的呈现**（presence of a negative outcome）。这代表安全感的消失。消极结果呈现导致消极互动的另一个例子是，一个孩子在操场的攀爬架上摔倒了，父亲显然很生气，冲过去说："你得更小心点！"把"消极缺失"与"消极呈现"相结合，父母向孩子传达的"预防成功"和"预防失败"信息就建立起一种共享的观点，即这是一个存在**损失**（losses）和**无损失**（nonlosses）可能性的世界。儿童从这些信息中学习到，要与这个世界打交道并在其中有效地工作，他们需要保持警惕，并预期事情可

204

能会出错。

这种促进－预防区别表明，不同类型的亲子互动会导致儿童获得不同类型的自我指导。有证据表明，情况确实如此。[7] 一项关于自我指导的研究首先考察了母亲对 5 岁学龄前儿童的教养方式。研究确定了三种不同类型的教养方式：**抚育**（nurturance，给予孩子母性温暖和爱）、**控制**（control，要求孩子必须服从特定的规则）和**惩罚**（punishment，惩罚和贬损孩子）。这项研究随后考察了学龄前儿童所接受的这三种教养方式如何导致他们在一年级就获得强烈的理想自我指导或应当自我指导。

为了测量一年级学生的**理想**自我指导能力，他们被问到以下问题："如果你能做到最好，你想成为什么样的孩子？""告诉我，如果可以做到完美，你会成为什么样的孩子？"为了测量一年级学生的**应当**自我指导能力，他们被问到以下问题："你应该是个什么样的孩子才不会惹麻烦？""告诉我，你必须成为什么样的孩子才不会违反任何规则？"与之前针对成年人的研究的程序一样 [8]，回答这些问题的反应时被用来衡量理想和应当自我指导的强度，其中更快的反应速度表明个体有着更强的自我指导。

研究发现，5 岁儿童接受的抚育型教养方式预示他们在一年级会获得很强的理想自我指导。相反，控制型的教养方式，与中等程度的惩罚（不是太少或太多的惩罚）相结合，预示他们在一年级会获得很强的应当自我指导。与前面的讨论一致，这些结果表明，不同类型的亲子互动会导致儿童获得不同类型的自我指导。[9] 无论是理想的还是应该的，这些自我指导都是儿童认为他们**需要达到**的目标和**需要遵循**的标准。它们被内化为自己的目标和标准，并在没有监督的情况下也能指导他们。这再一次说明，**共享为实**。

在结束这一部分之前，需要强调的是，亲子互动的具体目标内 *205*

容或主题并不是儿童获得理想或应当自我指导的关键。相反，关键在于互动给儿童带来的心理状况，而这种心理状况取决于关于目标或标准的信息是如何传递给孩子的。[10] 例如想象一下，两位不同的家长都希望他们的孩子在学校努力学习并礼貌待人。请思考以下父母在传递信息时的不同之处：

> 教养目标：在学校努力学习很重要
>
> > 促进式的信息传递：
> >
> > 如果你在学校努力学习，你将能拥有任何你想要的职业！
> >
> > （积极的结果；渴望－乐观型信息）
> >
> > 预防式的信息传递：
> >
> > 如果你在学校努力学习，你将能避免陷入麻烦。
> >
> > （积极的结果；警惕－谨慎型信息）
>
> 教养目标：有礼貌很重要
>
> > 促进式的信息传递：
> >
> > 如果你有礼貌，你在任何地方都会受到欢迎！
> >
> > （积极的结果；渴望－乐观型信息）
> >
> > 预防式的信息传递：
> >
> > 如果你有礼貌，你就不会失去你的朋友。
> >
> > （积极的结果；警惕－谨慎型信息）

这里我还需要补充一点。儿童不一定只接受一种教养方式。如果一个孩子有两位家长，他们可能会与孩子进行不同的互动。即使是同一位家长，也可能会在不同时间分别强调"预防安全"或是"促进养育"。这可能是一件好事，因为当儿童有效地自我调节时，他们**既**可以体验到平和（预防成功），**也**可以体验到快乐（促进成功）。事实上，有些儿童同时接受预防型和促进型的教养方式，他们成长为同时具有很强的理想和应当自我指导的人。尽管通常是其中的某一种自我指导占据主导地位，但这并不一定是非此即彼的。

照护者 – 儿童互动影响共享自我指导的强度

从前面的例子中可以清楚地看出，儿童从他们的父母那里接收到非常不一样的信息，这些信息与促进和预防有关，儿童将其接纳为关于这个世界的共享现实。现在，让我们来看看美国历史上关于育儿信息的例子：

> 我把我的幸福寄托在能够看到你的优秀和成就之上，这个世界现在给我带来的任何痛苦都不及你让我失望。如果你爱我，那就在任何情况下都要努力做到最好。（托马斯·杰斐逊给他 11 岁的女儿玛莎）

> 我宁愿看到你在穿越这片海洋的途中被埋葬，也不愿看到你变成一个道德败坏、挥霍无度或粗鲁无礼的孩子。（阿比盖尔·亚当斯给她 11 岁的儿子约翰·昆西）

这两条信息都是关于如果儿童失败了会发生或应该产生什么样的消极结果，以及儿童需要做些什么来避免失败的发生（即"如果—那么"相倚信息）。托马斯·杰弗逊给女儿的是强烈的促进型信息，即避免辜负他对女儿的希望；阿比盖尔·亚当斯给儿子的则是强烈的预防型信息，即避免成为一个道德败坏、挥霍无度或粗鲁无礼的孩子。虽然前者是促进型信息，后者是预防型信息，但两者都是强烈的信息。的确，很难想象有比这两条信息更强有力的信息了。此外，除了在类型上存在促进 – 预防区别，**信息的强度**（以及它如何转化

为儿童强大的自我指导）是另一个教养上的变量，它的作用超越了
积极和消极亲子互动之间的简单区分。

托马斯·杰斐逊和阿比盖尔·亚当斯都在向他们的孩子发出明
确的"如果—那么"相倚信息："如果你做了 X，那么 Y 就会发生。"
信息的清晰度是影响信息强度的主要因素之一，这可以让儿童获得
强有力的共享自我指导。[11] 为了让孩子与父母建立起共享的自我指
导，他们需要满足共享现实的认知动机。如果父母不能清楚地表达
他们希望孩子达成或遵循什么样的目标或标准，那么认知动机就会
变得混乱。儿童就会对父母希望他们接受和共享的目标或标准感到
困惑。托马斯·杰斐逊和阿比盖尔·亚当斯做的都是对的。

他们还做对了一件事。影响信息强度（进而使儿童获得强有力
的共享自我指导）的另一个主要因素是，儿童必须感受到达成目标
或遵循标准是一件重要的事情。他们必须体验到与自我指导相关的
选择会产生重要的结果。也就是说，父母传达的信息必须包含这样
一种内容：自我指导带来的结果是必然会发生的（即**信息的重要
性**）。在"如果你做了 X，那么 Y 就会发生"这一相倚信息中，Y 对
于儿童来说必须是非常重要的。对于托马斯·杰斐逊给女儿玛莎的
信息来说，Y 是指令他（她的父亲）感到失望和痛苦，而玛莎尊敬
她的父亲。这是一个非常严重的后果。对于阿比盖尔·亚当斯给她
儿子约翰·昆西的信息来说，Y 是指愿他淹死在大海里。

这两种信息除了会带来重要的结果，还通过强调共享现实的社
会关系动机来促进共享现实动机的产生。如果孩子**不能**满足父母给
他们制定的自我指导的话，那么他们与父母之间的关系就会遭到破
坏。以杰斐逊为例，托马斯会对女儿玛莎感到失望。以昆西为例，
阿比盖尔就希望昆西淹死。好吧，昆西淹死了肯定会破坏这种关系。

顺便说一句，关于这两条来自父母的信息，我确实还需要强调

一点。他们不仅强有力，还很苛刻。一种是促进型的苛刻（杰斐逊），另一种是预防型的苛刻（亚当斯）。这再次表明，虽然消极的教养方式是苛刻的，但在**消极**的教养方式中还可以进一步区分出促进型和预防型的信息。促进不一定就是积极的，预防不一定就是消极的。此外，人们还想知道，为什么托马斯·杰斐逊和阿比盖尔·亚当斯都选择消极的方式（而非积极的方式）来与孩子建立共享现实呢？这让我想起过去的黑白照片，在这些照片中，成年的家庭成员看起来是那么严肃。为什么不笑一笑呢？是的，我们也**可以**面带微笑地教养孩子。相比预防型的教养方式，微笑对于促进型的教养方式而言似乎更加自然；但是，成功的预防会产生宁静和安宁，就像微笑的佛陀一样。因此，预防型的父母也可以微笑着向他们的孩子传递预防型的信息。

父母传递清晰和结果明确的信息对于鼓励孩子与父母建立共享现实至关重要。就"孩子从父母的信息中获得强有力的自我指导"而言，还应该提到另外两个因素。父母传递的信息需要具有一致性和保持一定的频率。如果父母向孩子传递矛盾的相倚信息，比如信息有时是"如果你做 X，那么 Y 就会发生"，而其他时候则是"如果你做 X，什么也不会发生"，那么孩子就会对父母给他或她制定的目标或标准感到困惑。如果父母双方传递相反和矛盾的信息，孩子也会感到困惑。这就是**信息一致性**很重要的原因。请注意，如果妈妈和爸爸分别以促进（妈妈）和预防（爸爸）的方式传递相同的相倚信息——"如果你做 X，那么 Y 就会发生"——这仍然能够构成信息的一致性。

208

最后，儿童必须经常收到来自父母的信息，这就涉及**信息的频率**。这就如同学习一样，个体经常暴露在学习情境当中是很重要的。频率同时具有认知和社会关系优势。如果父母经常重复关于自我指导的信息，那么儿童就更有可能将其体验为关于该怎么做的**真相**，即他们**确实**应该努力达成的目标，或者他们**确实**应该努力遵循的标准。此外，如果父母经常提醒孩子他们应该达成何种目标以及遵循何种标准，那么儿童就可能会推断出"这些目标和标准对于他们的父母而言很重要"。这就促成了共享现实的体验："如果这对于他们来说很重要，那么这对于我而言也很重要。"频繁的信息也构成了父母和孩子之间的频繁互动，这有助于增进亲子之间的联系。

我想以一些例子来结束这一部分的内容。这些例子涉及不同类别（人口统计学）成员在社会化方面的差异，这些差异会导致不同强度的自我指导，而这对于自我调节来说很重要。我首先要描述一项研究，这项研究不仅针对"能够创造强有力的自我指导的社会化条件"进行了初步检视，也考察了人们获得更强有力的自我指导的动机与情感结果。[12] 根据之前讲到的逻辑（即哪些因素有助于个体获得较强的自我指导），研究者确定了两组不同的青少年，即**头胎**（包括那些家庭中的独生子女）和**非头胎**，他们自我指导的强度应该有所不同。头胎应该比非头胎获得更强的自我指导，因为信息的频率、一致性、清晰度和重要性对于他们来说都比后出生的孩子更高。[13]

如果像预期的那样，头胎比非头胎具有更强的自我指导，那么这在动机和情感上意味着什么呢？要回答这个问题，重要的是要记住，自我指导的功能**既**包括要达成的目标，**也**包括要遵循的标准。那么，自我指导强的儿童应该更有动机去达成他们的目标，但他们也会由于未能实现目标而更加沮丧。自我指导的目标功能将预示，与非头胎相比，通常来说头胎的实际自我（现在的自我）和自我指导之间的差异更小，这是由于他们更有动力去达成自我指导的目标。与此同时，自我指导的标准功能将预示，头胎比非头胎更容易受到

209

这种差异的影响，这是因为他们强烈的自我指导标准会让失败带来更多的情感痛苦。这项研究证实，与非头胎相比，头胎的理想自我指导和应当自我指导既带来了好处也带来了成本。这再一次说明，共享现实显然存在利弊两面性。

头胎和非头胎儿童之间的差异提供了一个例子，说明人口统计学变量与自我指导强度的差异有关，同时还说明高强度自我指导确实存在利弊两面性。还有别的例子吗？当我讲授育儿知识时，我讲到大多数父母希望自己的孩子快乐轻松，对他人友善礼貌，被别人喜欢，不惹麻烦，努力学习并在学校表现出色。如果我们对小学早期的儿童进行研究，发现有一类儿童（相比那些不属于这一类别的儿童）更具备这些品质，那会怎么样呢？然后我们就可以把所有的孩子都培养成这样的成功人士。

那该有多好啊？你猜怎么着，如果你看看文献，你就会发现这两个不同的类别**确实**存在。他们被称为**女孩**和**男孩**。与小学早期的男孩相比，女孩更快乐，更少焦虑，对人更友好，更有礼貌，不那么咄咄逼人，品行障碍更少，在学校更努力，成绩更好。嗯，这就简单了。我们现在要做的就是更像养育女孩那样养育男孩。

我们养育女孩和男孩有什么不同？一般来说，答案是女孩比男孩更像头胎。也就是说，女孩得到了更多的亲子互动，特别是母女互动，这会产生强烈的理想和应当自我指导。在父母对她们的期望方面，她们会接收到更清晰、一致和频繁的信息。[14] 女孩更强的自我指导激励着她们去达到和遵循她们与父母共享的理想和应当的目标和标准。考虑到她们的父母希望她们对别人友善礼貌、被别人喜欢、不惹麻烦、努力学习、在学校表现出色，女孩接受这些目标和标准，并有动力去达成它们。总的来说，她们是成功的。而且，这让她们感到快乐（促进理想的成功）和安心（预防应当的成功）。[15]

210

所以一切都很好——但事实并非如此。如果满足共享自我指导的动机本身足以让人成功，那么一切就会顺利进行。但是，一旦男孩和女孩成为高中生和青少年，那么要在所有事情上都取得成功就变得非常困难了。不仅是要求和标准本身变得更高了，而且社会比较和成绩的分布使得不可能每个人都受欢迎、有才华、有性吸引力、是个好学生等。不可能每个女孩和男孩都"高于平均水平"。不可避免的是，男孩和女孩都会失败或是在某些方面"低于平均水平"。

因为女孩不仅拥有更强的目标感，而且拥有更高的自我评价标准，失败对于女孩而言将更加痛苦。理想自我指导的失败会令她们伤心甚至抑郁。应当自我指导的失败会使她们紧张甚至在临床上感到焦虑。确实，在青少年期和成年期，女性比男性更有可能在临床上变得抑郁或焦虑。与男性相比，她们的品行问题仍然更少（比如较少的药物滥用和较少的反社会行为），这是因为她们在满足自我指导方面的高水平动机仍然可以控制这些事的发生。但是，即使是更高水平的自我控制也存在缺点，因为女性更容易出现**过度**控制的问题（例如厌食症和贪食症）。这再一次说明，共享自我信念显然存在利弊两面性。因此，像养育女孩一样养育我们所有的孩子并不是解决问题的办法。

不同类型的教养方式所产生的各种共享现实

表 9.1 显示了共享现实的种类。这些共享现实类型取决于儿童的体验，包括：与父母的互动是积极的（儿童希望的结果）还是消极的（儿童不希望的结果），是以促进理想还是以预防应当为目标，产生的自我指导是强的还是弱的（源于较强或较弱的相倚信息）。[16] 表 9.1 强调了这样一个事实，即在积极的和消极的亲子互动**内部**，儿童会经历四种不同的共享现实。这些亲子互动中的某些互

动会引导孩子获得较强的共享自我指导——管理（managing）和管 *211*
教（disciplining）。其他的亲子互动会导致较弱的共享自我指导——
溺爱（doting）和拒绝（rejecting）。当父母的教养方式结合"支持
式的管理"（积极呈现）和"撤销爱式的管教"（积极缺失）时，儿
童就会获得强烈的"促进理想"（promotion ideals）。[17]当父母的教
养方式结合"谨慎控制式的管理"（消极缺失）和"惩罚／批评式的
管教"（消极呈现）时，儿童就会获得强烈的"预防应当"（prevention
oughts）。

表 9.1 不同亲子互动类型下的各种共享现实

积极的亲子互动		消极的亲子互动	
强自我指导			
管理		管教	
促进理想	预防应当	促进理想	预防应当
支持	谨慎控制	撤销爱	惩罚／批评
弱自我指导			
溺爱		拒绝	
促进理想	预防应当	促进理想	预防应当
娇惯	过度保护	忽视	虐待

需要注意的是，促进型教养方式和预防型教养方式之间存在区
别不等于说促进型教养方式比预防型教养方式更积极。这并**不是**积
极和消极的区别。如表 9.1 所示，强烈的促进型教养方式和强烈的
预防型教养方式都包括积极的亲子互动（管理）和消极的亲子互动
（管教）。

促进型教养方式和预防型教养方式之间的区别也**不是**趋近
（approach）与回避（avoidance）之间的区别。尽管在促进－支持
型的教养方式中，父母会采用策略性的行为使儿童达到改善的状态，

而在预防－谨慎控制型的教养方式中，父母则会采用策略性的行为避免儿童进入更糟的状态，但是在促进－**撤销**爱型的教养方式中，当孩子失败后，父母会抑制（回避）他们的积极行为，而在预防－惩罚／批评型的教养方式中，当孩子失败后，父母也会采取（趋近）消极的行为。撤销爱式的管教的一个例子是，当孩子不能集中注意力时，父母会停止讲故事。惩罚／批评式的管教的一个例子是，当孩子不听话时，父母会对孩子大喊大叫。

顺便说一句，当我和一般的听众谈论不同类型的管教时，听众中经常有人会说，对于孩子而言，惩罚／批评式的管教似乎比撤销爱式的管教更严厉、更令人痛苦。"消极呈现"似乎比"积极缺失"更痛苦。事实并非如此。它们对于儿童来说都有可能是痛苦的。有一次，我实验室里的一个研究生告诉我，他和其他与他交谈过的实验室成员都有一个共同的体会，那就是：当他们告诉我，我们的研究计划出了问题时（比如被推迟或没有解决问题时），我从来没有恼火或批评他们，我只是看起来很失望。他接着说，有时候他反而希望我发火或批评他们，因为看到我失望让他感到更痛苦。这对于我来说是一个很好的教训——不是说我现在应该生气并批评他们，而是说我应该更加谨慎地表达我的失望。我想起了托马斯·杰斐逊告诉玛莎，他的幸福取决于她的成就，没有什么比让他失望更加让他感到难过的了。"如果你爱我，那就在任何情况下都要努力做到最好。"哎，这对于玛莎和我的学生来说一定都是痛苦的。

鉴于这两种管教方式对于儿童来说可能都是痛苦的，难怪经常有父母问我：想要孩子获得较强的自我指导，管教是否真的必要？为什么不只使用积极的、管理型的教养方式呢？难道这不够吗？据我所知，没有科学证据可以直接回答这个问题。我有一些朋友采用了这种方法，而且似乎效果不错。我也知道很多家长很难完全避开管教。我所说的"管教"并不是指体罚。正如我之前给出的管教的例子那样，父母不需要使用体罚。事实上，就像在虐待情形下所发生的，体罚会产生较弱的自我指导。

为什么很难完全避开管教呢？因为管教可以发出明确的事件结果信息，即告诉孩子，父母认为不能接受的行为方式会带来哪些消极的结果。当孩子的行为令人无法接受时，父母很难不对其发出惩罚的信息，即使这些信息只是非口头的。而**不能**做什么的惩罚型信息可以很好地对应该怎么做的管理型信息进行补充。这并不是要造成痛苦，而是要提供明确的**反馈**，告诉孩子不应该做什么。这可以对积极的管理型信息进行补充，以便向孩子传递一种明确的总体信息，告知他们该做什么和不该做什么。

这并不是说管理和管教对于孩子建立共享现实是同样有效的。在学习正确的相倚规则（什么该做、什么不该做）的认知动机方面，它们可能同样有效，但在儿童的社会关系动机方面，积极的管理比消极的管教更有效。有一点很明确，当孩子有积极的情绪而不是消极的情绪时，父母会感觉更好，而且儿童不喜欢被管教。

到目前为止，我的讨论主要侧重于各种能让儿童产生强自我指导的教养方式。那么，哪些教养方式无法达到这种效果呢？当思考这个问题时，人们会自然而然地把注意力集中在明显是糟糕的教养方式上，比如表 9.1 中提到的两种拒绝型教养方式——**忽视**和**虐待**。事实上，这两种教养方式对儿童非常不利，因为它们除了会对儿童造成直接伤害，还会破坏儿童在社会关系动机和认知动机方面建立共享现实的可能。忽视和虐待都会传递出这样的信息，即父母并不关心孩子或并不想与孩子亲近。此外，如果儿童被忽视或虐待，他们将无法学习他们需要做什么的相倚规则。这些拒绝型的教养方式使得孩子很难与父母建立共享现实。

213

与忽视和虐待相比，两种溺爱型的教养方式——娇惯和过度保护——似乎好一些。它们在社会关系动机方面是不错的，因为它们都传达出父母关心孩子的信息。溺爱型的教养方式也可以建立一种共享现实，让孩子知道他们生活在什么样的世界里。就娇惯而言，共享现实是"这个世界有获得收益的机会"。就过度保护而言，共享现实是"只要小心谨慎，这个世界就会变得安全可靠"。然而，溺爱型的教养方式不能帮助儿童获得较强的自我指导，因为父母对孩子的反应是**非相倚的**（noncontingent）。父母传递的信息要么是孩子做的每件事都很好（娇惯），要么是孩子做的每件事都有潜在的危险（过度保护）。简而言之，不存在相倚性。相倚性看起来应该更像是这样的："如果你做了 X，那就很好；但如果你做了 Y，那就不太好了"（在促进方面取得成功），或者"如果你做了 X，那么就危险了；但如果你做了 Y，就不那么危险了"（在预防方面取得成功）。但是，被娇惯或过度保护的儿童没有得到这些信息；相反，他们得到的是"全是收益"（all gains）或"毫无损失"（all nonlosses）的信息。

顺便说一下，几个世纪以来，给父母的经典建议一直是"闲了棍子，惯了孩子"（Spare the rod, spoil the child）。请看表 9.1。"闲了棍子"意味着**不使用**惩罚 / 批评式的管教，即**不使用**消极的、预防型的教养方式，虽然这种教养方式**确实**能够帮助儿童获得较强的自我指导。"惯了孩子"意味着使用溺爱式的娇惯，它是一种积极的、促进型的教养方式，这种教养方式无法让儿童获得较强的自我指导。在表 9.1 中，这两种教养方式是非此即彼的：**不使用**能够帮助孩子获得较强自我指导的消极的、预防型的教养方式（"闲了棍子"），可能就会导致极端相反的情况发生——使用积极的、促进型的教养方式无法帮助孩子获得较强的自我指导（"惯了孩子"）。换言之，不用棍棒会导致娇惯。

考虑到这一切，"闲了棍子，惯了孩子"这句话背后有着令人印象深刻的心理学逻辑。如果你只看这两个选项的话，它们是有道理的。但是表 9.1 也清楚地表明，我们在教养方式上有着比这更多的选择。事实上，不用棍棒并非意味着就只能娇惯孩子。例如，父母可以尝试采用撤销爱的方式来管教孩子，而不是使用棍棒来管教孩子。不过，也完全没有必要非得用管教的办法。如果不用棍棒，父母还可以采用管理型的教养方式（比如支持，bolstering）。和娇惯一样，支持和使用棍棒的惩罚／批评式管教也是完全不同的。但支持也不同于娇惯，因为它能够帮助孩子获得较强的自我指导。需要指出的是，《旧约·箴言》（13：24）确实倾向于让父母使用棍棒："不忍用杖打儿子的，是恨恶他。"但事实并非如此。支持型互动就不使用棍棒，而且它是一种充满爱和有效的教养方法。

高强度的促进或预防自我指导如何影响我们的奋斗目标

我在前面提到过，我们可以兼具很强的促进型和预防型的自我指导（或兼具很弱的促进型和预防型的自我指导）。但我们多数人只有一种更强的自我指导，这使得我们在追求目标时以促进定向为主或以预防定向为主。事实证明，即使对于相同的目标（比如在大学里获得全 A 的成绩、身体健康或成为别人的好朋友），这一点也是很重要的。这意味着，针对相同的目标，你关于这个目标的共享现实（无论是促进型还是预防型）对于你的目标达成有着重要的影响。

举个例子，想想那些在大学里想考全 A 的学生。这一目标可以被体验为一种"促进理想"的愿望或是一种"预防应当"的义务。但是，这对于**如何**追求目标有影响吗？它是同一个目标，所以追求目标的手段难道不都是关于"哪种方法更有效、更有可能实现考全 A 的目标"这一问题吗？这听起来有道理，但它**并非**动机的实际运作方式。

215

是共享的"促进理想"还是共享的"预防应当"占据主导地位，的确是一个很重要的问题。这将决定学生们对哪种追求目标的方式"感觉正确"。

当我们的促进理想定向占主导地位时，我们更愿意以"渴望"的方式去追求目标，选择能够达到更好状态的方法。相反，当我们的预防应当定向占主导地位时，我们更愿意以"警惕"的方式追求目标，选择谨慎的方法来避免出错。例如，那些在大学里把追求全A成绩作为促进目标的大学生更有可能通过完成额外的作业来获得额外的分数，而那些把追求全A作为预防目标的大学生更有可能通过仔细检查他们的作业，以确保没有拼写错误，或者（老天爷！）可别出现悬垂分词。当我们追求目标的方式与我们的主导定向相匹配时，我们会更加强烈地追求这个目标，并"感觉正确"；当追求目标的方式不匹配时，我们的卷入度就会降低，并会对此"感觉错误"。[18]

正如我们已经看到的，我们的主导目标定向——无论是以促进理想定向为主还是以预防应当定向为主——都能够追溯其历史渊源，即我们与父母所建立的关于目标追求如何运作的共享现实。你的目标追求是关于"渴望变得越来越好"（促进理想），还是关于"有责任保持令人满意的状态"（预防应当）？就我们的奋斗目标而言，共享现实上的这种差异会影响我们对**目标追求方式**的体验，即是让我们产生"感觉正确"的匹配体验，还是让我们产生"感觉错误"的不匹配体验。

不幸且值得注意的是，我们的策略偏好并不是匹配或不匹配就完事了。如果是，那我们大多数人会体验到匹配，因为我们只会选择那些与我们的主导定向（理想或应当）相匹配的目标追求方式（渴望或警惕）。但我们并不总能控制自己的目标追求方式。他人可能会告诉我们该如何追求我们的目标。例如，如果你以促进理想为主导定向，你会更愿意以"渴望"的方式追求目标，但其他有权力控制你的人（比如你的老板）可能会让你以"警惕"的方式追求目标。这对于你来说就是不匹配的。不同的任务类型或社会角色也可能造成不匹配的情况，比如以促进为主导的个体在需要考虑收支平衡问题或担任俱乐部（或组织）的财务主管时，就必须保持警惕。

外部因素可能会诱导出目标追求方式的匹配或不匹配，而不依赖于我们基于主导动机的偏好，这一事实在我们的日常生活中具有广泛的意义。它可以影响我们对正在做的事情的感觉是对还是错，以及我们对正在做的事情的投入程度是强还是弱。因此，匹配和不匹配影响着我们生活体验的质量。但这还不是全部。反过来，这些效应也影响着我们对世界上的事物的重视程度，以及我们能否出色地完成我们正在做的任务。接下来的内容就是关于这些匹配和不匹配效应的。

匹配和不匹配对价值和表现的影响

让我们从我和同事在哥伦比亚大学里开展的一项关于匹配的早期研究开始讲起。[19] 主试向本科生被试展示一只哥伦比亚大学的咖啡杯和一支便宜的笔，并要求他们决定他们更想要哪一件物品。在他们做出选择之前，主试通过操纵她给他们的指令来建议他们应该**如何**做出决定。他们中的一半人需要思考选择杯子或是笔会有什么**收益**，这是采用"渴望"的方式做出的决定。另一半被试需要思考不选择杯子或是笔会有什么**损失**，这是采用"警惕"的方式做出的决定。

请注意，在这两种情况下，人们在做出决定时都需要考虑每种选择的积极特征——选择杯子或笔会获得哪些积极的东西，或者是不选择杯子或笔会失去哪些积极的东西。简单地说，前一个过程会被体验为以"渴望"的方式来做选择，而后一个过程会被体验为以

217

"警惕"的方式来做选择。重要的是，目标追求方式上的差异并没有影响他们的实际选择，因为我们特意挑选的这两个选项当中的一个选项——哥伦比亚大学的咖啡杯——显然是这些哥伦比亚大学的学生更加喜欢的。事实上，几乎所有人都选择了哥伦比亚大学的杯子，并且只有那些选择了杯子的人，他们的结果才会被纳入统计分析。

根据理想自我指导和应当自我指导的相对强度，本研究还区分了被试是促进定向还是预防定向。理想和应该自我指导相对强度的测量指标类似于之前描述的纵向研究中的反应时。[20]更强的自我指导更容易出现在脑海中，因此，可以通过个体表达理想和应当自我指导的速度来测量"促进理想"和"预防应当"的强度：速度越快，自我指导越强。

被试首先得到了关于理想自我（他们理想中想成为的那种人，他们期望、希望或渴望成为的那种人）和应当自我（他们认为他们应该成为的那种人，他们认为成为那种人是他们的职责、义务或责任）的定义。当被问及理想自我时，他们需要提供理想自我的例子，当被问及应当自我时，他们需要提供应当自我的例子，并且他们需要尽快提供每一个例子。我们对他们提供理想自我例子的响应时间取平均值，再对他们提供应当自我例子的响应时间取平均值。通过这种方式，我们就可以测量他们理想自我和应当自我的相对强度，即越快越强。

在咖啡杯研究中，被试选择杯子作为他们更喜欢的东西，然后他们有机会用**自己的钱**来购买这个杯子。按照实验经济学中测量事物价值的标准程序（如前所述），主试拿出一个信封，告诉被试这里面有一个公平的价格可以买到这个杯子。然后被试被告知，如果他们给出这个价格或是更高的价格来购买杯子，那么**无论他们出价多少**，他们都会得到杯子，但如果他们的出价低于这个价格，那他们就得不到杯子。

研究发现，既不是选择杯子的方式（渴望或警惕），也不是被试的主导定向（促进或预防）决定了他们愿意支付多少钱来拥有杯子。[21]相反，研究出现了一种匹配效应。相比以"警惕"的方式选择杯子的促进定向被试（不匹配）和以"渴望"的方式选择杯子的预防定向被试（不匹配），以"渴望"的方式选择杯子的促进定向被试（匹配）和以"警惕"的方式选择杯子的预防定向被试（匹配）愿意以更高的价格（多70%）来买这个杯子。

218

在另一项研究中，被试完成一项字谜任务，最终目标是得到足够的代币来赢得一个咖啡杯作为奖励。在一种条件下，被试一开始没有任何代币，需要解决足够多的字谜，到最后获得 100 个代币才能赢得奖金。在另一种条件下，被试一开始有 100 个代币，他们需要解决足够多的字谜，才能不丢失代币和奖品。前者是一种渴望获得奖品的方式，后者是一种保持警惕才能获得奖品的方式。在获奖之后（所有人都得奖了），主试问他们，如果在商店里看到奖品在出售，他们愿意出多少钱买它。研究发现，相比以"保持警惕"的方式得奖的促进定向被试（不匹配）和以"渴望达成"的方式得奖的预防定向被试（不匹配），以"渴望达成"的方式得奖的促进定向被试（匹配）和以"保持警惕"的方式得奖的预防定向被试（匹配）表示他们愿意多花 90% 的钱从商店里购买这个奖品。

这些研究和其他类似研究的结果表明，调节匹配（regulatory fit）可以增加选择对象或活动的价值。[22]当追求目标的方式（例如渴望或警惕）与追求目标的动机取向（例如促进定向或预防定向）相契合时，匹配就发生了。而且，如前所述，我们的促进与预防动机的相对强度可以源于我们与重要他人之间的共享现实。因此，我们的共享现实可以影响我们对于奋斗目标和在生活中所做出的选择的重视程度。

源于共享现实的匹配也会影响我们的表现。一项研究检视了调节匹配对目标达成的影响。本科生被试需要写一份关于他们计划如何度过即将到来的周六的报告,并在特定的截止日期前上交,以获得一笔现金奖励。[23] 先前的研究发现,如果人们先在头脑中模拟实现目标所需的步骤,比如思考他们将在**何时**、**何地**和**如何**实现目标,那么实现目标的可能性就会增加。[24] 研究者操纵了他们计划用来实现目标的那些实施步骤,让"何时、何地和如何实现他们的目标"变为要么以"渴望"的方式,要么以"警惕"的方式来追求他们的目标。研究发现,相比那些计划以"警惕"的方式来实施步骤的促进定向被试(不匹配)和那些计划以"渴望"的方式来实施步骤的预防定向被试(不匹配),那些计划以"渴望"的方式来实施步骤的促进定向被试(匹配)和那些计划以"警惕"的方式来实施步骤的预防定向被试(匹配)提交报告的可能性高出近50%。

另一项研究测量了被试在每个字谜有多种解决方案的情况下愿意花多长时间来完成这些字谜任务,以检视动机的**持久性**(persistence)。[25] 字谜的颜色不是绿色就是红色。对于绿色字谜,被试被告知:如果他们找到所有可能的单词,他们将得一分;但如果他们没有找到所有可能的单词,他们将不能得到一分(即与促进相匹配的"渴望收益")。对于红色字谜,他们被告知:如果他们找到所有可能的单词,他们就不会丢掉一分;但如果他们没有找到所有可能的单词,他们就会失去一分(即与预防相匹配的"警惕无损失")。

被试知道有五个绿色字谜和五个红色字谜需要他们解决。因此,当他们进行字谜任务时,他们知道他们距离完成任务有多近。这就造成了一种"目标逐渐紧迫"(goal looms larger)的局面。"目标逐渐紧迫"是指追求目标时的动机强度会随着与目标的距离变小而增强。[26] 一个众所周知的例子是，马越接近谷仓就跑得越快。关于这一现象，我最喜欢的例子是以下这项研究：饥饿的老鼠被训练沿着一条短巷跑以获取食物，每只老鼠身上都绑着一个连接着电子设备的小安全带，该电子设备可以测量在老鼠到达食物旁边时，研究者拉动安全带让老鼠停下来，此时老鼠的拉力有多大（以克为单位）。[27] 研究发现，相比远离食物时，当老鼠靠近食物时，它们拉得更用力。

在这项字谜研究中，"目标逐渐紧迫"效应也在预料之中。研究假设，当被试更接近目标时，他们将花费更多的时间（坚持）试图解决字谜，但相比解红色字谜的促进定向被试（不匹配），这种效应在解绿色字谜的促进定向被试（匹配）中更加明显；同时，相比解绿色字谜的预防定向被试（不匹配），这种效应在解红色字谜的预防定向被试（匹配）中更加明显。这正是研究所发现的。

这些关于价值创造和任务表现的研究表明，共享的促进理想和预防应当自我指导的相对强度会发展成为与他人之间的共享现实，并且这对于我们为了什么而奋斗、我们的奋斗目标有大价值，以及我们为实现奋斗目标会付出多大努力都有重大影响。这些都是我们与他人建立共享现实的主要结果。重点是，即使是为了**同一个目标**，比如事业成功、婚姻美满或是成为你所关心的人的好朋友，当目标是促进理想而不是预防应当时，你所追求目标的性质和你追求目标的方式也都会有所**不同**。在追求目标的过程中，你的目标是赢还是不输，这取决于你的目标更多的是促进理想还是预防应当。而你的目标是促进理想还是预防应当，则取决于你与重要他人之间的共享现实。

正如我前面提到的，对于如何追求自己的目标这件事，你并不总是能够控制自己的选择。其他的人或情境可能会决定你如何追求

220

目标，正如在前面讨论的研究中主试所做的那样，或是老板在工作场所中所做的那样。基于这个原因，你可能最终会处于调节不匹配的境况。举个常见的例子，你可能生活在一个有情境压力的文化中，需要以一种"渴望"的方式（如美国、意大利、西班牙）或以一种"警惕"的方式（如日本、韩国、中国）来追求目标。如果你个人有着很强的预防应当或促进理想，那么这些文化压力就会分别造成不匹配。[28]的确，有跨文化的证据表明，这种个人－文化**不匹配**会降低个体的幸福感。[29]

还需要指出的是，我们拥有更强的促进理想还是更强的预防应当对于我们如何追求目标和做出决定具有重大的影响，而这不仅仅是匹配和不匹配效应的问题。我们如何追求目标和做出决定，包括我们是否以及何时愿意做出风险较高（而不是风险较低）的选择，这就从根本上在动机层面定义了我们是谁。因此，在我们的生活中，强调共享的促进自我指导还是共享的预防自我指导是很重要的，因为它会影响到我们在目标追求上的选择和体验。这种追求目标的**方式**是人类的独特性的一个重要部分。本章讲述了这个故事中的一些内容（例如促进式"渴望"或预防式"警惕"）。下一章将更全面地讲述这个故事。

221

| 注 释 |

1. 关于采用这些不同的视角来看待人类和动物动机的深度综述，见 Higgins, 2012。

2. 关于这一点的更广泛的讨论以及能够支撑这一观点的研究文献综述，见 Higgins & Pittman, 2008。

3. 这并不是说第三阶段的儿童已经能够区别自我和重要他人的立场了。那是之后才发生的事。但是，他们现在已经能够接受重要他人的立场并把它变成自己的。

4. 见 Manian, Papadakis, Strauman, & Essex, 2006。

5. 见 Vygotsky, 1978, p. 86。布鲁纳（Bruner, 1983）使用了"搭脚手架"这个术语。

6. 见 Higgins, 1989a; Higgins, 1991。

7. 见 Manian et al., 2006。

8. 见 Higgins, Shah, & Friedman, 1997。

9. 有证据表明，不同类型的亲子互动对于儿童获得强大的促进理想自我指导和 / 或预防应当自我指导有着重要贡献。这不是说生物遗传对于儿童获得强大的理想和应当自我指导没有贡献。在这方面，有证据表明，儿童的气质对于形成强大的理想和应当自我指导有贡献，但有趣的是，这种贡献是通过影响亲子互动来实现的，而不是直接导致强大的促进理想和预防应当自我指导（见 Manian et al., 2006）。

10. 见 Grant Halverson & Higgins, 2013。

11. 关于促进儿童形成强自我指导的因素的讨论，见 Higgins, 1989a, 1991。

12. 见 Neuman, Higgins, & Vookles, 1992。

13. 能够支撑这一结论的有关"社会化"（socialization）的文献综述，见 Neuman et al., 1992。

14. 关于男孩和女孩不同抚养方式的讨论，见 Higgins, 1991。

15. 正如之前的注释所说，男孩和女孩接受的不同教养方式产生了不同强度的自我指导，这并不是说男孩和女孩在自我调节上的差异不受生物遗传的影响。但是，也正如之前提到的，生物遗传差异并非对自我调节差异有直接的作用，生物遗传上的差异可能导致了父母与男孩和女孩的不同互动，进而造成了自我调节上的差异。

16. 关于这些类型的早期讨论，见 Higgins, 1991; Higgins & Silberman,

1998。

17. 我需要澄清的是，当我说"撤销爱"的时候，我不是说父母不再爱孩子了。我不是说父母的爱取决于孩子的行为。那对于儿童来说将是非常痛苦和具有伤害性的。相反，我是指当前的互动被儿童体验为"积极呈现"，但随后儿童做了什么破坏了这种互动。儿童体验到积极互动中止了，出现了"积极缺失"。当我说"撤销爱"时，我是指儿童体验到一种特殊的互动，它使得他/她与父母的积极互动停止了。"撤销爱"式互动的一个例子是，当孩子不注意听时，父母就停止讲故事。之前的积极互动现在结束了。儿童体验到了"积极缺失"。儿童不是体验到他/她的父母不爱他/她了。

18. 见 Higgins, 2000, 2006。

19. 见 Higgins, Idson, Freitas, Spiegel, & Molden, 2003。

20. 关于态度强度的类似测量，见 Bassili, 1995; Fazio, 1995。

21. 熟悉卡尼曼和特沃斯基（Kahneman & Tversk, 1979）的前景理论的读者可能会吃惊地发现，研究结果中没有出现"渴望收益"和"警惕损失"框架对价值的影响。但这两种框架条件都是基于杯子和笔的积极特征，说的要么是"收益"，要么是"无损失"，因此并非有些被试处于"收益"的境况而另一些被试处于"损失"的境况。

22. 关于其他研究的综述，见 Higgins, 2006。

23. 见 Spiegel, Grant-Pillow, & Higgins, 2004。

24. 见 Gollwitzer, 1996。

25. 见 Förster, Higgins, & Idson, 1998。

26. 见 Lewin, 1935; Miller, 1944。

27. 见 Brown, 1948。

28. 关于促进和预防的跨文化差异的讨论，见 Higgins, 2008。

29. 见 Fulmer et al., 2010。

第 10 章 ‖‖‖‖

我们如何奋斗

美好的生活是一个过程，而不是一种存在状态。它是一个方向，而不是一个目的地。

——卡尔·罗杰斯（Carl Rogers）

生命是一趟旅程，而不是一个目的地。

——拉尔夫·瓦尔多·爱默生（Ralph Waldo Emerson）

我们将大部分时间花在前往目的地的旅途中，经历了奋斗过程本身。鉴于此，我们**如何**奋斗与我们为了**什么**而奋斗（我们的奋斗目标）一样重要。我们的确可以说，如何奋斗本身就是我们的生活。而且，正如我们为了什么而奋斗涉及与他人之间的共享现实，我们如何奋斗也包含与他人之间的共享现实。我们从他人那里学习追求特定的目标的最佳方式。这包括我们在第 1 章讨论过的幼儿对共享实践的学习。例如，各种文化中的儿童都会对吃东西感兴趣，但他们吃东西的方式（当地关于进食的共享实践）可能会有所不同——有可能是用勺子、筷子或自己的手。

关于我们如何奋斗的共享实践包括从日常活动（如吃饭和穿衣）

到游戏和休闲活动，再到长期目标（如寻找生活伴侣和职业）。尽管不同的文化在追求和重视的目标上存在差异，但我们注意到，许多跨文化的差异都体现在我们**如何**奋斗上，而非体现在我们为了**什么**而奋斗上——这就是共享实践的差异。例如，在整个人类文化中，选择生活伴侣是很普遍的，但是选择的方式可能大不相同——从包办婚姻（与家人为你选择的男孩或女孩结婚）到亲自去寻找那个"对的人"。

罗伯特·默顿是社会学界的佼佼者，他指出："每个社会群体都将其文化目标与法规相结合，这些法规植根于道德准则或制度，是朝着目标前进的被许可的程序（allowable procedures）。"[1] 文化目标是关于什么值得奋斗、什么具有价值的共享现实。"被许可的程序"是关于**如何**争取有价值的东西的共享实践。它们可以是惯例或习俗，也可以是法律和道德要求。"十诫"是最高道德力量层次的共享实践——是神赋予的。有些规定了我们应该如何对待神，例如"除了我以外，你不可有别神""不可妄称耶和华你神的名"。其他则规定了我们应该如何对待他人，并且通常也被包括在法律体系之内，例如"不可杀人""不可偷盗"。还有一些则规定了我们的情感，例如"不可贪恋人的房屋，也不可贪恋人的妻子""当孝敬父母"。

一般来说，历史上，对于基督教和犹太教社群以及其他社群来说，人们会非常认真地对待与"十诫"相关的共享实践（今天多数情况下仍然如此）。它们被认为是每个人都应该做的和有义务履行的。作为预防型的共享实践，每个人都必须始终维护和遵守它们。这与取得进步**无关**。如果一个人声称"我上周真的过得很好。我遵守了'十诫'中的八条，而前一周我只遵守了六条"，这是令人无法接受的。"十诫"都必须遵守。如果未能遵守其中任何一条，你就会感到内疚和羞愧。

　　还存在另一些共享的实践，社群的某些成员会比其他人更认真地对待这些共享实践，而且并非每个人都需要以同样的热情来履行这些实践。并不是每个人都需要"虔诚"。虔诚意味着要全心投入，意味着要尽最大的努力去履行所有的共享实践。对于忠实的体育迷来说，这可能意味着要在穿戴方面和你所属球队的颜色保持一致——包括你的帽子、外套、衬衫、围巾甚至你的脸——并在比赛过程中不断地欢呼和尖叫，加入"浪潮"。对于虔诚的基督教徒或犹太教徒来说，这可能意味着每天都要进行所有的宗教仪式，包括那些自愿的仪式。例如，一个天主教徒每晚都要为念珠上的每一颗珠子祈祷，而且每颗珠子下正确的祈祷词在不同的日子也不一样。虽然这不是必需的，但虔诚的天主教徒会这么做。

　　履行共享实践和仪式将人们与过去、现在和将来都这样做的他人彼此联系起来。埃米尔·涂尔干（Emile Durkheim）和摩迪凯·开普兰（Mordecai Kaplan）等著名社会学家和宗教学家提出，人们通过共享群体信仰来实现自我超越。通过开展共享的仪式实践，社群创造了一种与神同在的"集体欢腾"（collective efferves- cence）。[2]

225

　　共享现实对于日常生活的重要性不仅体现在我们的习俗或仪式上，也体现在我们追求目标或做决定时所选择的策略上。我在上一章讨论过，以"渴望"的方式追求目标和做决定与共享理想自我指导（目标和标准）的个体相匹配，而以"警惕"的方式追求目标和做决定与共享应该自我指导的个体相匹配。这些个体在**如何**奋斗方面是不同的。以"渴望"的方式追求目标的人生与以"警惕"的方式追求目标的人生是不同的。而且，在我们的奋斗方式上，这种促进－预防差异不仅仅体现在"渴望"和"警惕"的差异上。例如，有跨文化的证据表明，在日本这一相对普遍具有共享预防定向的文化里，个体更有可能以一种"尽职"（conscientious）的方式追求目标；而在美国这一相对普遍具有共享促进定向的文化里，个体更有可能以一种"外向"（extraverted）的方式追求目标。[3] 我们追求目标的整个过程取决于我们追求的目标是共享的促进理想还是共享的预防应当：何谓成功与失败，成功与失败的重要性如何，以及我们选择去强调哪些东西（包括我们做选择时选择风险更大的还是更小的）。我们与他人之间的共享现实会影响我们如何追求目标，以及**在动机层面我们是谁**。

第 9 章所讨论的共享现实是长期的共享现实，主要来自我们与他人的长期关系，不仅包括我们的父母和其他照护者，还包括我们的老师、上司、亲密的朋友、合作伙伴以及同事等。在这些长期关系中，我们形成了不同强度的共享促进理想自我指导和共享预防应当自我指导。然而，需要强调的是，在一次特定的互动中，如果出现了一个与情境尤为相关的人（比如告诉团队成员应该如何执行任务的团队领导者），我们也可以暂时与其建立与促进理想和预防应当有关的共享现实。一些实验室研究就是这么做的，在这些研究中，与情境尤为相关的主试会向被试提供任务说明，让被试对该任务产生促进或预防定向。这种暂时的共享现实在日常生活中很常见，它对于我们如何追求目标有着重要的影响。接下来，我将讨论长期的和暂时的共享现实。[4]

何谓成功与失败

我们在追求目标过程中为之努力奋斗的是我们最终想要的结果，即最终满足我们所期望的促进理想和预防应当。因此，在追求目标的过程中，没有什么比成功与否更重要。的确，目标的追求是成功还是失败是很直接的。当然，当我们没有成功时，我们可能有动机去相信我们成功了，或者当我们失败时去认为我们没有失败。而且，我们倾向于感知与成功相关的结果，而不是与失败相关的结果（自我提升）。尽管如此，一般来说，我们还是基本上知道什么结果算成功、什么结果算失败；而且，一旦我们看到既定的结果，故事就结束了。但真的结束了吗？事实证明，由于存在共享的促进理想与预防应当之间的差异，这并不是故事的结局。当我们有促进理想或预防应当时，成功与失败的意义是不同的。

为了理解什么是促进和预防的成功或失败，我们需要再次思考当我们追求促进理想和预防应当时，我们想要的是什么。对于促进理想，我们想要从我们当前的状态获得提升或改善，即朝着我们的希望和愿望前进。我们的现状（0）可能是令人满意的，并且保持现状要好于变为更糟糕的状态。然而，当我们有促进目标时，这是不够的。保持现状（0）是一种**失败**，因为这是一种**无收益**状态（也就是说，不是 +1）。想要算作成功，就必须进入一种更好的状态（+1）。只有取得**收益**才算**成功**。

对于预防而言，成功与失败的定义是截然不同的。对于预防应当的目标来说，我们要履行我们的责任和义务。我们不需要超越我们的职责和义务（或做得更好）。我们只需要完成它们。我们最核心的责任和义务是维持平和与秩序、安全与保障，并确保不出现令人不满的状态（-1）。因此，如果当前的状态（0）是令人满意的、安全可靠的，那么**无损失**就被视为**成功**。失败是指后退到一种令人不满的状态（-1）。造成**损失**才被视为**失败**。

当我们追求共享的促进理想和共享的预防应当时，成功或失败定义间的差异创造了非常不同的世界。当我们追求强烈的促进理想时，我们必须做得越来越好才会感受到成功。仅仅维持令人满意的生活是不够的。在比赛中，平局是不够的。我们比赛是为了胜利；

我们必须赢。正如绿湾包装工队的传奇教练文斯·隆巴迪（Vince Lombardi）所说："胜利不是一切，它是**唯一**。"相反，当我们追求强有力的预防应当时，我们将重点放在做必要的事情上，以确保我们不会失去安全和保障。在竞争中，我们比赛不是为了赢，而是为了**不输**。正如著名网球运动员吉米·康纳斯（Jimmy Connors）所说："我讨厌输胜过喜欢赢。"

成功与失败定义间的差异也影响我们如何策略性地追求我们的目标。想象一下，在新年前夜，我们（或我们中的一些人）决心在下一个新年前减掉 10% 的体重，这是我们的新目标。由于这个决定，我们现在的体重和我们的新目标体重之间就出现了差异。我们可以用什么策略来从当前的体重达到新的目标呢？我们可以采取一些行动来支持这一举动，比如吃低卡路里的健康食品和每天锻炼。这些行动与朝着目标迈进是相匹配的。作为最终达到理想体重的策略，我们可以**趋向于**使用这些**匹配**的方法。还有一些我们以前的行为——一些坏的习惯——如果我们继续这样做，就会成为我们朝着目标前进的障碍，比如吃高热量的垃圾食品以及每天在家里无所事事。这些行为与我们朝着目标前进的步调不匹配。作为最终达到理想体重的策略，我们可以**回避**这些**不匹配**的行为。

现在想象一下，我们与关心我们当前体重的伴侣共享在下一个新年前减掉 10% 体重的目标。这就是一种共享现实。这种对共享现实的关注是相当普遍的。再想象一下，对于我们中的一些人来说，到下一个新年前减掉 10% 体重的共享目标是一种促进理想，而对于我们中的另一些人来说，这是一种预防应当。我们有一个共享的目标，那就是到下一个新年前减掉 10% 的体重。由于我们和我们的伴侣共享这个目标，我们坚定地致力于实现这个目标。但这一共享目标是一种共享的促进理想还是共享的预防应当有关系吗？它是有关

系的。考虑到促进和预防在成功或失败的定义上是不同的，不同的 228
目标追求策略就与促进理想和预防应当有关。

当在下一个新年前减掉 10% 体重的共享目标是促进理想时，成
功就意味着需要采取与期望的最终状态相匹配的策略，从而朝着期
望的最终状态（收益）稳步提高、稳步前进。失败是指没有实现与
期望的最终状态的匹配（无收益）。从策略上讲，对于那些决心实现
共享促进目标的人来说，他们更有可能寻找低卡路里的健康食品，
并找到每天锻炼的方式。

相反，当在下一个新年前减掉 10% 体重的共享目标是一种预防
应当时，成功就意味着需要回避与期望的最终状态不匹配的策略，
以确保避免错误和中断停止，同时朝着期望的最终状态（无损失）
前进。失败是指无法回避与期望的最终状态的不匹配（损失）。在策
略上，对于那些决心实现共享预防目标的人来说，他们更有可能回
避那些会被高卡路里的垃圾食品诱惑的情境，并抵制长时间的无所
事事（例如躺在沙发上阅读整版的《纽约时报》）。

这说明，即使对于我们坚定致力于实现的共享目标而言，追求
目标的过程是怎样的也取决于我们将目标视为共享的促进理想还是
共享的预防应当。虽然没有一项研究与上述情况完全相同，但有一
项研究非常相似。[5]

在这项研究中，被试需要想象自己正在节食并想要保持健康的
饮食，但他们正感到饥饿并受到一片比萨的诱惑。然后，主试向他
们展示节食的一些可行措施。有些行为（比如思考节食对于健康的
好处）对于节食是有效的（与期望的最终状态相匹配），因此人们应
该趋向于采取这些行为。另一些行为（比如想着比萨有多好吃）对
于节食是无效的（与期望的最终状态不匹配），因此人们应该回避这
些行为。研究发现，高促进的被试选择进行有效的匹配行动（即思

考节食对于健康的好处），而高预防的被试选择**不进行**无效的不匹配行动（即不去想比萨有多好吃）。

在成功与失败的定义方面，促进-预防差异甚至会影响我们的社会关系。例如，有证据表明，所谓的"没有归属感"在促进和预防方面就存在差异。[6] 当高预防的人被要求描述他们"没有归属感"的时刻时，他们很可能会描述他们被主动**拒绝**的经历——这对于他们来说是一种损失（-1）。相反，当高促进的人被问到同样的问题时，他们更有可能描述自己曾经被**忽视**的经历，这意味着错失一次从零向前进的机会（即无收益）。与这些发现相一致，另一项研究也发现，当社会歧视涉及令人不满的状态（-1）时，高预防的人感受到的痛苦会增加，而高促进的人则不会。[7]

成功与失败在动机层面的重要性

对于具有共享促进目标或预防目标的个体来说，成功或失败定义上的区别也导致他们在成功和失败体验的强度上产生差异。对于共享促进目标而言，真正重要的是对成功的渴望，即从当前状态（0）到达更好的状态（+1）——取得收益才算成功。相反，对于共享预防目标而言，真正重要的是对失败保持警惕，即保持当前的状态（0）和防止进入更糟糕的状态（-1）——造成损失就是失败。

这种差异将预示，与共享预防应当的人相比，共享促进理想的人会更强烈地体验到成功，因为对于促进来说，真正重要的是以"渴望"的方式获得有收益的成功。与此同时，对于那些共享预防应当的人来说，他们应该会比共享促进理想的人体验到更强烈的失败，因为对于预防来说，真正重要的是以"警惕"的方式地防止有损失的失败。事实上，这就是我们的研究所发现的。

一项研究使用第 9 章所描述的方法来测量促进理想的强度和预防应当的强度，研究中被试需要解出 10 个字谜，并得知如果他们的得分高于第 70 百分位（相比其他已经参加过解谜任务的学生），那么他们将获得 9 美元的报酬；如果他们得分低于第 70 百分位，则会获得 8 美元的报酬。[8] 在解完字谜后，他们会得到一些虚假的反馈，这些反馈要么是他们的得分在第 61 百分位（失败的反馈），要么是他们的得分在第 79 百分位（成功的反馈）。[9] 在得到反馈后，他们对自己感受到的积极和消极情绪的强烈程度进行评定。不出所料，获得成功反馈的被试总体上的感觉比获得失败反馈的被试更好。但除此之外，该研究还发现，在获得**相同**的成功反馈后，促进型被试感受到的积极情绪比预防型被试感受到的积极情绪更强烈；而在获得**相同**的失败反馈后，预防型被试感受到的消极情绪比促进型被试感受到的消极情绪更强烈。

230

顺便一提，我们不应该从这些发现中得出这样的结论：共享促进理想比共享预防应当更好。乍一看，这些发现似乎表明，与那些共享预防应当的人相比，共享促进理想的人能从成功中体验到更多的快乐，而从失败中体验到更少的痛苦。如果真是这样的话，那么共享促进理想确实比共享预防应当更好。但事实上，它混淆了动机强度与愉悦和痛苦的强度。实际情况是，促进和预防被试在成功和失败后感受到了不同的情绪。

促进理想的成功使人感到快乐或喜悦，这种情绪比预防应当的成功使人感受到的安心或平和更强烈。促进成功更强烈是因为它提高了动机上的渴望程度，而预防的成功则**降低**了动机上的警惕程度。但这并不意味着前者比后者更令人愉快。平和的生活和快乐的生活对于我来说都很好。毕竟，天堂被描述为"平和与快乐"的来世。

预防应当的失败使人们感到紧张或焦虑，这在动机上比促进理想的失败更加让人难过或气馁。预防失败的体验更强烈是因为它提高了动机上的警惕程度，而促进失败则**降低了**动机上的渴望程度。[10]但是，这同样并不意味着前者比后者更令人痛苦。事实上，与极端的促进失败有关的抑郁可能比与极端的预防失败有关的焦虑更让人感到痛苦。实际上，有证据表明，成功和失败后人们感受到促进和预防在强度上的差异与**动机**强度的差异有关，而与快乐或痛苦的差异无关。[11]

我们也不应该得出这样的结论：追求促进理想的人在失败后就会放弃。的确，在某些事情上失败（比如被解雇或离婚）会导致促进定向的人变得沮丧和想要放弃，但通常而言，对于具有强烈促进定向的人而言，失败并不会造成这样的影响。相反，他们对失败的反应是继续保持热切的渴望。例如，一项研究发现，当预防定向的被试在一项任务中收到失败反馈时，他们对下一次在该任务上的表现的预期下降了约20%。[12] 在收到失败反馈后，这种显著的下降可能是你会预料到的。毕竟，如果你在一项任务中的表现相对较差，降低你对下一次任务表现的期望是很现实的。但对于那些促进定向的被试来说，情况并非如此。在收到失败反馈后，他们期望值的下降幅度要小得多（约6%）。通过维持积极的期望，他们仍然保持着热切的渴望。

当人们收到反馈，表明到目前为止他们已经**成功**完成任务时，他们对该任务的未来表现的期望会发生什么变化呢？他们的期望值应该会增加。而这正是那些促进导向的被试所经历的。他们对自己接下来的表现的预期提升了（约11%），这让他们保持着热切的渴望。但预防定向的被试并不会这样。实际上，他们对自己下一步表现的预期**下降了**（大约下降了8%）！这是怎么回事呢？通常，预防定向的人是现实的。但在这种情况下，他们没有现实主义和提升期望的动机，因为这会降低他们的警惕程度。也就是说，由于成功后的更高期待而**感到放松**，会降低他们的警惕程度，他们不希望这种情况发生。相反，他们想要保持甚至提高警惕程度。为了达到这一目的，他们会在成功后降低期望。

我们用以控制动机的策略之一就是提高或降低我们对未来表现的期望。另一种策略是生成反事实（counter-factuals），或者思考可能会发生什么不同的事情。尤其是当人们在某些事情上失败后，他们会进行反事实思考。他们会思考事情如何可以变得更好（向上的反事实反思），或事情如何会变得更糟（向下的反事实反思）。对于预防定向和促进定向的人而言，哪种反思对于人们更具有激励作用呢？

让我们来看一项旨在回答这个问题的研究。[13] 被试需要在给他们的字谜中找出尽可能多的单词，并被告知每个字谜可能没有答案、有一个答案或有多个答案。在完成第一组字谜后，他们收到的反馈是，他们只找到了一半的答案。然后，他们收到向上或向下的反事实反思指令。在向上的反事实反思的条件下，被试被告知："想想你在字谜任务中原本可以比实际表现得**更好**。闭上眼睛，**生动地**想象一下本可能应该发生什么事。花大约一分钟的时间**生动地想象**你在字谜任务中原本可以表现得**更好**。"在向下的反事实反思的条件下，被试被告知："想想你在字谜任务中的表现原本可能比实际表现得**更糟**。闭上眼睛，**生动地**想象一下本可能应该发生什么事。花大约一分钟的时间**生动地想象**你在字谜任务中的表现原本可能**更糟**。"

在这项研究中，用来测量任务表现动机的指标是从第一组字谜到第二组字谜的持久性（花在寻找解决方案上的时间）的变化。研究发现，对于促进定向的被试来说，相比进行向下反事实反思（即思考他们的表现原本可能更糟），当进行向上反事实反思（即思考他们原本可以表现得更好）时，他们在第二组字谜上的持久性增加了。

232

通过想象第一组任务的表现本该更好，他们就能够想象在下一组任务中如何表现得更好；由此，当听说自己在第一组任务中表现得比较糟糕时，这种想象就有利于重建他们热切的渴望。

那么预防定向的被试呢？当他们进行**向下**的反事实反思时，他们的持久性比向上反事实反思时更强。通过想象自己在第一组任务中的表现原本可能更糟糕，他们就会提醒自己，在第二组任务中也可能会表现得很差。为了防止这种情况发生，就需要在第二组任务中保持高度的警惕。

顺便说一句，在本研究中，被试的促进和预防定向并非源于理想自我指导和预防自我指导相对强度的长期差异。相反，促进和预防定向是由主试的指导语操纵的。具体来说，在促进条件下，被试需要找到 90% 以上的可能答案，如果他们找到了，他们将获得额外的 1 美元（收益）。在预防条件下，被试被告知不能漏掉超过 10%的可能答案，如果他们做到了，他们就不会损失 1 美元（无损失）。在这种实验情境中，被试与谁共享了现实呢？答案是，在这种情况下，主试是当时的专家。实际上，这种共享现实的建立在我们的日常生活中也很常见，比如我们会从别人那里获得"关于如何做某事"的指导。这也类似于我们与他人沟通时所建立的共享现实，即便听众是陌生人（见第 1 章）。当然，被试与主试在研究中建立起共享现实是很常见的。因为在研究中，被试会将主试视为当时的专家，就像是幼儿在学习如何感知朝向他们移动的物体时，也会看向主试而不是他们的妈妈（见第 2 章）。

我们如何看待这个世界

从成功或失败的定义层面以及成功和失败在动机层面的重要性

来看，促进与预防之间的差异说明，与他人共享促进和预防目标和标准会对我们的生活产生重大的影响。除了这些影响，促进－预防差异还存在其他重要的影响。让我们看看我们是如何看待这个世界的。

我们都知道"只见树木，不见森林"这句话。相反的表达"只见森林，不见树木"则不那么常见。看见森林是以一种更整体的方式来看待世界，而看见树木就是以一种更局部的方式来看待世界。有一种聪明的方法可以测量一个人在加工事物时是偏于整体还是偏于局部。这被称为纳冯（Navon）任务。[14] 这种任务有不同的版本，但是一般来说，当被试看到一个目标字母（比如一个 H 或一个 S）时，他们需要尽快做出反应。在他们所看到的刺激图形中，有一个很大的形状构成这个字母，而这个大的形状是由多个同样的小形状组成的，这些小形状要么构成同一个字母（下图中的第一个和第四个形状），要么构成不同的字母（下图中的第二个和第三个形状）。

234

不出所料，当它**既是整体字母又是**局部字母（图中第一个和第四个形状）时，人们通常会做出最快的回应。此外，当目标字母（如 H）是整体字母而不是局部字母（图中第二个形状）时，人们对它的反应通常也要快于它是局部字母而不是整体字母的情况（图中第三个形状）。

你认为这种效应会存在促进和预防的差异吗？当我们具有共享

的预防应当自我指导时，我们感到有责任维持平和与秩序，并采用"警惕"策略来维持安全与保障。考虑到这一点，也许我们会更关注我们的具体环境，因为我们需要为潜在的威胁做好准备，并仔细地考察局部的环境。随着时间的推移，这种"警惕"策略可能会变成一种自动的习惯，即在那些具有威胁性的因素中寻找微妙的线索。我们必须注意细节，因为细节决定成败。这意味着，当我们共享预防应当自我指导时，我们更有可能在局部水平加工信息。

当我们具有共享的促进理想自我指导时，情况就大不相同了。我们关注增长和扩张，利用"渴望"策略向前迈进。我们需要超越已知的细节和具体的现状，并发现整体的意义。考虑到这一点，或许我们会寻找大局。然后，随着时间的推移，这种超越细节看大局的"渴望"可能会成为一种自动的习惯，使得我们更有可能在整体水平加工信息。

事实上，是否有证据支持这种在整体和局部层面加工输入信息时促进和预防之间的差异呢？答案是有。一项研究首先使用第 9 章所描述的方法测量了被试的促进理想自我指导和预防应当自我指导的强度。[15] 然后，主试为他们提供一个版本的纳冯任务。[16] 如果刺激包含字母 L，他们就按蓝色的反应键，如果刺激包含字母 H，他们就按红色的反应键，并且他们需要尽快做出反应。其中，四个图形包含整体的目标刺激（一个由 F 组成的 H、一个由 T 组成的 H、一个由 T 组成的 L 和一个由 F 组成的 L）。另外四个图形包含局部的目标刺激（一个由小 H 组成的大 F、一个由小 L 组成的大 F、一个由小 H 组成的大 T 和一个由小 L 组成的大 T）。与通常的发现相似，具有更强促进理想自我指导的个体对大的整体字母的反应快于小的局部字母。他们的促进水平**越**高，这种情况就**越**明显。相反，有较强预防应当自我指导的个体对小的局部字母的反应快于大的整体字母。

235

这项研究的结果提供了明确的证据，说明我们看待世界的不同方式取决于我们具有更强的预防应当自我指导还是促进理想自我指导。另一些研究也为这一结论提供了额外的补充证据。一项研究检视了在谈论目标追求时，具有促进定向（相比预防定向）的人是否会更多地使用抽象（而非具体）的语言。[17]当我们具有共享的促进理想目标时，我们就有了想要热切追求的远大抱负和希望。我们不想错过任何收益；我们希望找到所有可能获得成长和进步的途径。因此，从广泛和抽象（而非具体）的层面来表征我们的目标追求于我们而言是有利的，例如抽象地"举办一次美妙的晚宴"（而不是具体地"安排客人入席"）。相比之下，当我们具有共享的预防应当目标时，我们就有明确的责任去谨慎地追求目标。我们不想犯任何错误；我们想确保一切正常。这意味着我们需要考虑目标追求的具体（而非抽象）细节（例如具体地"安排客人入席"）。

研究预测，这种差异会影响人们如何表达自己的目标追求，即促进定向的人会相对抽象地说出他们的目标，而预防定向的人则会相对具体地说出目标。为了在具体－抽象维度上测量被试的语言使用情况，研究者运用一个模型来区分不同类别的词汇。[18]在具体－抽象维度上，"具体"是指使用描述性的动词来描述一个可观测事件及其知觉特性（例如"汤姆揍了山姆"），而"抽象"则是指使用独立于上下文的形容词来对事件进行高度的概括（例如"汤姆具有攻击性"）。

在一项研究中，围绕"建立积极的友谊"这一相同的基本目标，通过将这个目标呈现为促进目标追求或预防目标追求，主试与被试建立起不同的共享现实。在促进目标追求的条件下，被试得到的指导语是："想象一下你是那种喜欢在亲密关系中成为别人好朋友的人。为了实现这个目标，你会采取什么策略？"

236

在预防目标追求的条件下，被试得到的指导语是："想象一下你是那种尽量避免在亲密关系中成为一个糟糕的朋友的人。为了实现这一目标，你的策略是什么？"[19]

被试针对这个问题提供了书面答案，并且研究者根据所使用语言的具体－抽象程度对他们的答案进行了编码。正如所预测的那样，促进目标条件下对友谊策略的描述比预防目标条件下的描述更加抽象。具体而言，促进目标定向的被试更可能使用抽象的形容词，比如"为了成为一个好朋友，我会是给予支持的（supportive）""我会是关心人的（caring）和有帮助的（helpful）"。相反，预防目标定向的被试更有可能使用具体的动词，比如"为了不成为一个糟糕的朋友，我会经常给他打电话（ring）""我会去拜访（visit）她"。

这项研究中关于具体－抽象语言使用的结果表明存在一种"促进抽象－预防具体"差异，这就很好地补充了之前"促进整体－预防局部"差异。此外，还有一项关于思考未来目标的研究提供了补充证据。[20] 在其中的一个实验里，主试要求被试制定并记录三个目标。在促进型的未来目标条件下，指导语是："你希望成功地完成哪些积极的事情？请花点时间思考一下你的未来，把注意力集中在你期望得到的东西上。"在预防型的未来目标条件下，指导语是："有哪些消极的事情是你希望能够成功避免的？请花点时间思考一下你的未来，把注意力集中在你希望阻止的、不愉快的事情上。"

被试还需要估计他们可能会在什么时候开始为实现每一个目标而积极工作，以及每个目标可能在什么时候实现。研究发现，与思考预防型未来目标的被试相比，对于他们何时会开始并完成未来目标，思考促进型未来目标的被试的预计时间更长（两倍多）。[21] 这些结果表明，促进目标定向的人的心理**距离**——在这里是时间距离——要大于预防目标定向的人。预防目标让我们更关注当下。与前

237

面的讨论一致的是，有证据表明，心理距离（尤其是时间距离）更大的个体在构思目标追求活动时会更加**抽象**。[22]

我们如何应对这个世界

之前讲到的研究表明，共享促进目标（长期的或暂时的）的个体看待世界的方式不同于共享预防目标的个体。他们应对世界的方式也不一样。为了说明这一差异，我将从目标追求的一个经典权衡——速度与准确性——开始讲起。

速度与准确性（或数量与质量）权衡在日常生活中很常见。这是许多正在制造产品的公司面临的一个主要问题：它们需要尽快进入市场（速度），但又不希望在进入市场后再召回产品（准确性）。一些管理者更关心如何进入市场，而另一些则更关心召回的问题。管理者应该和他们的员工建立起什么样的共享目标定向——促进还是预防——才能让员工关注速度或准确性呢？

在一项旨在解决这个问题的研究中[23]，被试需要完成一系列（四张）连点图。正确完成后，每幅图都是一种动物的卡通图案，比如河马。[下页所示的图展示了部分完成的连点图。你能猜到是什么吗？祝你能愉快地完成它。]类似于不同的管理者在激励员工时可能会做的事情，主试给被试的指导语有所不同——要么建立的是共享促进目标，要么建立的是共享预防目标。

在促进目标条件下，被试得知：根据既快又准的标准，存在一个 *238* 特定分数，如果他们的表现超过这个特定分数，他们将获得额外的钱（收益）；但如果他们没有达到这个标准，他们就不会获得额外的钱（无收益）。在预防目标条件下，被试得知：如果他们的表现没有超过既快又准的标准，他们将会失去钱（损失）；但如果他们的表现

超过这个标准，他们将不会失去钱（无损失）。两种情况下，成功的标准是相同的，成功后被试获得的收入也是相同的。不同的是关于如何看待任务表现的动机性信息，即：在一种条件（收益／无收益）下，被试与主试共享关于成功和失败的促进定向；而在另一种条件（无损失／损失）下，被试与主试共享关于成功和失败的预防定向。

239 这项研究还检视了第 9 章讨论过的"目标逐渐紧迫"（goal looms larger）效应，即人们越接近于完成一项任务就越有动力。为了检视这一效应，在促进和预防两种条件下，各有一半的被试得知他们将处理四张图片，而另一半则被告知他们将处理八张图片。尽管所有的被试实际上都在处理同样的四张图片，但那些认为他们会处理四张图片（相比八张图片）的被试在到第三张和第四张图片时会觉得更接近于完成任务。这样就可以检验"目标逐渐紧迫"效应。

任务表现的第一个测量指标是在规定的时间内，被试在每张图片上连接起来的点的数量。**连的点越多，速度**就越快。任务表现的第二个测量指标是在规定的时间内，被试完成每张图片上最后一个点之前**漏掉**的点的数量。**漏掉的点越少，准确率**就越高。

鉴于促进定向的人想要取得进步，朝着自己的目标前进，他们应该想要尽可能快地把每个点都连接起来，以便找到每张图片中的动物。相反，预防定向的人应该强调准确性，因为他们想要小心谨慎，不犯错误。这正是我们所发现的。共享促进目标的被试在指定的时间内连接了更多的点，而共享预防目标的被试错误更少（即漏掉的点更少）。同时研究还发现了"目标逐渐紧迫"效应。对于那些认为任务有四张图片而不是有八张图片的被试而言，与前面的图片相比，他们在最后第四张图片任务中的表现明显更好，即共享促进目标的被试的速度明显更快（即连接的点更多），而共享预防目标的被试的准确性更高（即已经完成的图片中遗漏的点更少）。

这些和其他研究[24]的结果表明，共享促进和预防目标定向会改变人们的策略重心（强调速度或准确性）。当我们具有共享的促进定向时，我们会更加强调速度；当我们具有共享的预防定向时，我们会更加强调准确性。值得注意的是，这些共享的促进或预防定向可能是长期的（例如被试理想或应当自我指导的相对强度），也可能与刚才描述的研究一样，是由于共享重要他人（主试）的定向而诱发的。这种促进－预防差异清晰地说明，共享他人的促进定向或预防

240

定向存在利弊两面性。

一般来说，如同前面的例子中将产品及时推向市场一样，快速完成任务会带来好处，而缓慢完成任务存在成本。另一个例子是在截止日期前提交研究项目申请。很明显，准确地完成工作会带来好处，而犯错会产生代价。在前面的例子中，因错误而需要召回产品就是成本。但情况可能会更糟。产品（如汽车和飞机）上的失误会导致受伤甚至死亡。哪种收益更好？哪种成本更高？对于许多产品来说，这一点并不总是清楚的。但清楚的是，无论是更多强调收益还是更多强调成本，都是**既**有利**又**有弊。因此，你与他人共享的是促进定向还是预防定向是很重要的。

在策略重心上，促进与预防之间的另一个差异是，对于新的选择和新的可能性保持开放的态度还是选择维持现状。当具有较强的促进定向时，我们会强调前者；当具有较强的预防定向时，我们会强调后者。这种侧重上的差异可以通过几种方式体现出来。一种方式是，我们在进行某项活动时如何应对被打断的情况。在被打断之后，我们是愿意继续进行那项被中断的活动，还是希望切换到另一项活动？[25]

在一项研究中，扮演沟通者角色的被试向另一个扮演听众角色的人描述三种不同的抽象图形。对于每一个描述，听众的任务都是从一组 10 个不同的抽象图形中选出被描述的图形（参照性沟通任务）。[26] 被试在任务上是共享促进目标定向还是共享预防定向是通过诱导完成的：主试分别告知被试，他们对每个图形的描述会让他们得分或不得分（收益）、失分或不失分（无损失）。在两种情况下，被试成功后获得的分数都是相同的，这是因为：在促进条件下，他们一开始没有分数，然后获得了分数；而在预防条件下，他们一开始有分数，然后需要保持分数。

当他们描述第三个图形时，所有被试都由于被电脑打断（屏幕 *241*
上显示出一些问题）而无法完成描述。在被打断之后，主试会问被
试，他们是想回头描述刚才被打断的那个图形，还是想描述一个他
们之前从未见过的新图形。促进目标定向的被试选择描述新图形
（而不是回到原来的图形）的可能性是预防目标定向被试的两倍。一
项后续研究测量了被试的理想和应当自我指导的强度。当理想自我
指导强度增加时，被试描述一个新图形（而不是回到原来的图形）
的倾向会随着理想自我指导强度的增加而增加，并随着应当自我指
导强度的增加而减少。大多数具有理想自我指导的被试（60%）选
择描述一个新图形，而只有三分之一具有应当自我指导的被试选择
这样做。

这种促进－预防差异从何而来？与回到原图形相比，描述一个
新图形代表着"改变"。它允许某人向前迈进而不是后退。这更像是
取得进展，因此应该更能吸引那些促进目标定向的被试。此外，新
图形是"新的"而不是"旧的"，而且是找到更好的东西，这也是高
促进个体想要的，他们需要对新的可能性保持开放的态度。与此同
时，从预防的角度来看，选择原图形并没有什么错。而且，人们已
经开始描述它了，因此它是一个"已知"的对象。从这种意义上说，
它是安全的。"小心驶得万年船。""明枪易躲，暗箭难防。"根据这
类论据，我们可以预测，具有预防目标的被试将选择坚持描述原图
形，而事实正是如此。

在强调对于新的可能性保持开放态度还是坚持已知和现状方面，
促进－预防差异也会导致人们在著名的"禀赋效应"（endowment
effect）上出现差异。禀赋效应是指人们不愿意将自己已经拥有的物
品换成其他东西，包括价值相当的钱。[27]在一项检验这一效应的著
名研究中，研究者使用了三组人。[28]研究者给其中一组人一个物品

（比如一个咖啡杯），给另一组人另一个同等价值的物品（比如一袋糖果）。为了证明咖啡杯和糖果的价值大致相等，第三组需要从这两个物品中选择一个。第三组中大约有一半的人选择了杯子，另一半选择了糖果。尽管已经证明杯子和糖果的价值大致相等，但前两组中依然很少有人愿意用只是碰巧被赋予的物品（被禀赋的物品）来交换另一个物品。

被禀赋者的选择可以被看作在一个旧的对象（被禀赋的物品，即被试的现状）和另一个新的替代对象之间做出的选择。考虑到我刚才所说的目标定向上存在促进－预防差异，你认为禀赋效应在促进定向的人和预防定向的人之间会存在差异吗？如果有的话，是什么样的差异呢？

为了回答这些问题，在一项研究中[29]，具有不同强度的理想自我指导和应当自我指导的被试完成了一项附加任务，让主试有机会对他们表示感谢，并告诉他们，为了感谢他们参与本研究，除了参加研究的报酬，他们还将获得一支钢笔。这支笔是从两支不同风格的钢笔中随机挑选的，两支笔的售价都是 2.5 美元。被试收到钢笔后，主试随口提到，实际上有两种笔被当作参与研究的礼物，并欢迎他们来看看另一支钢笔，把这两支笔都试用一下，以便决定是想继续保有之前得到的那支钢笔还是换成另一支钢笔。

但只有三分之一的被试想把收到的那支笔换成另一支，这就充分证明了禀赋效应。尽管两支笔的价格是一样的，**并且**被试得到哪一支笔是随机的，但这种效应还是发生了。然而，这并不是全部。禀赋效应取决于被试的理想和应当自我指导的强度。当被试的预防应当自我指导强度增加时，他们用旧笔换新笔的意愿**降低了**；也就是说，预防定向越强，禀赋效应越**强**。相反，当被试的理想自我指导强度增加时，他们用旧笔换新笔的意愿也随之**增加**；也就是说，促进定向越强，禀赋效应**越弱**。事实上，在以预防定向为主的被试中发现了禀赋效应，而在以促进定向为主的被试中**没有**发现禀赋效应。

因此，有明确的证据表明，当我们具有预防定向时，我们强调保持现状，即坚持旧的和已知的东西，那些已经有所赋予的东西；而当我们具有促进定向时，我们对于新的选择和改变现状持开放的态度。这种重心上的差异，就像前面讨论的那样，也存在利弊两面性。这种两面性是很重要的，因为它们会影响人们的创造力和分析推理。

当我们具有促进定向时，我们对于新的替代选项持开放态度有利于创造；而当我们具有预防定向时，我们对于有所赋予的东西的坚持并**不**支持创造活动。一项研究简单明了地说明了这一点。[30] 就像我之前描述的其他研究一样，主试给出不同的目标指导语，诱导出共享的促进目标定向或共享的预防目标定向。在促进目标定向条件下，被试得知：如果他们在接下来的练习中表现出色，他们最终的任务将是他们喜欢的活动。在预防目标定向条件下，被试得知：只要他们在接下来的练习中表现得不差，他们就不会被给予一个他们不喜欢的任务来作为最终任务。

其中一项练习是分类任务。主试向他们展示一组（12 个）水果和一组（12 个）蔬菜（顺序是平衡的），并告知他们可以使用任何标准对每组进行排序，两个组使用相同的标准也行（例如对两个组都按颜色进行排序）。该研究发现，尽管大多数被试从第一组到第二组任务都会改变排序的标准，但相比促进目标定向的被试，预防目标定向的被试在第二组和第一组任务中使用相同排序标准的可能性高一倍。

在另一项研究中——被试在理想自我指导和应当自我指导的强度上有所不同——被试执行了一项物体命名任务。[31] 他们拿到一个小册子，里面有四张图片，每张图片分别被置于单独的一页。虽然所画的物体都是熟悉的物体，但它们是从特殊的角度拍摄的，因此很难辨认。被试需要尝试猜测每张图片上的物体，他们可以根据自己的意愿列出尽可能多或尽可能少的答案。研究发现，当被试的理想自我指导强度增加时，他们给出的可能答案更多；而当被试的应当自我指导强度增加时，他们给出的可能答案更少。

244

这些研究和其他的研究发现，与那些预防定向的人相比，促进定向的人对于新的可能性更加开放，并会产生有利于创造的新选项。[32] 相反，相比促进定向的人，预防定向的人更强调坚持现状，坚持既有事物。这对创造没有什么用，但它**的确**有助于分析式推理。[33]预防定向对于分析性任务的好处部分源于这样一个事实，即如前所述，预防定向的人更有可能使用局部（相比整体）加工，而局部加工有助于分析性思维。[34] 此外，预防定向侧重于坚持现状、坚持已知的特点有利于分析式推理，因为这种推理需要坚持给定的前提。你需要遵循给出的事实并遵守既定的规则。在分析式推理任务中，生成其他的可能选项并**不是**你需要做的。这是共享促进或共享预防存在利弊两面性的另一个例子。

风险决策中的促进 – 预防差异

在本章的结尾，我将在策略动机层面提出一个特别重要的促进 – 预防差异——当我们做决定时，这种差异将促使我们做出风险更大的选择，而不是风险更小的选择。我们什么时候愿意冒险、什么时候不愿冒险，对于我们如何做选择至关重要。正如我在早期的著作中指出的那样[35]，如果动机从根本上说与人们的偏好有关，而这些偏好指导着人们的选择，并且在风险选择偏好方面存在促进 – 预防差异，那么，由于与他人建立了不同的共享现实而产生的促进目标定向或预防目标定向就具有非常重要的意义。

以往的研究普遍表明，当现状令人满意时，那些关注促进的人比那些关注预防的人更愿意冒险。[36] 毕竟，当我们关注预防时，我们想要维持令人满意的现状，保持安全，避免任何可能不必要的风险，防止我们进入 −1 状态。相反，当我们关注促进时，我们就不满足于现状；如果这对于我们前进到 +1 状态是必要的，那我们就愿意冒险。

这是我们目前处于令人满意的现状（0）时的情况。然而，我们并不总是处于这样的现状。我们可能发现自己低于现状，处于 −1 的损失域；或高于现状，处在 +1 的收益域。那会发生什么呢？如果我们具有共享的促进和预防关注，我们会怎么做？

当我们身处损失域时

与促进关注相比，损失域与预防关注更相关。对于促进而言，−1 的损失状态与现状（0）几乎没有区别，因为这两种情况都表示无法获得 +1 的收益；这两种情况下都是无收益。保持 −1 的损失状态或者回到现状（0）都是没能前进到 +1，因此都是失败。所以，为什么要冒险回到现状呢？相反，−1 的损失状态与预防高度相关，因为这正是"警惕"策略意在避免的最终状态。它代表不可接受的危险，因此必须尽一切努力来恢复安全。当我们关注预防并发现自己处于 −1 的损失状态时，为了恢复令我们满意的现状，重建安全和保障，我们就应该变得具有冒险性（甚至是具有高度冒险性）。

在几项研究中，研究者考察了在损失域内，就冒险意愿而言，预防和促进关注之间的差异。[37] 被试首先接受理想自我指导和应当自我指导强度的测量。完成这项任务后，他们会获得 5 美元。然后，他们得知可以选择参加第二阶段的研究；在第二阶段，他们可以用刚刚挣到的 5 美元来玩一个股票市场游戏。他们得知，他们可能会从原来的 5 美元中赚到钱，完全失去这 5 美元，或者如果损失超过 5 美元，他们最终可能会欠钱。

那些选择参与股票市场游戏的人可以选择把 5 美元投资于哪只股票。在他们投资之后，被试观察他们所选股票的走势。他们得知自己最初选的股票总共下跌了 9 美元。这显然低于现状——是明确的 −1 损失状态。然后，被试可以选择投资第二只股票，而这只股票要么是一个风险较低的选项（75% 的机会赢得 7 美元，25% 的机会损失 10 美元），要么是一个风险较高的选项（25% 的机会赢得 20 美元，75% 的机会损失 4 美元）。

值得注意的是，风险较高的选项除了在可能会发生的事情上存在更大的不确定性（即可能产生的结果差异更大），被试也的确感知到这一选择具有更高的风险。同样需要注意的是，在这种情况下，更具风险性的选项是**唯一**有可能使被试回到原来状态的选项。风险较低的选项不会使被试回到原来的状态。正如预期的那样，在这种情况下，预防定向的被试更有可能选择风险较高的选项而不是风险较低的选项。相反，促进定向的被试在风险较高和风险较低的选项之间没有表现出稳定的偏好。

后续研究表明，预防定向的被试偏好高风险选项并不是由于他们在遭受 −1 损失后突然开始"冒险"。[38] 这是由于相比低风险选项，高风险选项具有特殊的性质。高风险选项具备恢复到现状的潜力，而低风险选项**不**具备这种潜力。当两个选项**都不**具备恢复到现状的潜力时，预防定向的被试对高风险选项的偏好就消失了。此时，他们对于高风险和低风险选项都不感兴趣。当高风险和低风险选项都具备恢复现状的潜力时，预防定向的被试更倾向于风险**较低**的选项（具有更大的确定性）。他们**不是**爱冒险的人。如果低风险选项也有可能恢复现状，并具有更大的确定性，他们就会选择风险较低的选项。

其他研究的结果表明，当预防定向的被试确实选择更具风险性的选项时，这并不是由于他们是喜欢寻求风险的人。这也**不是**因为他们**喜欢**这个选项。[39] 按照随机的顺序，被试需要回答四个问题：他们对高风险选项的喜欢程度如何？对低风险选项的喜欢程度如何？对高风险选项的不喜欢程度如何？对低风险选项的不喜欢程度如何？结果表明，当预防定向的被试选择高风险选项时（因为这是唯一能够恢复现状的选项），他们并不是更加喜欢高风险选项。相反，他们只是不那么**不喜欢它**。

这告诉我们，关注预防的人不喜欢更具风险性的选项。实际上，当风险较低的选项也有助于恢复现状时，他们更喜欢风险较低的选项，而不喜欢风险较高的选项。但当风险较低的选项无助于恢复现状时，他们就会不那么讨厌风险较高的选项，因为它是恢复现状的唯一途径。这并不是因为在 −1 的损失域内，关注预防的人更倾向寻求风险。这只是他们为了恢复现状、摆脱危险而必须做的。

当我们身处收益域时

另一组研究检视了当人们发现自己处于 +1 的收益域时，关注促进和预防的人的风险偏好会发生什么变化。[40] 结果发现，相比关注促进的人，−1 的损失域对于关注预防的人而言具有更大的动机相关性。相反，+1 的收益域对于关注促进的人而言具有更大的动机相关性。对于预防关注来说，现状（0）和 +1 状态之间没有什么区别，因为它们都是相对于 −1 损失状态的成功。它们都是无损失。然而，对于促进关注来说，由于只有 +1 状态才代表取得进展，代表朝着更

247

好状态迈进，现状（0）和 +1 状态之间就存在根本的区别。因此，在 +1 的收益域内，在不同的条件下，关注促进而不是关注预防的人对高、低风险选项的偏好会存在差异。那么，是什么决定了他们的偏好？

对于关注促进的人而言，重要的是要成功地前进到一种更好的状态，并取得进展。如果尚未取得进展，并且需要采取更具风险性的办法才能取得进展，那么关注促进的人就会偏好风险性的选项。但是如果已经取得进展，并且达到 +1 状态，那么选择高风险的选项便不值得了，他们会转向低风险选项。是否取得**进展**这个问题不会影响关注预防的人的选择。一旦他们处于 +1 的收益域内，并且没有任何一个选项会让他们面临 −1 损失的危险，他们就会对"在高、低风险的选项间做出选择"这件事不那么感兴趣。

研究者采用刚才描述的同样的股票市场范式检验了这些假设。这一次，在完成最初的股票投资之后，被试要么得知股票没有发生任何变化，要么有小收益（4 英镑），要么有大收益（20 英镑）。之后，被试有机会做出一个风险较低的选择（100% 的机会待在原来的地方）或是一个风险较高的选择（50% 的机会获得 5 英镑，50% 的机会损失 5 英镑）。

正如预期的那样，更强烈的预防关注并不能预测高、低风险选项之间的偏好。但更强烈的促进关注可以。对于那些更关注促进的被试来说，重要的是他们认为自己是否取得真正的进展：他们的收益是否大到足以被算作真正的进展？当感知到的进展很大时，他们更有可能选择低风险而非高风险的选项。但当感知到的进展较小时，那些关注促进的人更有可能选择高风险而非低风险的选项。因此，关注促进的被试在收益域内并**不厌恶**风险。如果他们认为自己取得的进展还不足以被算作真正的进展，还没有明显达到更好的 +1 状

248

态，并且必须选择更具风险性的选项才能达到 +1 状态，他们就会偏好高风险的选项。[41]

　　人们在与重要他人（包括父母、老师、上司等）的长期关系中获得共享目标和自我调节的标准。共享的理想自我和应当自我是自我调节的长期指导。在短期互动中，人们也可以与同当前任务或活动相关的人（比如给出指示的主管）建立起暂时的共享指导。本章和第 9 章所述的促进－预防差异就来自这两种形式的共享现实。我所谈到的那些研究结果也证明，对于我们为了**什么**而奋斗以及我们**如何**奋斗，共享促进理想和预防应当之间的差异具有深远而广泛的意义。但共享现实的故事还有更多的内容，这是因为"我们为了什么而奋斗"以及"我们如何奋斗"这两件事不仅会发生在我们作为个体追求目标的过程中，也会发生在我们作为亲密伴侣和社会群体成员追求目标的过程中。接下来，我们将主要讲讲这个故事。

| 注　释 |

1. 见 Merton, 1957, p. 133。

2. 见 Rosati, 2009。

3. 见 Higgins, 2008。还需要指出的是，在日本，促进定向的个体会以更"外向"的方式追求目标；而在美国，预防定向的个体会以更"尽职"的方式追求目标。

4. 读者可能会问：只有"促进和预防定向之间的差异"这个问题重要吗？与事件相关的人"共享"促进定向或预防定向，这里的"共享"是否会产生影响？或者说共享现实重要吗？如前所述，共享现实会将主观体验转变为客观体验。它增加了动机定向的相关性，而这种相关性反过来又使定向更加凸显和易得（见 Eitam & Higgins, 2010）。

5. 见 Higgins et al., 2001, Study 3。

6. 见 Molden, Lucas, Gardner, Dean, & Knowles, 2009。

7. 见 Sassenberg & Hansen, 2007。

8. 见 Idson, Liberman, & Higgins, 2000。关于这种成功与失败强度上存在促进 – 预防不对称性的其他证据，见 Idson, Liberman, & Higgins, 2004。

9. 这些成功和失败反馈的百分位数是经过大量前测后选出来的。对于这项研究中的大多数本科生来说，任何低于前四分之一（超过 75% 的其他学生）的成绩都会被感知为失败。

10. 成功后，促进目标下的动机强度提高（更渴望），预防目标下的动机强度则降低（不那么警惕）；而失败后，预防目标下的动机强度提高（更警惕），促进目标下的动机强度则降低（不那么渴望），这些变化对于任务表现来说意味着什么呢？成功或失败后，促进和预防在动机强度上的差异表明，在得到成功的反馈后，促进定向个体的任务表现会比预防定向的人更好；而在得到失败的反馈后，预防定向个体的任务表现会比促进定向的人更好。这正是研究发现的结果（如 Idson & Higgins, 2000; Van Dijk & Kluger, 2004）。

11. 见 Idson, Liberman, & Higgins, 2004。需要指出的是，在这项研究中，积极和消极的感受来自预期的成功和预期的失败。

12. 见 Förster, Grant, Idson, & Higgins, 2001。

13. 见 Markman, McMullen, Elizaga, & Mizoguchi, 2006。

14. 见 Navon, 1977。

15. 见 Förster & Higgins, 2005。

16. 见 Derryberry & Reed, 1998。

17. 见 Semin, Higgins, Gil de Montes, Estourget, & Valencia, 2005。

18. 见 Semin, 2000; Semin & Fiedler, 1988, 1991。

19. 值得注意的是，作为额外的检验，被试需要在一个从积极到消极的维度

上评价他们的友谊目标。在促进和预防条件下，目标的积极性并不存在

差异。只有"这个积极的友谊目标是促进目标还是预防目标"这个变量

对研究结果有影响。

250

20. 见 Pennington & Roese, 2003。

21. 这一发现与弗雷塔斯等（Freitas, Liberman, Salovey, & Higgins, 2002）
的研究结果相一致。他们发现，预防定向的个体比促进定向的个体更早
开始他们的目标追求活动。

22. 见 Liberman & Trope, 2008; Liberman, Trope, & Stephan, 2007; Trope &
Liberman, 2003, 2010。

23. 见 Förster, Higgins, & Bianco, 2003。

24. 其他研究可见 Förster et al., 2003。

25. 关于这一选择的经典讨论和研究，见 Atkinson, 1953; Lewin, 1935,
1951; Zeigarnik, 1938。

26. 见 Liberman, Idson, Camacho, & Higgins, 1999。

27. 见 Kahneman, Knetsch, & Thaler, 1990, 1991; Thaler, 1980。

28. 见 Knetsch, 1989。

29. 见 Liberman et al., 1999。

30. 见 Crowe & Higgins, 1997。

31. 见 Liberman, Molden, Idson, & Higgins, 2001。

32. 关于促进目标定向的被试在创造性任务中表现更好的其他证据，见
Friedman & Förster, 2001。然而，值得注意的是，创造力和冒险意愿之
间也存在相关：当预防定向的个体感到自己处于危险中（-1）时，他们
变得更愿意冒险（见 Scholer, Zou, Fujita, Stroessner, & Higgins, 2010），
并因此而更具创造力（见 Baas, De Dreu, & Nijstad, 2011）。

33. 见 Friedman & Förster, 2001; Seibt & Förster, 2004。

34. 见 Friedman, Fishbach, Förster, & Werth, 2003。

35. 见 Higgins, 2012。

36. 例见 Crowe & Higgins, 1997; Levine, Higgins, & Choi, 2000。关于风险感知中促进 – 预防差异的其他研究，见 Lee & Aaker, 2004。

37. 见 Scholer, Zou, Fujita, Stroessner, & Higgins, 2010。

38. 见 Scholer et al., 2010。

39. 见 Scholer et al., 2010。

40. 见 Zou, Scholer, & Higgins, 2014。

41. 对于熟悉卡尼曼和特沃斯基（Kahneman & Tversky, 1979）极具影响力的前景理论的读者来说，我应该指出，预防和促进关注有助于理解个体对风险或保守选项的偏好。有一些心理因素与预防和促进关注有关，并且这些心理因素与前景理论所描述的那些因素相互**独立**。

第 11 章 |||||

我们如何相处

让我们既相连又割裂

思考以下研究。被试都是来自同一所学校、年龄为 14～15 岁的男学生。主试以幻灯片的形式向他们展示出自两位不同的现代画家的各种抽象画。每次给他们看两幅画，一幅画出自克利（Paul Klee），一幅画出自康定斯基（Wassily Kandinsky）。主试将克利和康定斯基的名字写在黑板上，并告知被试这些画是两人的作品，但不告诉他们每幅画分别是谁画的。主试要求被试说出两幅画中他们更喜欢哪一幅。通过这种方式，研究将这些学生分为更喜欢克利的一组和更喜欢康定斯基的一组。

在表达了他们的偏好后，被试的答案由一位主试打分，而另一位主试引导他们进入实验的第二部分（表面上两部分实验不相关）。在这个实验中，他们将会把钱作为奖赏或惩罚分配给其他被试。他们不知道接受钱的人是谁，但他们知道那个人是来自喜欢康定斯基的那个小组，还是来自喜欢克利的那个小组。重要的是，主试强调被试自己永远不会被奖励或者被惩罚。在开始第二部分实验之前，被试得知他们要么属于喜欢康定斯基的那组，要么属于喜欢克利的那组（这种分组是随机的，而非基于他们的实际偏好）。

研究发现，在实验的第二部分，当奖惩他人时，72% 的学生在大多数情况下偏爱自己所在的小组（克利组或康定斯基组），而只有不到 20% 的学生偏爱另一组，还有 8% 的人对两组都不偏爱。此外，这些学生被给予机会，做出有利于每个人的选择——要么是最大化自己组内成员的绝对结果，要么是最大化自己组相对于其他组的优势。研究发现，这些学生会选择最大化自己组相对于另一组的优势，即最大化自己组与另一组的优势**差**。所有这一切都只源于他们与其他有着同样画家偏好的学生之间存在共享现实的体验，而与有着不同画家偏好的学生之间没有共享现实的体验——而在研究开始之前，他们甚至不知道也不关心这种对画家的偏好。

令人惊讶的是，这些学生之前彼此很了解，并且完全可以采取行动使每个人都受益。可相反的是，康定斯基的粉丝和克利的粉丝这种临时出现的区别就足以让他们不仅偏袒自己的群体，还试图最大化自己所属画家偏好群体（相比其他群体）组员们的经济优势。[1]值得注意的是，他们也可以选择最大化自己群体的**绝对**结果，但是他们却选择了最大化自己群体与其他群体之间的**优势**和输赢的差异——这是一个明显的"内外有别"效应。

社会认同

刚刚描述的研究是亨利·泰弗尔的经典社会心理学研究，他和他的合作者开创了群际歧视及其与社会认同之间关系的研究。现在，让我们更详细地探讨社会认同和群际歧视的关系。

社会认同和内群体 - 外群体歧视

泰弗尔和他的同事在所述研究中使用的开创性方法被称为"最简群体范式"（minimal group paradigm），因为它揭示了能够观测到群际歧视所必需的最简条件。这项研究以及其他许多研究都表明，群体间很小的差异就足以导致歧视的发生。让我再举一个例子，这是一个更广为人知的例子，通常被称为"蓝眼睛－棕眼睛"（blue eyes-brown eyes）实验。这不是一项在实验室中进行的研究，而是一项在艾奥瓦州 8 岁、三年级学生的教室里开展的课堂练习。[2] 简·埃利奥特（Jane Elliott）是班上的老师，最近因马丁·路德·金被谋杀而动容。她希望孩子们能够体验被歧视的感觉是什么样的，因为她认为所有的白人学生都很少接触非裔美国人，因此，仅仅通过课堂上的讨论，白人学生是不会明白种族主义是怎么回事。学生们同意开展一项练习，这可以帮助他们去感受美国人是如何对待非裔美国人的。[3]

　　在练习的第一天，老师会说蓝眼睛的孩子在很多方面都比棕眼睛的孩子优秀。为了更容易识别这些孩子，在课堂上，老师告诉蓝眼睛的孩子，他们可以把棕色织物的项圈戴在棕眼睛孩子的脖子上。蓝眼睛的孩子被给予额外的特权，包括在午餐时得到额外的食物以及额外的课间休息时间。当蓝眼睛的孩子坐在教室的前面时，棕眼睛的孩子则只能坐在后面。老师会鼓励蓝眼睛的孩子无视棕眼睛的孩子，并且只和其他蓝眼睛的孩子一起玩。老师会通过强调棕眼睛孩子的错误和负面特征来强化两个群体之间的差异。尽管学生们最初有一些抵触情绪，但不久之后，一些蓝眼睛的孩子就表现出高人一等的姿态，并且对棕眼睛的孩子表现出粗暴和不客气的态度。相反，棕眼睛的孩子变得更胆小，甚至在课间休息时把自己孤立起来，并且在课堂上的表现比平常更差。

　　与泰弗尔的最简群体范式相比，本研究中的老师做了更多的事去创造群体差异。但之前的群体差异只不过是眼睛的颜色，而现在一些蓝眼睛的孩子因为眼睛的颜色而感觉优越并且表现得高人一等。考虑到这些孩子彼此已经认识很长时间，如此快速的转变令人既惊讶又不安。

考虑到学生们不仅彼此很了解，而且群体之间的差异仅仅在于偏爱的抽象画家是康定斯基还是克利，并且在研究开始之前学生们根本没有这种偏爱，因此泰弗尔研究中出现的歧视可能更加令人惊讶。此外，也没有人说这种偏好上的差异能够体现出群体的优势。尽管如此，这种分组依然足以导致人们在奖惩上表现出歧视。

关于群际竞争的最简条件，谢里夫和他的同事在经典的田野研究中也进行了说明。两组男孩刚刚来到夏令营。尽管他们之间不存在事先的竞争，可一旦他们意识到彼此的存在，竞争性的内群体 - 外群体态度就会形成。[4]泰弗尔、谢里夫的研究以及其他类似研究都表明，人们建立共享现实会带来一个惊人的、非常令人不安的群际缺陷，即我们与他人建立共享现实的动机会导致我们彼此割裂。

群际歧视背后的动机

泰弗尔研究中的共享现实是如何产生的，以及为什么这种最简群体条件就会导致内群体 - 外群体歧视？有两种不同的社会认同机制，每一种都会导致内群体 - 外群体歧视。这些机制与建立共享现实背后的认知动机和社会关系动机有关。

社会认同中的认知动机

在解释他们的研究结果时，泰弗尔和他的同事强调社会分类（social categorization）的**有益**过程。[5]他们认为，如果社会类别间不能加以区别，那么这样的社会是没有意义的；同时，在不同的社会环境中与不同的人互动时，这种社会也不能为如何表现自己或如何采取行动提供指导。这是不明朗和令人困惑的。通过区分不同的社会类别，人们可以理解他们的社会和世界，他们可以赋予它秩序和连贯性。因此，社会分类过程就支持了这种与他人建立共享现实的、有益的认知动机。

唐纳德·坎贝尔（Donald Campbell）和戈登·奥尔波特（Gordon Allport）是社会心理学的两位巨人和先驱，他们早就注意到社会分类的这种认知功能。[6]他们强调，**凸显**社会类别之间的**差异**是为了更清楚地对他们加以区分，并指出社会分类（正如刻板印象研究所发现的）与普通的分类在功能上是一样的。[7]要知道苹果和橙子的区别，我们不仅需要知道是什么使苹果彼此相似、是什么使橙子彼此相似，还需要知道是什么使苹果和橙子彼此不同。我们形成的不同类别将指导我们如何对类别成员采取行动。

在我们的社会中，我们区分了许多不同的社会类别，包括不同种类的宗教、国家、族群、职业、家庭角色、运动队和他们的粉丝等。这些区分指导着我们在社会中的行动。它对于我们在日常生活中如何与他人互动有着重要的影响。通过强调社会类别内部的相似性和不同类别之间的差异，我们可以有序化、简化和理解我们复杂的社会世界。[8]对于"人们建立起关于社会类别间差异的共享现实"这一点而言，这是好的一方面，是一种认知上的益处。

社会认同中的社会关系动机

我刚才描述的建立共享现实的认知功能可以解释泰弗尔的研究发现，即学生通过给两组分配不同的奖励和惩罚，创造了他们所属群体和另一群体之间的差异。他们通过对这两个社会类别（康定斯基的粉丝和克利的粉丝）进行区别化，创造了内群体－外群体的社会类别差异，他们甚至通过最大化两个群体之间的优势**差**来**强调**（accentuated）这种差异。但是，这种认知功能不足以解释人们为什么**喜欢**自己的群体多于其他群体。我可以区别苹果和橙子，并通过喜

255

欢苹果多于橙子**或者**喜欢橙子多于苹果来强调这种区别。同样，人们可以通过偏爱自己的内群体或是偏爱外群体来区别自己的内群体和外群体。但这并不是泰弗尔的研究中（或其他研究中）所发生的情况。在研究中，他们更喜欢内群体。那么，这种内群体偏爱是从哪里来的？这不能仅用人们区分社会类别的认知功能来解释。

答案是，它来自与他人建立共享现实的第二种动机——社会关系动机，即希望和那些与你存在共享现实的人建立起一种积极的联系。让我们重新思考一下**认同**（identification）这个术语。这个术语可以被视为**分类**（categorization）的同义词：判断某物是某个特定类别的成员。例如，你可以将一个物体**认同**为苹果而不是橘子，或者认同为狗而不是猫。在社会分类中，你把某人**认同**为某社会类别的一员，比如康定斯基的粉丝而非克利的粉丝。

在这种意义上，"认同"这一术语关注的是认知功能。但是，正如第 7 章所讨论的，这并不是认同的唯一含义。认同他人也是社会影响的一种形式——它会影响态度和观点。在心理动力学文献中，相应的经典例子就是"认同重要他人"，即对于他们有一种依恋，并把他们当作积极的榜样。在有关态度的文献中，当受到影响的人为影响主体所吸引，并希望与那个人建立联系，体验到自己与那个人存在"我们"（we-ness）的关系时，认同就发生了。这就好像被影响者想要体验到自己与影响主体从属于同一类别，彼此在同一个类别里，因此就有了术语"认同"。

这种认同的社会关系功能不是中性的。这不仅仅是认知方面的。如果我们把一个物体认同为苹果而不是橙子，我们并不是想**成为**那个苹果。但当我们认同一个人时，我们确实想**成为**那个人。同样，当我们认同一个社会类别或群体时，我们希望与那个群体联系在一起，将自我延伸到群体中。[9]那个群体是一个**积极**的参照群体，我们会采取与我们心目中这个积极群体相一致的行动，比如表现出内群体偏爱。这就是与他人建立共享现实的社会关系动机，也解释了泰弗尔发现的、在我们的社会中普遍存在的内群体偏爱。这就是泰弗尔和他的同事后来所说的"积极的群体独特性"（positive group distinctiveness）。[10]

群际歧视的调节定向差异

还需要指出的是，群际歧视可以通过两种不同的方式来实现，即对内群体做出更积极的反应，或是对外群体外做出更消极的反应。从这一点来看，有趣的是，在建立积极的群体独特性的方式上，共享促进关注和共享预防关注的人存在差异。共享促进关注的个体会对内群体做出更多的积极反应，而共享预防关注的个体会对外群体做出更多的消极反应，即存在**促进自己**或是**预防他人**的差异。

举个例子，在一项研究中，被试需要坐在一个房间里等待研究的开始——他们和他们的队友将与另一个团队展开竞争。[11]在等候室里有一把椅子，上面放着一个背包，被试得知这把椅子要么是属于他们随后任务中的搭档的，要么是属于未来的竞争对手的。房间里还有其他椅子，它们和放背包的椅子之间有着不同的距离。被试自由选择坐在哪里。研究发现，有强烈促进定向的被试选择更**靠近队友**的位置，而有强烈预防定向的被试与队友之间不存在这种关系。相反，预防定向更强的被试选择坐在离**竞争对手更远**的地方，而促进定向更强的被试与对手之间不存在这种关系。

在种族主义言论的背景下，预防和促进在导致歧视方面的这种差异就很有意思了。例如，有证据表明，尽管白人至上主义者声称他们的目的是支持白人种族，但他们更多的是对外群体发表仇恨的言论，而不是对内群体发表喜爱的言论。[12]这些群体的言论信息所反映的关注是预防关注，与安全和保障有关，即外群体对他们构成了威胁。

社会认同的不同水平

社会认同或社会身份在我们社会生活中的重要性并不局限于它对内群体 - 外群体差异的影响，尽管这确实非常重要。泰弗尔研究中的学生并没有关于他们本质上是谁的体验，也没有以康定斯基粉丝或克利粉丝的身份来定义他们的基本自我。但是，人们的确会根据他们的社会身份来定义他们自己，例如他们的种族身份（比如塞尔维亚人或法裔加拿大人）、宗教身份（比如逊尼派穆斯林或福音派基督徒），或者政治身份（比如进步派的民主党或保守派的共和党）。这些身份能够并且确实会给人们灌输强烈的情感承诺，包括为自己的群体而死的意愿。

258 　在理解社会认同的本质和结果方面，玛丽莲·布鲁尔（Marilynn Brewer）做出了里程碑式的贡献。她强调社会认同对于人类的重要性，并指出我们的社会认同存在于社会网络的不同层次；也就是说，它们是存在**等级结构**的。[13] 例如，在我的学术社会认同等级上，我与哥伦比亚大学的两个系（心理学系和管理学系）的其他社会心理学家有着共享现实，与我所在两个系的所有教师有着共享现实，与哥伦比亚大学的所有教师有着共享现实，与世界各地其他大学的其他学者有着共享现实。

在我的等级结构中，不同水平的社会认同对于我而言都很重要，也会影响我的感受、我的信念，以及我的选择。像其他人一样，我会选择为了这些社会身份的利益而努力工作（即服务于这些社会身份）。但是在特定的时间里，我偏向谁的利益会随着哪个社会认同水平得到凸显而发生变化。当凸显的是我所在系的教师的社会身份时，与其他系的教师利益相比，我就会更偏向前者的利益。但是当凸显的是我哥伦比亚大学教师的社会身份时，与其他大学的教师相比，我就会更喜欢哥伦比亚大学的所有教师。

在这些比较中，值得注意的是"与谁做比较"（in contrast to）的特异性。这种比较是在同一水平、同一维度进行的。当我作为哥伦比亚大学教师的社会身份凸显时，此时做的比较是说：相比其他大学教师的利益，我更偏向哥伦比亚大学教师的利益，而不是相比普林斯顿大学植物学系教师的利益，或是相比加拿大保守党成员的利益。

顺便说一下，在讨论社会冲突时，这种特异性是政治和媒体评论员应当注意的。当他们称某人为"伊斯兰恐怖分子"时，他们就指定了一个比较的水平，即与非伊斯兰教做比较，这就使得宗教团体之间的比较和冲突更加凸显。而这正是恐怖组织想要的，即把冲突变成不同共享信念（和共享价值观）之间的宗教战争。所以最好就简单地把他们叫作"恐怖分子"。

请注意，由于存在不同水平的社会认同，这就意味着，与当前凸显的社会身份（哥伦比亚大学的心理学教师）相比，一个用于比较的社会类别（哥伦比亚大学的非心理学教师）可能也是与你有着共同成员身份和社会身份的人（哥伦比亚大学教师）。但是，由于与当前凸显的身份形成了对比，用于比较的类别就会被视为一个外群体。而在其他情况下，当与另一个群体（非哥伦比亚大学教师）做比较时，同一个成员群体（哥伦比亚大学教师）就有可能被视为内群体。这揭示了人类社会认同的微妙心理。我们并不能简单地说群体成员和非群体成员直接对应着内群体和外群体。

虽然如此，但内群体成员身份对于人类而言是很重要的。事实上，有研究者认为内群体认同是首要的。[14] 这是有道理的，因为我们最有可能与我们的内群体成员建立共享现实、共享情感、共享信念和共享关注。正如前面所提到的，这并不意味着我们仅仅通过奖励我们的内群体成员来实现这一主要的认同。我们也可以通过惩罚外群体成员来做出反应，尤其当外群体被视为对内群体的安全和保障构成威胁时（即预防关注）。但重要的是，我们不需要通过惩罚外群体的成员来体验内群体积极性。我们对于内群体成员有着积极的情绪并且我们会倾向于他们的利益，这**并不**意味着我们必须对外群体产生消极的体验。[15] 例如，有证据表明，儿童对内群体成员表现出积极偏差的同时并不会对外群体表现出消极性。[16]

人类的竞争与合作

需要指出的是，关于内群体－外群体歧视存在一个普遍的误解。一种普遍的观点认为，人们是好斗的、好竞争的。在谈到人际或群际竞争的获胜者时，人们会提及弗洛伊德的攻击本能以及达尔文的"适者生存"。这就使我们最终会以攻击性的竞争来描述人类的动机，即认为是"狗咬狗"的动机在驱使着我们。

260

这就会导致一种错误的观念，认为内群体－外群体歧视会使我们对外群体表现出攻击性和竞争性的行为，而这就是为什么内群体－外群体歧视是糟糕的。这确实有可能发生，但通常情况是我们会与内群体成员合作，以提高我们的群体相对于外群体成员的地位。我们和我们的内群体成员合作，以使内群体成员占优势。即使当我们建造防御工事，比如壕沟（或护城河）和城墙时，我们也是通过与他人合作来建造它们的。即使在战斗中，我们也要团结一致，共同打败敌人。在实际行动方面，在防御外群体的同时，我们也在**与内群体成员合作**。在篮球、排球和足球等运动中，不论输赢，运动员们都会在球场上彼此合作。是的，他们可以被描述为试图打败对方，但是为了达到这个目的，他们需要与队友合作。如果他们拒绝同队友合作，那他们在队里就坚持不了多久。

我们与我们的内群体成员合作，这样做是为了使"我们"相比"他们"具有积极的优势。然而，我们合作这件事并不意味着我们正在做的是一件对的事。合作涉及与他人建立一种共享现实，这可能产生有益的结果，但也可能产生有害的结果。在内群体－外群体歧视的情况下，这可能对内群体有利，而对外群体有害。我们确实可以通过与内群体成员合作来伤害外群体成员。但是，再重复一遍：伤害外群体并不是我们与内群体成员合作的必要组成部分。例如，你可以捐出自己的一部分资金帮助那些需要帮助的家庭成员，但同时并不想伤害任何外群体的成员。

顺便说一句，如果人类真的是"狗咬狗"的极端竞争者，那为什么我们不把竞争时的行为称为"人咬人"的行为呢？这对于狗来说似乎不太公平，毕竟它们是从具有高度社会性的狼进化而来的，它们的标志性特征就是在猎杀其他动物时进行合作。他们不会自相残杀。有更多的证据表明，人类是有这种行为的（想想食人族），但这对于我们来说也很罕见，而且大多是禁忌。我觉得是时候改掉"狗咬狗"的说法了。

除了希望"我们"相比"他们"具有积极的优势，源于共享社会认同的合作还可能带来另一个意想不到的负面结果，并且这种结果没能引起我们的注意。当人们在群体中一起工作时，他们通常认为彼此是内群体成员，拥有共同的社会身份。这使得他们的互动相对顺畅、轻松和愉快。但这**不**一定会让他们更有**生产力**。事实上，凸显他们的共享身份也会使他们的共享情感、共享信念和共享兴趣更易得（相比他们**不**共享的东西）。这对于群体来说可能会是个问题，因为群体成员会经常讨论他们彼此共享的东西，而不是他们不

261

共享的东西。这意味着在每个群体中，成员独有的信息不会与其他群体成员交换，这会导致群体决策过程相对**不那么有效**。[17]

为了说明基于共同社会身份（相比无共同社会身份）、共享现实的群体过程的利弊两面性，一项研究检视了新成员加入老成员群体的影响。其中，新成员要么是与老成员群体保持同质的内群体成员，要么是使群体变得更加多样化的外群体成员。[18]在第四个成员（新成员）到来之前，三个老成员开始围绕一个分配给他们的问题展开讨论。老成员们来自同一个兄弟会（或同一个姐妹会），新成员要么也是该兄弟会（内群体）的成员，要么是不同兄弟会（外群体）的成员。在研究开始前，通过在墙上张贴大型横幅以及写上兄弟会（姐妹会）的名字来凸显兄弟会（姐妹会）成员的社会身份。

重要的是，有**外群体**新成员的小组在任务中表现得更好，尤其是当他们给予新成员更多的关注时。但有趣的是，这种出色的表现却**没有被注意到**。事实上，当新成员是内群体成员而非外群体成员时，老成员们对于自己的表现更有信心，并且报告说他们的组内互动更有效。与他人之间的共享现实创造了一种彼此联系和认知权威的**体验**，但这些体验并**不一定**反映了实际的表现。

群体同质性（group homogeneity）可能是一个问题，因为群体成员假定与其他群体成员存在共享现实，进而不会努力向彼此学习那些事实上他们未曾共享的东西。[19]相反，在群体中有一个外群体的成员可以让人们更加努力地去了解关于某个问题的所有不同信息，因为此时你无法想当然地认为你们都有着相同的感受、信念、观点或知识。这对于群体过程来说是一个优势。事实上，有证据表明，即使是通过最简单的办法提高社会类别多样性，例如穿着不同颜色的衬衫来搭配房间里不同颜色的区域（蓝色或红色），也会让人们在群体讨论中更多地考虑所有可用的信息，这进一步提高了群体的表现（例如在谋杀谜案中判定是谁犯下了谋杀罪）。[20]

社会角色和社会位置

在人类社会中，人们通过协调彼此的社会角色一起工作。事实上，当我们相互交流时，我们就在协调说者和听者的角色。我们不仅要协调角色，还要互换角色。轮流当说者或听者是人际沟通的基础，而且正如第 3 章所讨论的，这是一件需要儿童花时间去有效学习的事情。它是人类发展过程中与他人建立共享现实的一个基本组成部分。

扮演和协调社会角色

与不同社会角色有关的共享现实影响着我们的行为。鲍勃·扎伊翁茨（Bob Zajonc），社会心理学史上的另一位重要人物，在一项关于说者与听者角色的经典研究中证明了这一点。所有的被试阅读一封求职者写给潜在雇主的信，信中包含他的资历和背景信息。被试需要想象求职者是一个什么样的人。在读完信件后，他们被分配说者（信息发送者）或听者（信息接收者）的角色。在这两个角色中，他们分别需要发送关于信件作者的信息，以便信件接收者能够了解他，或是从发送给他们的信息中获得关于信件作者的更多信息。在沟通开始之前，说者和听者都需要写下他们从求职信中了解到的关于求职者的事情。这项研究发现，甚至是在沟通发生之前，说者角色写下的关于信件作者的信息也比听者角色写下的信息更有条理并且更加具体。[21]这种差异与人们对角色的期望有关，即期望说者能够清晰地描述一个信息话题，以及期望听者对一个信息话题保持开放的态度（如第 1 章所讨论的）。

263

与不同社会角色有关的共享现实不仅影响我们的行为，也影响我们看待世界的方式。阅读接下来的故事，并想象你是一个在收集信息的窃贼：

> 两个男孩一直跑到家门口的马路上才停下来。"看吧，我告诉过你今天是个逃学的好日子。"马克说。"妈妈星期四从来不在家。"他补充道。高高的树篱把房子挡在路边，于是两人漫步穿过景色优美的庭院。"我从来不知道你家这么大。"皮特说。"是啊，自从爸爸装了新的石头壁板，还加了壁炉以后，现在可比以前好多了。"
>
> 房子有前门和后门，还有一个通往车库的侧门，车库里除了三辆停着的10速自行车，什么都没有。他们走进侧门，马克解释说门总是开着的，以防他的妹妹们比她们的母亲早到家。
>
> 皮特想看看房子，于是马克从客厅开始。客厅和楼下其他地方一样，都是新粉刷过的。马克打开了音响，声音让皮特很担心。"别担心，最近的房子在400米以外呢。"马克喊道。皮特观察到那个大院子外的任何方向都看不到房子，这才让他感到安心。
>
> 餐厅里摆满了瓷器、银器和水晶玻璃，这里没有可以玩耍的地方，于是孩子们转移至厨房并做了三明治。马克说，他们不会去地下室，因为自从安装了新的管道后，地下室就变得潮湿发霉。
>
> "这是我爸爸保存他的名画和收藏他的硬币的地方。"马克边说边凝视着书房。马克吹嘘说，他随时都可以花钱，因为他发现他爸爸在抽屉里放了很多钱。
>
> 楼上有三间卧室。马克给皮特看了他妈妈的壁橱，里面装

满了皮草，还有一个上锁的盒子，里面装着她的珠宝。他妹妹们的房间很无趣，除了被马克搬进他的房间的彩色电视机。马克吹嘘说，大厅里的洗手间是他的，因为他妹妹们的房间里增加了一个供她们专用的洗手间。不过，他房间里最大的亮点是已经腐烂的旧屋顶上正在漏水的天花板。

现在把目光从书上移开，拿张纸或者到你的电脑前，写下你能 *264*
记住的关于这个房子的事。**不要回头再看这个故事。**

现在你已经写下你能记得的，看看你写的东西。这和窃贼的角色有关吗？还有什么信息是你没写下来的吗？现在我们换个角色。想象一下，你现在不再是个窃贼，而是一个购房者。现在作为一个购房者，你能想到故事中的其他信息吗？

我在我的社会心理学导论课程中进行了这项研究，并发现了与原始研究中相同的基本结果。[22] 通过角色的转换，人们通常会记住更多的信息——增加了约 20% 的信息，并记住了更多与购房者有关的物品，而这些物品在之前窃贼的角色中是没能被记住的。这些与购房者有关的额外物品被想起来，这意味着这些物品在最初是被注意到甚至被存储了的。但是在扮演窃贼的角色时，由于它们与这个角色无关，它们就没有被记住；可见，信息的易得性取决于其相关性。[23] 还需要注意的是，在扮演窃贼的角色时，一些与购房者有关的物品在一开始就没有得到太多注意，也没有被存储起来——在最初的研究中约有 20%。例如，你是否记得在你的第一次回忆中，房子的庭院是"精美的景观"或者房子有"新的石壁板"？如果被试最开始扮演的是购房者的角色而非窃贼的角色，这些物品就会更容易被回想起来。

我们的共享现实与我们对那些能有效履行社会角色的人的期望

309

（甚至包括如何能成为一个有效的窃贼）有关，它通过确定什么是相关的和重要的来创造一种世界观，进而影响我们对世界的感知和记忆。当我们从一种角色转换到另一种角色时，"这个世界上哪些东西重要"也会发生相应的变化。虽然你不太可能在购房者和窃贼之间转换角色，但你会经常在职业角色和家庭角色之间转换，并且共享关联（shared relevance）上的这种转换将影响到你在生活中会关注什么以及记住什么。需要强调的是，这些角色——甚至是那些我们没有亲自扮演的角色，比如窃贼——都是我们作为特定群体成员所习得的共享现实。此外，对一个特定角色（比如妻子或丈夫的角色）的期望会因群体的不同而有所不同。

265　　沟通分析（transactional analysis）的先驱埃里克·伯恩（Eric Berne）在他的著作《人间游戏》（*Games People Play*）[24] 中描述了一种特别有趣的情形，它与亲密关系中不同角色之间的转换有关。伯恩受到弗洛伊德以及精神分析的另一位先驱哈里·斯塔克·沙利文（Harry Stack Sullivan）的启发。伯恩以弗洛伊德提出的本我、自我和超我状态作为类比，描述了当个体扮演孩子、家长和成人的角色时在亲密关系中所发生的事情。根据伯恩的观点，扮演这些角色会产生如下心理特征：

孩子角色：有直觉力，有创造力，自发，有趣。
家长角色：传统，权威，负责，养育。
成人角色：成熟，务实，有执行力，解决问题。

当两个人互动的时候，他们可以各自扮演这三个角色中的任何一个。但不同角色组合的稳定性各不相同。例如，家长 - 家长组合不大稳定，因为你不能让两个人在互动中都扮演权威的角色，它会导致冲突。不同的角色组合的有效性也不同，但这取决于具体情况，取决于两个人在一起做什么。例如，成人－成人组合可以非常有效，但是根据伯恩的说法，在性关系中，孩子－孩子组合更加有效，因为这种活动更多的是自发的和有趣的，而不是务实的或以解决问题为导向的（例如，"现在，让我们想想如何以实际的方式完成这件事"）。

这些角色组合的一个有趣特征是，同一话语可以采用不同的表达方式，进而产生不同的角色组合。比如，"黄油在哪儿？"这个问题可以采用中性的、纯粹的信息搜寻的方式来表达，进而创造出一种成人－成人组合。这会产生一个成人式的回答，比如："我想它在冰箱门的顶层。"同样的话语也可以采用抱怨的方式来表达，进而创造出一种孩子－家长组合。这会产生一个家长式的回答，比如："继续找。我知道你自己能找到。"或者，还可以采用愤怒要求的方式来表达，进而创造出一种家长－孩子组合。这会产生一个孩子式的回答，比如："我没有动过它。你为什么怪我？"

值得注意的是，你可以进行角色的转换。例如，在夫妻关系中，可以是成人－成人一起解决问题，孩子－孩子一起玩耍，以及丈夫和妻子轮流扮演家长－孩子角色，而这取决于当下谁需要被安慰。*266* 这种角色转换对于关系而言是有益的，也说明了我们通过协调社会角色来与他人建立共享现实的好处。

但不幸的是，也有不健康的角色转换。一个特别有害的例子是一些男老板针对他们的女员工的行为。他们之间的关系应该是职业性的，也就是成人－成人关系。但是男老板可以扮演玩耍的孩子角色，通过所谓的调情迫使女员工进行孩子－孩子式的性行为。这可能会导致性骚扰。此外，面对老板扮演的玩耍的孩子角色，女性员工不能像家长一样对孩子做出回应，因为在扮演孩子的老板面前，她通常没有权力在这种家长－孩子关系中扮演家长的角色。实际上，男老板更有可能像一个权威人物那样，创造出一种家长－孩子组合，迫使女雇员扮演孩子的角色而依赖老板。对于一个被逼迫的职业女性来说，这些角色组合是非常不健康的。这再一次说明了我们人类与他人建立共享现实的动机的弊端。

　　我觉得伯恩的分析很有意思的地方在于，人们可以被他们的互动伙伴压迫或约束，而不得不去扮演某些角色。这可能发生在一些简单的事情上，比如伴侣以成人、孩子或家长的语气询问："黄油在哪里？"还有一个相对普遍的例子，可以说明角色关系动态中的共享现实会带来的弊端。这种情况可能发生在大学生在假期时回家，希望他们的父母以新的"成年大学生"的成人身份来对待他们的时候。他们想要进行成人之间的互动。可问题是，他们的父母很自然地用先前建立的家长－孩子角色组合与他们进行互动。当他们这样做的时候，成年大学生会感受到压力，被迫接受孩子的角色。这不是他们喜欢扮演的成人角色。我给学生们的建议是，告诉他们的父母，他们更喜欢成人之间的互动；但同时要记住，一些家长－孩子式的互动也可以是美妙的事情。还有谁比你的亲生父母更适合这么做呢？哦，还有一件事。有时候家长也需要安慰，而学生也可以扮演养育者的角色。

267　　人们不仅扮演角色，还被他人视为角色扮演者。在人类社会中，有两种角色在他人看来特别重要，即男性角色和女性角色。对于许多人来说，关于这些角色的共享现实是对男性和女性期望的传统观点。例如，男性传统上被期望是坚定的，而女性则不是。传统上人们期望女性（而不是男性）是养育者。这些不同的角色期望会给个人带来压力，要求他们按照这些期望的方式行事。

　　由于存在这些不同的角色期望和要求，即使实际行为**相同**，男性和女性也可能被感知为不同的。[25] 例如，一名男性坚定的行为会被感知为像一个男人一样强大和果断，而女性的相同行为则会被感知为令人惊讶的和不合适的、具有攻击性的，甚至是粗鲁的。另一个例子是，女性的关心和支持行为可能被感知为女性应该做的，而男性的相同行为则可能被感知为令人惊讶的、极其善良的和有帮助的。显然，把这两种情况放在一起，男女角色的差异会导致女性的潜在劣势。

社会位置

社会位置（social position）是指任何被社会认可的类别（即共享现实），它包含对其成员属性的期望。[26] 社会角色构成社会位置，这些社会位置对于扮演该角色的人**应当**如何表现（即他们的责任和义务）有着**指令性**期望（injunctive expectations）。一个社会中还存在其他一些社会位置，这些社会位置也是关于某个社会类别的成员的共享现实，但是它们并没有涉及关于类别成员应该如何表现的指令性期望，而是涉及关于社会类别成员**将会**如何表现的**描述性**期望（descriptive expectations）。这些描述性的社会期望也可以影响行为。[27]

其中一种重要的作用方式就是罗伯特·默顿所称的"自证预言"。仅仅因为某些人是从属于某一社会类别的成员，人们就会认为他们具有某些属性（即使他们不具备这些属性）。然后，他人会对他们做出反应，就好像他们真的具有这些属性。这些对他们的反应，反过来又会导致他们做出相应的回应，这种回应方式最终导致对他们的期望得以实现。

关于这种过程，一个常见的例子就是，教师对某一特定类别的学生抱有期望，导致教师对这些学生采取某些行为，而这些行为最终导致这些学生实现了这些期望。这是罗伯特·罗森塔尔（Robert

268

Rosenthal）和莉诺·雅各布森（Lenore Jacobson）在研究中所发现的，他们在经典著作《教室里的皮格马利翁》（*Pygmalion in the Classroom*）中描述了这项研究。[28]研究者随机选取一组学生，而他们的老师并不知道这是随机选取的，并被告知这些学生是潜在的"大器晚成者"。这种社会类别的分配产生了期望，即老师们认为如果给予适当的支持和指导，这些学生将脱颖而出。这导致老师们针对他们的行为表现与之前有所不同。把这些学生分到"大器晚成者"这种社会类别的影响是很大的，因为随着时间的推移，他们的学习成绩比其他学生的成绩提高了更多——最终在事实上，他们变得更加优秀了。

这项研究说明了这种自证预言的潜在好处。但时常也会出现不利的一面。一系列的研究清楚地展示了自证预言过程的动态变化是如何产生弊端的。[29]第一项研究检视了白人男性大学生面试官在面试前来申请职位的年轻男性高中生时是如何表现的。高中生应聘者不是白人就是黑人。其中一个测量指标是面试官在面试应聘者时选择保持的身体距离。为了获得这个测量指标，主试假装发现房间里没有为面试官准备的椅子，并让面试官从隔壁房间拿来一把椅子。这项研究发现，与白人应聘者相比，白人面试官把他们的椅子放得离黑人应聘者更远。相比白人应聘者，面试官还选择更早地结束针对黑人应聘者的面试，并且在面试黑人应聘者时，他们的语言不如面对白人应聘者时流利且条理清晰。

在第二项研究中，主试对白人面试官进行培训：他们要么以第一项研究中白人面试官面试黑人应聘者的方式（黑人应聘者面试风格）来面试应聘者，要么以第一项研究中白人面试官面试白人应聘者的方式（白人应聘者面试风格）来面试应聘者。经过这两种不同面试风格的培训后，所有白人面试官都只面试真正的白人应聘者。

269

他们要么采用白人应聘者的面试风格，要么采用黑人应聘者的面试风格。与接受白人应聘者面试风格的白人应聘者相比，接受黑人应聘者面试风格的白人应聘者在面试中表现得更糟。当然，在日常情况下，年轻的黑人男性应聘者通常会接收到黑人应聘者的面试风格，这使他们最终成为自证预言的受害者。

顺便说一下，自证预言可能会以有害的方式发挥作用的另一种情况出现在治疗师与来访者的互动中。以接受过治疗师实训的我的个人体会而言，极有可能产生破坏性自证预言的来访者类别是那些被诊断为"依赖型"和"被动攻击型"的来访者。但是我在实训过程中遇到的最糟糕的社会类别任务是，我被告知我的下一个来访者一直被他以前的治疗师诊断为患有"孟乔森综合征"（Muchanusen syndrome）。这些病人被认为在**装病**。想象一下他们将如何被回应，以及这些回应将如何影响他们。避免这一类别的自证预言是一个巨大的挑战。

我在第 5 章讨论了苏珊·安德森关于移情的重要研究。她的工作可以被概念化为：人们将一个新认识的人分配到一个由他们的重要他人（比如他们的母亲）组成的类别中的过程。在移情中，这个类别是根据重要他人（比如他们的母亲）的属性来定义的；这个新认识的人和重要他人有着一些相似之处，即使相似之处很小。尽管这个新人并不具备他们重要他人的许多属性，但人们通常的反应就好像这个新人**确实**具备这些缺失的属性。这就好像是一个人生活中的某个重要他人已经占据此人社会世界中一个特定的社会位置——成为一个在描述上具有预期属性的社会类别——因而现在出现的一个新人就有可能被其感知为该社会类别的一员。安德森和她的同事发现，对新人的移情不仅包括与重要他人共享的情感，还包括与重要他人共享的世界观。

新人与被试重要他人的相似性激活了他们与重要他人共享的世界观，包括共享的价值观、共享的政治和宗教信仰，以及共享的意义体系。[30] 这使得被试相信他们可能在与这个新人互动的过程中形成对生活的共同理解。此外，当他们被要求为即将到来的、与这个新人的互动选择一个话题时，他们更有可能选择一个和与他们重要他人共享的价值观相关的话题，而这个话题并不一定是与这个新人所共享的。这意味着，与重要他人之间的共享现实提供了一个支撑平台，使得和这个某种程度上与重要他人相似的人建立起共享现实成为可能。这当然是有效的，但是考虑到这种相似之处可能相当肤浅（例如个人习惯），并且与新人的世界观之间并没有实际的关联，这种移情也会成为了解此人真实情况的一种障碍。况且，如果这个新人的价值观与重要他人的截然不同，那么交往本身可能就无法顺利进行。

从共享现实中创造出一个"我们"

弗里茨·海德（Fritz Heider）是社会心理学最重要的历史人物之一。他因在归因和认知一致性方面的贡献而闻名。事实上，我一直认为他的经典著作《人际关系心理学》（*The Psychology of Interpersonal Relation*）[31] 这个标题有点奇怪，因为他谈论的是人的感知和认知的一致性。在我看来，他是社会认知和动机认知方面的先驱。不过我现在能够理解他的确是在讲人际关系，并对社会关系动态有着重要的见解。[32]

海德的见解之一是区分了**情感**关系（sentiment relation）和**单元**关系（unit relation），然后思考它们如何相互影响。情感关系可以是积极的，也可以是消极的，分别对应着**喜欢**（like）或**不喜欢**（dislike）。单元关系也可以是积极的或消极的，分别对应着**关联**

（associated）或**分离**（disassociated）。例如，**我**和**我的朋友**之间的关系在情感和单元两方面都是积极的（即我喜欢我的朋友，并且我们有着亲密的关系），**我**和**我的敌人**之间的关系在情感和单元两方面都是消极的（即我不喜欢我的敌人，并且我们彼此回避）。但情感和单元也可以是独立的，甚至是相反的。人们可以喜欢某个积极参照群体里的成员，但并不是他们的单元成员，就像蓝领工人崇拜亿万富翁一样。人们也可以与他们不喜欢的兄弟姐妹或者是他们现在憎恨的婚姻伴侣有着一种单元关系（积极的单元，消极的情感）。

271

　　亲密关系之所以复杂，正是因为这种关系（以及与之相反的关系）中可能存在情感和单元的不同组合。例如，如果一个妻子不仅厌恶她的丈夫（带有消极情感的积极单元），还爱上了已婚的、从来没有与她交谈过的瑜伽教练（带有积极情感的消极单元），那么这段婚姻就真的会出现问题。海德关于社会关系动态的讨论最吸引人的地方在于，他分析了人们如何试图通过改变单元和情感来创造它们之间的**平衡**，以理解和处理正在经历的问题。在前面的例子中，妻子可以和她的丈夫离婚，并让瑜伽教练和他的妻子离婚，然后和她结婚。如果做不到这一点（毕竟这非常困难），她也可以改变认知（即综合考虑而言，她丈夫确实比瑜伽教练更适合她）。这种感知上的改变可能也需要做出大量认知上的努力。

　　海德的想法在广义层面适用于共享现实，以及通过共享现实来建立令人满意的亲密关系。举个例子，夫妻之间存在建立共享现实的现象，也就是说，感知到他们和他们的伴侣对于世界上的事物有着相同的感受和信念（尽管实际上没有）。例如，有证据表明，当丈夫和妻子认为他们对理想婚姻的看法相同（即使理想婚姻是指刻板印象中的理想婚姻），或者相信他们和他们的伴侣都会以建设性的方式解决婚姻冲突时，那么不管他们感知到的共享观点是否实际上**真**

的相同，他们都会感到婚姻关系更加令人满意。[33] 事实上，感知到的或体验到的共享现实比现实本身能在**更大**程度上决定一段关系的成败，这正说明了共享现实的体验对于人类至关重要。

还有证据表明，与某人相似（比如一个学生和另一个学生性别相同或者是同乡）其实并**不是**喜欢那个人的关键。与他人一起体验某种共享现实才更加重要，尤其当你相信你与那个人共享关于某事的相同主观体验时，比如当你们两个对第三个学生的反应相同时——这就是所谓的"我"共享（I sharing，看到"我和另一个我"）。[34] 正如第 2 章所讨论的，当一个孩子和一位家长对他们正在看的相同物体表现出兴趣和兴奋态度时，这种情况就会发生。由于这种共享现实包含社会关系动机，我们就会预期，当个体亲近他人的动机很强烈时，就一个人对另一个人产生积极情感这个方面而言，"我"共享会是一个更加重要的影响因素。事实确实如此。[35] 此外，还有证据表明，正如儿童共享现实发展的第一阶段是与他们的重要他人共享情感一样，成年人与他人建立亲密关系的第一阶段也是共享情感。[36]

海德强调，个体感知到共享单元和情感，对于关系满意度真的非常重要。尤其是正如我刚才提到的，感知到的相似性比实际的相似性更重要。尽管已有文献指出，个体产生相似性感知是因为他们将自己对关系的感知投射到伴侣身上，但我认为，相似性感知之所以产生是因为在认知动机和社会关系动机层面，处在一个积极单元关系中的伴侣想要与另一个人建立共享现实。

海德的**单元**概念在阿特·阿伦（Art Aron）及其同事的研究中得到了重要的延伸。阿伦等拓展了"将他人纳入自我"（也就是说，将自我从一个"我"的元素扩展为一个"我们"的单元）对于亲密关系的意义。他们开发了一种人际关系亲密度的测量方法，即用如下图所示的文氏图来测量体验到的他人和自我的关系。[37]

请圈出下面最能描述你们关系的图

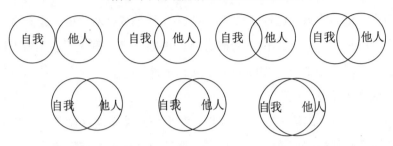

　　一些采用"将他人纳入自我"（Inclusion of Other in the Self）量表的研究发现，这一工具可以预测三个月后的恋爱关系是否仍然完整，以及更普遍的婚姻满意度。它也与其他测量亲密度或"我们"感（we-ness）的工具（与文氏图具有不同特征的工具）之间存在正相关。例如，研究者要求有恋爱关系的被试就他们目前的恋爱关系（不管是积极的还是消极的）分享一些想法。他们的回答会按照所包含的是复数名词（we, us, our）还是单数人称代词（I, me, mine）来编码。研究发现，被试"将他人纳入自我"的程度与使用复数"we"相关词汇的频率之间存在显著的正相关。[38]

　　关于亲密关系的文献已经发现，不同类型的人际交流可以增强伴侣之间的亲密感和亲近感。一些研究者强调，每个人在关系中告诉伴侣他或她的感受、信仰、担忧、恐惧和梦境（即**自我表露**，self-disclosure）是很重要的。[39] 这种亲密关系在第 3 章讨论过——它在共享协调角色出现时就开始了。除了这种反复的自我表露，同样重要的是，那些接收到自我表露的伴侣去确认和验证他们的伴侣已经向他们表露过的感受、信念和关切（即实际上做出**回应**），并且那些做出自我表露的伴侣感知到了对方的回应。[40]

　　研究还发现了作为关系满意度强有力预测因素的另一种人际交流类型，即让你的伴侣对你的好消息做出回应。事实上，与你的伴

273

侣**分享你的好消息**，让你的伴侣表达与你的积极情感相匹配的积极感受（对你的感受进行社会验证），这比让他或她对你的坏消息做出恰当的反应（比如提供适当的支持）更能促进亲密关系。[41] 积极回应你伴侣的好消息会增强好消息的积极性，即共享现实会使积极的消息更加**真实**。

值得注意的地方在于，这些有助于提升关系满意度的人际交流都涉及在伴侣之间建立共享现实，即互相表露、互相回应、互相分享好消息。更具体地说，它们创造了共享的情感、态度和观点，进而创造了彼此的关联。这是什么意思？这就是说，不仅伴侣之间有共享的情感，而且他们之间还通过相互联系形成了一个积极的单元——"我们"。正如海德所说，情感和单元的结合创造了一种**非常平衡**的关系。

最近也有一些证据直接支持这样的观点，即当人们建立起彼此共享的现实时，他们的亲密感或"我们"感就会增强。[42] 一项研究使用了第 1 章讨论过的"言表为实"范式，并操纵了沟通者接收到的来自听众的反馈是"成功"（共享现实）还是"失败"（无共享现实），即听众是否听懂了沟通者在谈论谁。通过测量"将他人纳入自我"的程度或是感受到"我们"的程度，研究发现，相比接收到失败反馈（无共享现实）的沟通者，接收到成功反馈（共享现实）的沟通者感觉和听众更加亲密。这项研究还发现，成功或失败反馈对亲密度的影响取决于沟通者对听众的认知信任度和社会关系信任度。

另一项研究发现，当要求被试写下他们与伴侣之间的对话时，如果被试在这些对话中体验到较高程度（相比较低程度）的共享现实，他们就会感觉与伴侣更加亲密——在写作中更多地使用复数名词（we, us, our）。最后，对于处在恋爱关系中的伴侣，研究者通过问卷测量了他们在关系中感知到的共享现实（例如，"我们通常对事

274

物有着相同的想法和感受”“通过我们的讨论，我们经常会形成一个共同的观点”）。其中，被试的问卷得分越高，就预示他们会感觉与伴侣越亲近。研究中测量亲近程度的指标既包括“将他人纳入自我”，也包括在描述彼此的关系时使用复数名词（we, us, our）的情况。[43]

我们从已有关于人际关系的研究中得知，与他人建立共享现实是一件好坏参半的事情。它既可以让我们感觉到与他人的关联——一种“我们”感——也可以让我们觉得自己的内群体是**特殊的**，以及外群体成员应该被回避甚至受到惩罚，从而把我们割裂。而且，与外群体成员的互动本身也可能存在利弊两面性，因为它既可能减弱人际关联的感受，甚至是制造冲突，但也可以提高注意力，让人们围绕一个问题注意到所有可用的信息，从而提升任务表现。

对于人类而言，令人着迷的（或令人不安的，或充满希望的）是，同一群体可以在不同时间被体验为内群体或外群体（取决于当前的社会类别和对照类别）。此外，我们不需要成为某个群体的一员，甚至不需要见过这个群体的成员，这个群体照样可以影响我们。共享现实对我们社会互动的这些影响源于认知和关系动机。是的，人类是复杂的，但是有一点很明确，共享现实是我们与他人相处的基础。

┃ 注　释 ┃

275

1. 关于这项研究的方法与结果的更详细内容，见 Tajfel, Flament, Billig, & Bundy, 1971。
2. 有一部吸引人的电影就是关于这项原始研究的，你可以在 YouTube 上找到它，片名叫《风暴之眼》（The Eye of the Storm，又名《棕眼睛和蓝眼睛种族主义实验》）。

3. 在开展这项研究的时候，简·埃利奥特接收到了来自社会的强烈负面反馈。一种批评是说孩子们太小了，不适合参与这项研究，并且它会给他们带来消极的结果。我认为这种批评是有道理的。至少，需要得到孩子父母的同意才能让他们参加实验。此外，研究可能让这些儿童在生活中产生消极的体验，并且他们可能会在研究结束后持续这样的行为。按照心理学研究的伦理准则，上述理由都意味着不应该开展这项研究。从简·埃利奥特的角度来说，公平而言，这些伦理准则在当时并不明确，并且她只是开展了一项活动，而不是为了发表成果进行研究。她也只是想让儿童学习到重要和有益的东西，并且她没有因为孩子们的行为而责备他们。因此，这项活动**不同于**米尔格拉姆（Milgram, 1974）声名狼藉的研究项目（在《超越苦乐原则》一书中，我从共享现实的视角对这个问题进行了详细的讨论；见 Higgins, 2012）。不过，这项研究确实不应该以这种方式去开展。

4. 见 Sherif, Harvey, White, Hood, & Sherif, 1961。

5. 见 Tajfel et al., 1971。

6. 见 Allport, 1954; Campbell, 1956。

7. 关于社会类别的进一步讨论，另见 Brewer, 2007。

8. 见 Tajfel, 1982。另见 Hogg & Abrams, 1993; Hogg & Rinella, 2018。

9. 例见 Turner, Hogg, Oakes, Reicher, & Wetherell, 1987。

10. 见 Tajfel, 1974, 1981; Tajfel & Turner, 1979。另见 Commins & Lockwood, 1979。

11. 见 Shah, Brazy, & Higgins, 2004。

12. 见 Gonsalkorale & von Hippel, 2012。

13. 例见 Brewer, 1991。

14. 关于这个问题详细深入的综述，见 Brewer, 2007。

15. 例见 Brewer, 2007。

16. 见 Cameron, Alvarez, Ruble, & Fuligni, 2001。

17. 例见 Stasser, 1992, 1999。关于共享现实对群体生产力造成潜在危害的综述，见 Levine, Resnick, & Higgins, 1993。

18. 见 Phillips, Liljenquist, & Neale, 2009。

19. 与之相关的视角，见 Apfelbaum, Phillips, & Richeson, 2014。

20. 见 Loyd, Wang, Phillips, & Lount, 2013。

21. 见 Zajonc, 1960。

22. 见 Anderson & Pichert, 1978。

23. 见 Eitam & Higgins, 2010。

24. 见 Berne, 1964。

25. 关于角色期望影响感知的经典讨论和证据，见 Jones & Davis, 1965; Jones, Davis, & Gergen, 1961。

26. 见 Stryker & Statham, 1985。

27. 关于指令性规范和描述性规范之间差异的进一步讨论，以及它们对行为产生的独立影响，见 Cialdini, 2003; Cialdini, Reno, & Kallgren, 1990。

28. 见 Rosenthal & Jacobson, 1968。

29. 见 Word, Zanna, & Cooper, 1974。

30. 见 Andersen & Przybylinski, 2018; Przybylinski & Andersen, 2015。

31. 见 Heider, 1958。

32. 关于海德以及其他"认知一致性"理论家的工作在共享现实和人际关系层面的启示的更充分讨论，见 Rossignac-Millon & Higgins, 2018a。

33. 例见 Acitelli, Douvan, & Veroff, 1993; Acitelli, Kenny, & Weiner, 2001。关于社会学层面的符号互动视角的讨论，另见 Berger & Kellner, 1964; Stephen, 1984。

34. 见 Pinel, Long, Landau, Alexander, & Pyszczynski, 2006。

276

35. 见 Pinel er al., 2006。

36. 关于这类证据的综述，见 Rossignac-Millon & Higgins, 2018b。

37. 见 Aron, Aron, & Smollan, 1992。利用文氏图表征自我－他人关系亲密度的想法源于莱文杰和斯诺克（Levinger & Snoek, 1972），尤其是勒温（Lewin, 1948）的早期研究工作。他们用不同生活空间领域的重叠程度来表征人际关系，比如代表"自我"的生活空间领域与代表"伴侣"的生活空间领域的重叠程度。菲茨西蒙斯等（Fitzsimons, Finkel, & Vandellen, 2015）在其"交互目标动态"（transactive goal dynamics）理论模型中对于亲密关系中"我们"的体验进行了拓展。他们指出，反复一起体验共享目标和共享目标追求过程（比如夫妻一起养育孩子／或一起买房子）可以让伴侣双方变成同一调节系统（regulatory system）。

38. 见 Agnew, Van Lange, Rusbult, & Langston, 1998。

39. 例见 Derlega, Metts, Petronia, & Margulis, 1993。

40. 例见 Laurenceau, Barrett, & Pietromonaco, 1998; Reis & Patrick, 1996; Reis & Shaver, 1988。

41. 例见 Gable, Gonzaga, & Strachman, 2006; Gable, Gosnel, Maisel, & Strachman, 2012; Gable & Reis, 2010; Gable, Reis, Impett, & Asher, 2004; Reis et al., 2010。

42. 见 Rossignac-Milon, Bolger, & Higgins, 2016。

43. 见 Rossignac-Milon et al., 2016。

结　语

一切源于共享关联

"愿你生活在有趣的时代。"（May you live in interesting times.）①
这句谚语据说是源于中国的一个诅咒。以前，我认为我想生活在这
种"有趣"的年代。但现在我不确定了，它可能的确是一个诅咒。
尽管人们确实创造了有趣（吸睛）的年代，但当下持有不同政治见
解的人们之间正在发生的冲突已经达到令人不安的激烈程度。这些
政治冲突清楚地说明了本书中描述的共享现实所带来的利弊。基于
共享的情感、信念和看法，每一个政治群体都变得**更强大**了。但是，
这些共享现实间的差异也正**将我们割裂**。

　　当今可供人们使用的新媒体技术也没能帮上什么忙。每个政
治群体的支持者都可以选择只接收社交媒体中支持他们共享现实
的那些信息，这也形成了一种新的表述——"政治泡"（political
bubble）。当我们进入"政治泡"时，我们就沐浴在纯粹的社会验证
之中。还有其他人赞同我们关于这个世界的情感、信念和看法，这
是一件多么美妙的事啊！一些人只看福克斯新闻，另一些人只看
MSNBC电视台。重要的是，每个政治群体的支持者都认为他们接收
到的不是"假消息"或者"部分事实"。他们认为这就是真相，是全
部的真相和纯粹的真相。他们会认为，令人遗憾和愤怒的是，**另外**

---

　　①　实为反语，指兵荒马乱的年代。——译者注

那个政治群体的成员才是只接收到"假消息"和"部分事实"的人。我们当前这个充满"政治泡"的世界正是共享现实使我们割裂的重要源头。于是，你会说："好吧，就算是这样，我们能做什么呢？"我认为，我们必须找到一条出路，在不同政治群体的支持者之间建立起共享现实。只有通过这种办法，两个群体才会开始感觉彼此关联并产生信任。我们从哪里开始呢？我们要从共享关联开始。

278

为了理解我们需要做什么以及如何做，我们现在回到起点——回到儿童和照护者之间共享现实的形成时期。我在第 2 章曾讲到，即使是婴儿也可以体验到与照护者之间的共享现实。婴儿会逐渐习得一件事：他们与照护者同样喜欢或不喜欢什么东西，即共享的评价性反应。但是我也强调，在共享评价性反应之前还需要存在共享关联。

当儿童与照护者同时注意一个事物时，当他们认为那个事物值得注意时，他们不仅都认为它很有趣，还会对它做出同样的评价性反应。他们都认为它很吸引人，或者都认为它令人不安。不过，虽然通常儿童和照护者对于同样引人注意的东西会做出共享的评价性反应，但他们并不一定非要体验到共享现实。儿童和他们的照护者无须通过对同一事物做出共享的评价性反应来告诉彼此他们觉得这个事物有趣，他们只需要同时认为"它是有关联的"就可以了。实际上，从共享关联开始，当父母认为孩子的反应过于积极或消极时，他们经常试图改变他们的孩子对某个事物的反应。

如果一名幼儿兴奋地走向一条看起来很刻薄的狗并想要抚摸它，279
家长就会发出信号：别靠近这条狗。此时的共享关联是，这条狗（或者这种类型的狗）值得注意。但同时，关于如何对它做出评价性反应，家长和孩子之间并不存在共享现实。照护者认为，孩子对狗的反应过于积极了。相反的情况也很常见，即父母试图降低孩子对某事物的极度负面反应。儿童可能会对陌生的事物表现得过度恐惧。还用狗来举例，家长认为会对孩子很友好的狗，孩子却感受到了它的威胁，于是家长把狗带到孩子面前让孩子摸摸它，以减少对狗的消极反应。家长把狗带到孩子面前这件事说明家长与孩子都认为狗是他们共享的关联。孩子和家长共享的是，狗值得注意，家长并没有与孩子共享孩子最初对狗的评价性反应。

当幼儿摔倒并难过的时候会发生什么事呢？父母并不会忽视这件事。他们可能会走过去扶起孩子并温柔地拍掉孩子身上的草或是土。他们给孩子的信号是：他或她值得被注意。他们共享了关联。但他们通常不希望孩子对于摔倒这件事太难过，因此不会给孩子发出类似"你应该为这件事难过"的信号（即使孩子的确很难过）。

共享关联为建立共享现实提供了基础。另一个人也认为某样东西或某件事值得注意，这种体验会让我们建立起与这个人的亲密关系以及最初的信任：关于这个世界，这个人和我有着同样的看法。

虽然目前我们还没有就某些事物做出同样的评价性反应或是有着同样的信念，但是我们都认为这些事物是重要的。这对于儿童和照护者建立亲密关系至关重要。这对于治疗师和来访者建立良好关系也至关重要。

思考这个例子。一名男性来访者在接受治疗时说："我的妻子不爱我，我感到孤独。"他的治疗师回答："你认为你的妻子不爱你，而且你感到孤独。"治疗师仔细注意听来访者的话并简单地重复了这句话。这被称为"镜映"（mirroring），因为治疗师只是把来访者的话重复了一遍。要注意的是，治疗师并**没有**赞同来访者的信念，也**没有**赞同来访者对这一信念的情绪反应。这并不是共享信念或者共享情绪反应。在这个例子中，它本身不是共情，也不是"我感受到了你的痛苦"。相反，这是共享关联。治疗师传达的意思是，关于来访者妻子对他的感受，来访者的信念和情绪反应对于治疗师来说也是高度相关的——它们如此相关以至于值得治疗师密切关注并重复这些话。正如之前讲到的照护者-儿童的例子，治疗通常始于这种共享关联并承认这种共享关联，不过随后治疗师就会开始尝试**改变**来访者的信念和情绪反应。毕竟这是一次治疗。

治疗师可能会从来访者关于妻子的看法开始。"你认为你的妻子不爱你，这很重要，让我们聊聊这件事。"说这样的话并不意味着治疗师接受或证实了这种看法："你太对了，你的妻子不爱你。"相反，治疗师会质疑这种信念的可靠性，尝试确定和发现这种信念的来源。治疗通常不需要也不会始于来访者与治疗师共享的信念，或者关于（来访者生活中的）人和事的共享情绪反应。而且，通常在治疗结束时，来访者的信念和情绪反应会发生改变。

那么，治疗中的镜映技术及共享关联是用来干什么的呢？它被用于在来访者和治疗师之间建立亲密关系。这是一个开端，可以为后续的互动提供基础；只有这样才有可能使情绪反应和信念发生变化，也才能使新的共享评价和共享信念得以建立。照护者－儿童关系也是如此。我相信，内群体－外群体关系（不同的政治群体）依然如此。

我得解释一下。我不是说不同的政治群体就像是儿童、照护者、来访者或治疗师。我也不是说他们应该被视为这类人。实际上，由于这些群体间的关系非常不一样，他们也**不**应该被视为这类人，并且一个群体不应当扮演一种特殊的角色。政治群体不应当被视为儿童或有治疗需要的来访者。我所说的是，在儿童－照护者（或来访者－治疗师）关系形成的早期阶段所采用的办法（即使用共享关联来建立亲密关系和最初的信任），也适用于政治内群体－外群体关系形成的早期阶段。

那么要怎么做呢？我们可以效仿儿童－照护者关系，让人们认识到，有许多政治和政策问题是政治群体中的两派都认为重要的和值得高度关注的。许多重要的共享关联往往被我们忽视。比如，想象一下下面的场景：

> 支持不同政治党派的两个人正在激烈地争吵，他们围绕各种问题讨论政府应该或不应该做的事。他们围绕他们国家的移民问题争论。他们围绕公民被持枪者杀害问题争论。然后他们讨论税收问题并围绕减税问题争论。接下来是关于改善医疗健康系统，并持续了好一会儿。正当他们还在争论时，第三个人来了，并问他们在争吵什么。他们回答他们在讨论移民、枪支、减税和医疗健康系统。新来的人很困惑和吃惊。他说道："为什么浪费你们的时间讨论这些事？它们不重要。哈库拉玛塔塔（Hakuna matata）——无忧无虑是我的人生哲学。"

你认为前面两个正在争吵的人会对第三个人做出什么样的反应？我知道我会如何反应。我会认为新来的人很烦，并且完全不想和**他**说话。[1] 我会突然感觉与正在争论的人更亲近了："至少他知道这个世界上哪些事情重要。他关心这些事。关于在这些问题上应该怎么做，我们现在或许没有达成共识，但至少我们都认为它们值得关注。我们应该更多地交流，以便看看我们是否能找到彼此相同的点，以及发现一些我们都认可的、认为应该制定的政策。"

对于在政治问题上有不同立场和信念的不同群体，我们应当找到它们之间存在的共享关联。我们和他们之间的共享关联可能多于我们和其他人之间的共享关联，比如那些只关心自己的人，或是愤世嫉俗地认为每个人都是骗子，而我们做什么也不能让世界变得更好，或是放弃思考如何解决这世上的问题的人（那些只会说哈库拉玛塔塔的人）。不同政治群体的成员或许都对现状不满、都想做出改变，并且都愿意采取行动去改变，这并不少见。这意味着除了共享关联（哪些问题值得关注），他们还具有共享情感（他们都对现状不满）以及共享信念（他们都认为只有采取行动才能做出改变）。这至少是一个好的开始。[2]

现在让我们效仿来访者-治疗师关系。当与持有不同政见的某人争论时，仔细地听你的对话方所说的内容，并通过某种形式来重复他或她的话，以表明你已经听到他或她所说的话："我听到你所说的是……""如果我没听错，你是说……"识别出哪些是与你对话的人所谈论的重要问题，并将它们与他或她关于这个问题的特定立场和信念相分离。在之前的来访者例子中，对于来访者而言，重要的是他的妻子对他的感受，而这与他认为妻子不爱他的信念是区分开的。治疗师可以表明只共享来访者的问题，无须共享来访者关于这个问题的信念以及对这个问题的情绪反应。同样，你可以表明你只赞同与你对话的人所说的问题很重要，并且值得密切关注。然后，尝试理解他或她在这个问题上的评价性反应和信念的来源。因为这不是心理治疗，所以之后你也可以尝试让与你对话的人理解你对这个问题（你们都认为很重要）的情绪和评价性反应的来源。请尝试基于共享关联的体验来共同建立一些共享信念和观点。

顺便说一句，我并不是说与不同政治群体成员建立起共享关联是件容易的事。毕竟这还是政治，在政治问题上存在许多阻碍共享关联建立的因素。在建立共享关联方面有一个明显的障碍，这就是由于高度差异化的意识形态，两个政治群体对于同样的问题可能存在竞争性的理念，即使他们都认为这个问题很重要。例如，两个群体都认为减税很重要，但一个群体认为给小企业减税值得关注，而另一群体则认为给工人减税才值得关注。

另一个阻碍共享关联建立的因素更微妙并且具有政治策略性。不同政治党派的成员选择强调某些问题并非由于它们与他们的意识形态契合，而是由于它们给予了他们政治上的优势。例如，一个政治群体可能认为在某个特殊问题上，他们的党派比竞争者具有政治优势（比如相比竞争党派，选民们更青睐他们党派在医疗健康上的立场）。那么，他们就会试图把这个问题提到政治日程的前列。一个经典的例子是，当 1992 年比尔·克林顿和乔治·布什进行总统竞选时，詹姆斯·卡维尔（James Carville）创造了那句话："笨蛋，经济才是重要的！"强调经济才是重要问题的初衷是想增加克林顿一方的凝聚力，但是它最终变成克林顿竞选的实际口号，并被认为在选举中对他们一方是有利的。

这种试图通过控制注意来获得政治优势的尝试甚至被加以利用，以便对竞选候选人的人格维度进行挑选，而这表面看来对于竞选团队而言是非常关键的。人们用来评价他人的两个重要维度是**温暖**

283

（warmth）和**能力**（competence）。³如果必须择其一，你认为就成为一个好的美国总统而言，哪个维度更重要呢？答案取决于你的政治党派吗？下面这句格言表明好像确实与政治党派有关："如果你到了20岁还不是民主党人，你没有心；如果你到了40岁还不是共和党人，你没有脑子。"⁴

如果你是一名民主党成员，你认为什么样的人应该当总统？当然是一个温暖和体贴的人（最好还年轻）。如果你是一名共和党成员呢？当然是一个有能力和智慧的人（最好还年长）。不过，民主党和共和党实际真正强调的维度取决于哪个维度能在选举中为他们的候选人带来优势。如果是2012年奥巴马（被感知为在温暖维度上有优势）和罗姆尼（被感知为在能力维度上有优势）之间的总统竞选的话，那么确实，民主党强调温暖而共和党强调能力。但如果是2004年小布什（被感知为在温暖维度上有优势）和戈尔（被感知为在能力维度上有优势）之间的总统竞选的话，则是民主党强调能力而共和党强调温暖。哪个人格维度被认为更重要取决于谁能带给候选人优势。⁵

因此，建立共享关联并不总是很容易，尤其是在政治群体之间。但在更广泛的领域，总是存在共识，比如儿童健康、安全和教育总是很重要和值得关注，这些问题在共享关联上程度较高。因此在来来回回的讨论后，对于哪些是值得关注的问题，最初的分歧可能会趋于一致。例如，不同的党派可能会认为给小企业和工人减税**都是**值得关注的。给小企业和工人减税同样值得关注，这是由于减少小企业纳税有助于雇到更多的工人，而给工人减税可以让他们有更多的钱购买小企业提供的货物和服务。就好像强调我们的政治领袖应该既温暖又有能力，这有什么错呢？

是的，我们需要建立共享关联。而且为了达到这个目的，我们需要更好地与他人建立联系，向他人学习，找到共同点，并一起建

284

立共享现实。这对于我们与其他人类或是动物（见第4章）的关系来说都是正确的做法。人类和其他动物的生存取决于我们彼此的联系和相互学习。我们无须去异域或外星球发现新世界。我们只需要密切关注周围其他的人类和动物：哪些东西对于他们来说是重要的但却被我们忽视或忽略了？我们只需要密切关注那些就在我们眼前而被我们错过的世界。

一切源于共享关联。不论是照护者－儿童关系、来访者－治疗师关系、亲密同伴间的关系、人类与其他动物之间的关系，还是内群体－外群体关系，我们都需要在最开始建立起一种关联感以及最初的信任，营造出共享关联的体验。是的，我们还需要超越共享关联去建立共享的评价性反应和共享信念，但是建立共享关联为随后的一切提供了基础。我希望我们能够寻找机会来建立这个基础。[6]

| 注　释 |

1. 在这方面，有意思的是，莱文和鲁巴克（Levine & Ruback, 1980）发现，如果某人对于其他人感兴趣的话题表现得**漠不关心**，那么，相比在同一问题上持不同意见的人，被试对这个漠不关心者的评价会更加消极，并会降低与此人进一步交流的愿望。

2. 我意识到，我提出的建议——当和另一个人之间存在冲突时，你应该寻找共享关联——可能会令一些读者感到吃惊。可能以前有人教给我们的做法是，当某个问题对于两个党派都很重要时，应该回避谈论这个问题。可能以前我们学到的是，此时应该寻找被各自党派赋予不同重要程度的问题来进行讨论。这样，党派之间可以就这些问题进行利弊交换（相互吹捧）；也就是说，在对于一方而言不怎么重要的问题上，这一方牺牲得多一些，而在对于一方而言相对重要的问题上，这一方得到的多一些，即用不重要问题上的损失来交换重要问题上的收益。就多年讲授谈判课程的经验而言，我赞同这种"综合来看"的谈判策略。但是，为了就同一问题进行谈判，双方必须都感觉这个话题值得关注、值得讨论。如果没有关于话题的共享关联，就没有关于话题的对话，也就没有了谈判。只有建立了共享关联，对话才能开始。此时，由于双方都认为这个问题值得讨论，双方就会感觉彼此紧密联系。

3. 见 Fiske, Cuddy, & Glick, 2007。

4. 据说，这个现代版本的说法源于弗朗索瓦·基佐（Francois Guizot, 19 世纪中叶的历史学家和政治家）的一句名言。它将共和党人刻板化为缺乏同理心（无心），并将民主党人刻板化为缺少现实性（无脑）。见 Cornwell, Bajger, & Higgins, 2015。

5. 见 Cornwell et al., 2015。

6. 这篇后记的题目是"一切源于共享关联"。从我所讨论的内容来看，"一切"是指"关系"。那么为什么不说"一切关系源于共享关联"呢？是因为这里的"一切"不仅仅局限于关系。举一个例子，同一语言群体的共享实践可能是使用一个特定的名称来指代一个特殊的东西，比如用一个特殊的名称来称呼一种类型的雪，这种共享实践只会发生在这个语言群体的成员（比如因纽特人）都认为这一特殊事物值得关注的情况之下，即关于这个事物存在共享关联的体验。另一个例子是，在玩一种特殊游戏（比如棒球）的时候，共享协调角色只会发生在人们认为这种游戏值得关注的情况之下，即关于这个活动存在共享关联的体验。同样，如果彼此存在共享关联的人遇到了其他不存在共享关联的人，那么因认识到这种共享关联而产生的亲密关系可能就会增强。不存在共享关联的人可能会说："雪就是雪。雪都一样。为什么你们要给一样的东西起不一样的名称？一个名称就够了。"或是："为什么有人想要扔一个小球或者试图用球棒打到它？"所有这**一切**都源于共享关联。

参考文献

Acitelli, L. K., Douvan, E., & Veroff, J. (1993). Perceptions of conflict in the first year of marriage: How important are similarity and understanding? *Journal of Social and Personal Relationships, 10,* 5–19.

Acitelli, L. K., Kenny, D. A., & Weiner, D. (2001). The importance of similarity and understanding of partners' marital ideals to relationship satisfaction. *Personal Relationships, 8,* 167–185.

Agnew, C. R., Van Lange, P. A. M., Rusbult, C. E., & Langston, C. A. (1998). Cognitive interdependence: Commitment and the mental representation of close relationships. *Journal of Personality and Social Psychology, 74,* 939–954.

Akimoto, S. A., & Sanbonmatsu, D. M. (1999). Differences in self-effacing behavior between European Americans and Japanese Americans: Effect on competence evaluations. *Journal of Cross-Cultural Psychology, 30,* 159–177.

Allport, G. W. (1954). *The nature of prejudice.* Cambridge, MA: Addison-Wesley.

Allport, G. W. (1955). *Becoming: Basic considerations for a psychology of personality.* New Haven, CT: Yale University Press.

Allport, G. W., & Postman, L. J. (1945). Psychology of rumor. *Transactions of the New York Academy of Sciences, 8,* 61–81.

Allport, G. W., & Postman, L. J. (1947). *The psychology of rumor.* New York, NY: Holt, Rinehart, & Winston.

Alwin, D. F., Cohen, R. L., & Newcomb, T. M. (1991). *The women of Bennington: A study of political orientations over the life span.* Madison: University of Wisconsin Press.

Ambrose, S. E. (1992). *Band of brothers: E Company, 506th Regiment, 101st Airborne from Normandy to Hitler's Eagle's Nest.* New York, NY: Simon & Schuster.

Andersen, S. M., & Baum, A. (1994). Transference in interpersonal relations: Inferences and affect based on significant-other representations. *Journal of Personality, 62,* 459–497.

Andersen, S. M., & Berk, M. S. (1998). Transference in everyday experience: Implications of experimental research for relevant clinical phenomena. *Review of General Psychology, 2,* 81–120.

Andersen, S. M., & Chen, S. (2002). The relational self: An interpersonal social-cognitive theory. *Psychological Review, 109,* 619–645.

Andersen, S. M., & Cole, S. W. (1990). "Do I know you?" The role of significant others in general social perception. *Journal of Personality and Social Psychology, 59,* 384–399.

Andersen, S. M., Glassman, N. S., Chen, S., & Cole, S. W. (1995). Transference in social perception: The role of chronic accessibility in significant-other representations. *Journal of Personality and Social Psychology, 69,* 41–57.

Andersen, S. M., & Przybylinski, E. (2018). Shared reality in interpersonal relationships. *Current Opinion in Psychology, 23,* 42–46.

Andersen, S. M., Reznik, I., & Glassman, N. S. (2005). The unconscious relational self. In R. R. Hassin, J. S. Uleman, & J. A. Bargh (Eds.), *The new unconscious* (pp. 421–481). New York, NY: Oxford University Press.

Anderson, R. C., & Pichert, J. W. (1978). Recall of previously unrecallable information following a shift in perspective. *Journal of Verbal Learning and Verbal Behavior, 17,* 1–12.

Apfelbaum, E. P., Phillips, K. W., & Richeson, J. A. (2014). Rethinking the baseline in diversity research: Should we be explaining the effects of homogeneity? *Perspectives on Psychological Science, 9,* 235–244.

Aron, A., Aron, E. N., & Smollan, D. (1992). Inclusion of Other in the Self Scale and the structure of interpersonal closeness. *Journal of Personality and Social Psychology, 63,* 596–612.

Asch, S. E. (1952). *Social psychology.* Englewood Cliffs, NJ: Prentice-Hall.

Asch, S. E. (1956). Studies of independence and conformity: A minority of one against a unanimous majority. *Psychology Monographs, 70*(9), 1–70.

Atkinson, J. W. (1953). The achievement motivation and recall of interrupted and completed tasks. *Journal of Experimental Psychology, 46,* 381–390.

Austin, J. L. (1962). *How to do things with words.* Oxford, England: Oxford University Press.

Baas, M., De Dreu, C. K. W., & Nijstad, B. A. (2011). When prevention promotes creativity: The role of mood, regulatory focus, and regulatory closure. *Journal of Personality and Social Psychology, 100,* 794–809.

Baer, R., Hinkle, S., Smith, K., & Fenton, M. (1980). Reactance as a function of actual versus projected autonomy. *Journal of Personality and Social Psychology, 38,* 416–422.

Baillargeon, R., Scott, R. M., & He, Z. (2010). False-belief understanding in infants. *Trends in Cognitive Sciences, 14,* 110–118.

Baldwin, J. M. (1897). *Social and ethical interpretations in mental development*. New York, NY: Macmillan.

Baldwin, M. W., & Holmes, J. G. (1987). Salient private audiences and awareness of the self. *Journal of Personality and Social Psychology, 52*, 1087–1098.

Bandura, A. (1986). *Social foundations of thought and action: A social cognitive theory*. Englewood Cliffs, NJ: Prentice-Hall.

Baron-Cohen, S. (1995). *Mindblindness: An essay on autism and theory of mind*. Cambridge, MA: MIT Press.

Bartlett, F. C. (1932). *Remembering*. Cambridge, England: Cambridge University Press.

Bar-Yosef, O. (2002). The Upper Paleolithic revolution. *Annual Review of Anthropology, 31*, 363–393.

Bassili, J. N. (1995). Response latency and the accessibility of voting intentions: What contributes to accessibility and how it affects vote choice. *Personality and Social Psychology Bulletin, 21*, 686–695.

Bates, E., Camaioni, L., & Volterra, V. (1975). The acquistion of performatives prior to speech. *Merrill-Palmer Quarterly, 21*, 205–226.

Beck, A. T., Rush, A. J., Shaw, B. F., & Emery, G. (1979). *Cognitive therapy of depression*. New York, NY: Guilford.

Berger, P., & Kellner, H. (1964). Marriage and the construction of reality. *Diogenes, 46*, 1–24.

Berk, M. S., & Andersen, S. M. (2000). The impact of past relationships on interpersonal behavior: Behavioral confirmation in the social-cognitive process of transference. *Journal of Personality and Social Psychology, 79*, 546–562.

Berndt, T. J. (1983). Social cognition, social behavior, and children's friendships. In E. T. Higgins, D. N. Ruble, & W. W. Hartup (Eds.), *Social cognition and social development: A socio-cultural perspective* (pp. 158–1189). New York, NY: Cambridge University Press.

Berne, E. (1964). *Games people play*. New York, NY: Ballantine Books.

Blos, P. (1961). *On adolescence*. New York, NY: Free Press.

Bowlby, J. (1969). *Attachment and loss: Vol. 1. Attachment*. New York, NY: Basic Books.

Bowlby, J. (1973). *Attachment and loss: Vol. 2. Separation: Anxiety and anger*. New York: Basic Books.

Boyd, R., Richerson, P. J., & Henrich, J. (2011). The culural niche: Why social learning is essential for human adaptation. *Proceedings of the National Academy of Sciences of the United States of America, 108*, 10918–10925.

Bratman, M. E. (1992). Shared cooperative activity. *Philosophical Review, 101,* 327–341.

Brauer, M., & Judd, C. M. (1996). Group polarization and repeated attitude expressions: A new take on an old issue. *European Review of Social Psychology, 7,* 173–207.

Brehm, J. W. (1966). *A theory of psychological reactance.* New York, NY: Academic Press.

Bretherton, I. (1991). Pouring new wine into old bottles: The social self as internal working model. In M. R. Gunnar & L. A. Sroufe (Eds.), *Self processes and development: The Minnesota Symposia on Child Psychology* (Vol. 23, pp. 1–41). Hillsdale, NJ: Erlbaum.

Brewer, M. B. (1991). The social self: On being the same and different at the same time. *Personality and Social Psychology Bulletin, 17,* 475–482.

Brewer, M. B. (2007). The social psychology of intergroup relations: Social categorization, ingroup bias, and outgroup prejudice. In A. W. Kruglanski & E. T. Higgins (Eds.), *Social psychology: Handbook of basic principles* (2nd ed., pp. 695–715). New York, NY: Guilford.

Brown, J. S. (1948). Gradients of approach and avoidance responses and their relation to motivation. *Journal of Comparative and Physiological Psychology, 41,* 450–465.

Brown, R. W. (1958a). How shall a thing be called? *Psychological Review, 65,* 14–21.

Brown, R. W. (1958b). *Words and things.* New York, NY: Free Press.

Brownell, C. A., Nichols, S., & Svetlova, M. (2005). Early development of shared intentionality with peers. *Behavioral and Brain Sciences, 28,* 693–694.

Bruner, J. S. (1983). *Child's talk: Learning to use language.* New York, NY: Norton.

Butterworth, G., & Jarrett, N. (1991). What minds have in common is space: Spatial mechanisms serving joint visual attention in infancy. *British Journal of Developmental Psychology, 9,* 55–72.

Camacho, C. J., Higgins, E. T., & Luger, L. (2003). Moral value transfer from regulatory fit: "What feels right *is* right" and "what feels wrong *is* wrong." *Journal of Personality and Social Psychology, 84,* 498–510.

Cameron, J. A., Alvarez, J. M., Ruble, D. N., & Fuligni, A. J. (2001). Children's lay theories about ingroups and outgroups: Reconceptualizing research on prejudice. *Personality and Social Psychology Review, 5,* 118–128.

Campbell, D. T. (1956). Enhancement of contrast as composite habit. *Journal of Abnormal and Social Psychology, 3,* 350–355.

Carmichael, L., Hogan, H. P., & Walter, A. A. (1932). An experimental study of the effect of language on the reproduction of visually perceived form. *Journal of Experimental Psychology, 15,* 72–86.

Carpenter, M., Nagel, K., & Tomasello, M. (1998). Social cognition, joint attention, and communicative competence from 9 to 15 months of age. *Monographs of the Society for Research in Child Development, 63*(4), 1–143.

Carver, C. S., & Scheier, M. F. (1981). *Attention and self-regulation: A control-theory approach to human behavior.* New York, NY: Springer-Verlag.

Carver, C. S., & Scheier, M. F. (1998). *On the self-regulation of behavior.* New York, NY: Cambridge University Press.

Carver, C. S., & Scheier, M. F. (2008). Feedback processes in the simultaneous regulation of action and affect. In J. Y. Shah and W. L. Gardner (Eds.), *Handbook of motivation science* (pp. 308–324). New York: Guilford Press.

Case, R. (1985). *Intellectual development: Birth to adulthood.* New York, NY: Academic Press.

Case, R. (1992). *The mind's staircase: Exploring the conceptual underpinnings of children's thought and knowledge.* New York, NY: Psychology Press.

Chouinard, M. (2007). Children's questions: A mechanism for cognitive development. *Monographs of the Society for Research in Child Development, 72*(1), 1–112.

Chun, J. S., Ames, D. R., Uribe, J. N., & Higgins, E. T. (2017). Who do we think of as good judges? Those who agree with us *about us. Journal of Experimental Social Psychology, 69,* 121–129.

Cialdini, R. B. (2003). Crafting normative messages to protect the environment. *Current Directions in Psychological Science, 12,* 105–109.

Cialdini, R. B., Levy, A., Herman, C. P., & Evenbeck, S. (1973). Attitudinal politics: The strategy of moderation. *Journal of Personality and Social Psychology, 25,* 100–108.

Cialdini, R. B., Levy, A., Herman, C. P., Kozlowski, L., & Petty, R. E. (1976). Elastic shifts of opinion: Determinants of direction and durability. *Journal of Personality and Social Psychology, 34,* 663–672.

Cialdini, R. B., & Petty, R. E. (1981). Anticipatory opinion effects. In R. E. Petty, T. M. Ostrom, & T. C. Brock (Eds.), *Cognitive responses in persuasion* (pp. 217–235). Hillsdale, NJ: Erlbaum.

Cialdini, R. B., Reno, R. R., & Kallgren, C. A. (1990). A focus theory of normative conduct: Recycling the concept of norms to reduce littering in public places. *Journal of Personality and SocialPsychology, 58,* 1015–1026.

Clark, H. H. (1996). Communities, commonalities, and communication. In J. J. Gumperz & S. C. Levinson (Eds.), *Rethinking linguistic relativity* (pp. 324–355). Cambridge, England: Cambridge University Press.

Commins, B., & Lockwood, J. (1979). The effects of status differences, favored treatment, and equity on intergroup comparisons. *European Journal of Social Psychology, 9,* 281–289.

Cooley, C. H. (1964). *Human nature and the social order.* New York, NY: Schocken Books. (Original work published 1902)

Cooley, C. H. (1962). *Social organization: A study of the larger mind.* New York, NY: Schocken Books. (Original work published 1909)

Cornwell, J. F. M., Bajger, A. T., & Higgins, E. T. (2015). Judging political hearts and minds: How political dynamics drive social judgments. *Personality and Social Psychology Bulletin, 41,* 1053–1068.

Cornwell, J. F. M., & Higgins, E. T. (2015). The "ought" premise of moral psychology and the importance of the ethical ideal. *Review of General Psychology, 19,* 311–328.

Cornwell, J. F. M., & Higgins, E. T. (2016). Eager feelings and vigilant reasons: Regulatory focus differences in judging moral wrongs. *Journal of Experimental Psychology: General, 145,* 338–355.

Corriveau, K. H., Kinzler, K. D., & Harris, P. L. (2013). Accuracy trumps accent in children's endorsement of object labels. *Developmental Psychology, 49,* 470–479.

Crowe, E., & Higgins, E. T. (1997). Regulatory focus and strategic inclinations: Promotion and prevention in decision-making. *Organizational Behavior and Human Decision Processes, 69,* 117–132.

Cuc, A., Ozuru, Y., Manier, D., & Hirst, W. (2006). The transformation of collective memories: Studies of family recounting. *Memory and Cognition, 34,* 752–762.

Damon, W. (1977). *The social world of the child.* Washington, DC: Jossey-Bass.

Darwin, C. (1859). *Origin of species.* London, England: John Murray.

Darwin, C. (1868). *The variation of animals and plants under domestication.* London, England: John Murray.

Deaux, K. (1996). Social identification. In E. T. Higgins & A. W. Kruglanski (Eds.), *Social psychology: Handbook of basic principles* (pp. 777–798). New York, NY: Guilford.

De Beaune, S. A., & White, R. (1993). Ice Age lamps. *Scientific American, 268*(3), 108–113.

Deci, E. L., & Ryan, R. M. (1985). *Intrinsic motivation and self-determination in human behavior.* New York, NY: Plenum.

Deci, E. L., & Ryan, R. M. (2000). The "what" and the "why" of goal pursuits: Human needs and the self-determination of behavior. *Psychological Inquiry, 11,* 227–268.

Derlega, V. J., Metts, S., Petronia, S., & Margulis, S. T. (1993). *Self-disclosure.* Newbury Park, CA: SAGE.

Derryberry, D., & Reed, M. A. (1998). Anxiety and attentional focusing: Trait, state and hemispheric influences. *Personality and Individual Differences, 25,* 745–761.

Dix, T., Cheng, N., Day, W. (2009). Connecting with parents: Mothers' depressive symptoms and responsive behaviors in the regulation of social contact by one- and young two-year-olds. *Social Development, 18,* 24–50.

Dodge, K. A., Coie, J. D., & Lynam, D. (2006). Aggression and antisocial behavior in youth. In N. Eisenberg (Ed.), *Handbook of child psychology: Vol. 3. Social, emotional, and personality development* (6th ed., pp. 719–788). Hoboken, NJ: Wiley.

Dorval, B., & Eckerman, C. O. (1984). Developmental trends in the quality of conversation achieved by small groups of acquainted peers. *Monographs of the Society for Research in Child Development, 49*(2), 1–91.

Duval, S., & Wicklund, R. A. (1972). *A theory of objective self-awareness.* New York, NY: Academic Press.

Dweck, C. S., & Elliot, E. S. (1983). Achievement motivation. In P. H. Mussen (Ed.), *Handbook of child psychology, Volume IV: Socialization, personality, and social development* (pp. 643–691). New York: John Wiley & Sons.

Eagly, A. H., & Chaiken, S. (1993). *The psychology of attitudes.* New York, NY: Harcourt Brace Jovanovich.

Echterhoff, G., Higgins, E. T., & Groll, S. (2005). Audience-tuning effects on memory: The role of shared reality. *Journal of Personality and Social Psychology, 89,* 257–276.

Echterhoff, G., Higgins, E. T., Kopietz, R., & Groll, S. (2008). How communication goals determine when audience tuning biases memory. *Journal of Experimental Psychology: General, 137,* 3–21.

Echterhoff, G., Higgins, E. T., & Levine, J. M. (2009). Shared reality: Experiencing commonality with others' inner states about the world. *Perspectives on Psychological Science, 4,* 496–521.

Echterhoff, G., Kopietz, R., & Higgins, E. T. (2013). Adjusting shared reality: Communicators' memory changes as their connection with their audience changes. *Social Cognition, 31,* 162–186.

Echterhoff, G., Kopietz, R., & Higgins, E. T. (2017). Shared reality in intergroup communication: Increasing the epistemic authority of an out-group audience. *Journal of Experimental Psychology: General, 146*, 806–825.

Echterhoff, G., & Schmalbac, B. (2018). How shared reality is created in interpersonal communication. *Current Opinion in Psychology, 23*, 57–61.

Eckerman, C., Davis, C., & Didow, S. (1989). Toddlers' emerging ways to achieve social coordination with a peer. *Child Development, 60*, 440–453.

Eckerman, C., & Whitehead, H. (1999). How toddler peers generate coordinated action: A cross cultural exploration. *Early Education and Development, 10*, 241–266.

Eimas, P. D., Siqueland, E. R., Jusczyk, P., & Vigorito, J. (1971). Speech perception in infants. *Science, 171*, 303–306.

Eisenberg, N., & Fabes, R. A. (1998). Prosocial development. In W. Damon & N. Eisenberg (Eds.), *Handbook of child psychology: Social, emotional, and personality development* (5th ed., Vol. 3, pp. 701–778). New York, NY: Wiley.

Eisenberg, N., & Fabes, R. A. (1999). Emotion, emotion-related regulation, and quality of socioemotional function. In L. Balter and C. S. Tamis-LeMonda (Eds.), *Child psychology: A handbook of contemporary issues* (pp. 318–336). Philadelphia: Psychology Press.

Eisenberg, N., Fabes, R. A., & Spinrad, T. L. (2006). Prosocial development. In N. Eisenberg (Ed.), *Handbook of child psychology: Vol. 3. Social, emotional, and personality development* (6th ed., pp. 646–718). Hoboken, NJ: Wiley.

Eitam, B., & Higgins, E. T. (2010). Motivation in mental accessibility: Relevance of a Representation (ROAR) as a new framework. *Social and Personality Psychology Compass, 4*, 951–967.

Ellis, A. (1973). *Humanistic psychotherapy: The rational-emotive approach.* New York, NY: McGraw-Hill.

Erikson, E. H. (1963). *Childhood and society* (Rev. ed.). New York: Norton.

Fabes, R. A., Carlo, G., Kupanoff, K., & Laible, D. (1999). Early adolescence and prosocial/moral behavior I: The role of individual processes. *Journal of Early Adolescence, 19*, 5–16.

Fazio, R. H. (1995). Attitudes as object-evaluation associations: Determinants, consequences, and correlates of attitude accessibility. In R. E. Petty & J. A. Krosnick (Eds.), *Attitude strength: Antecedents and consequences* (pp. 247–282). Mahwah, NJ: Erlbaum.

Festinger, L. (1950). Informal social communication. *Psychological Review, 57*, 271–282.

Festinger, L. (1954). A theory of social comparison processes. *Human Relations, 1*, 117–140.

Festinger, L. (1957). *A theory of cognitive dissonance.* Evanston, IL: Row, Peterson.

Fischer, K. W. (1980). A theory of cognitive development: The control and construction of hierarchies of skills. *Psychological Review, 87,* 477–531.

Fischer, K. W., & Lamborn, S. D. (1989). Sources of variation in developmental levels: Cognitive and emotional transitions during adolescence. In A. de Ribaupierre, K. Scherer, & P. Mounod (Eds.), *Transition mechanisms in child development: The longitudinal perspective* (pp. 33–67). Paris: European Science Foundation.

Fischer, K. W., & Watson, M. W. (1981). Explaining the Oedipus conflict. In K. W. Fischer (Ed.), *Cognitive development* (pp. 79–92). San Francisco, CA: Jossey-Bass.

Fiske, S. T., Cuddy, A. J. C., & Glick, P. (2007). Universal dimensions of social cognition: Warmth and competence. *Trends in Cognitive Science, 11,* 77–83.

Fitzsimons, G. M., Finkel, E. J., & Vandellen, M. R. (2015). Transactive goal dynamics. *Psychological Review, 122,* 648–673.

Flavell, J. H. (1999). Cognitive development: Children's knowledge about the mind. *Annual Review of Psychology, 50,* 21–45.

Flavell, J. H. (2004). Theory-of-Mind development: Retrospect and prospect. *Merrill-Palmer Quarterly, 50,* 274–290.

Förster, J., Grant, H., Idson, L. C., & Higgins, E. T. (2001). Success/failure feedback, expectancies, and approach/avoidance motivation: How regulatory focus moderates classic relations. *Journal of Experimental Social Psychology, 37,* 253–260.

Förster, J., & Higgins, E. T. (2005). How global vs. local perception fits regulatory focus. *Psychological Science, 16,* 631–636.

Förster, J., Higgins, E. T., & Bianco, A. T. (2003). Speed/accuracy decisions in task performance: Built-in trade-off or separate strategic concerns? *Organizational Behavior and Human Decision Processes, 90,* 148–164.

Förster, J., Higgins, E. T., & Idson, C. L. (1998). Approach and avoidance strength as a function of regulatory focus: Revisiting the "goal looms larger" effect. *Journal of Personality and Social Psychology, 75,* 1115–1131.

Fusaro, M., & Harris, P. L. (2013). Dax gets the nod: Toddlers detect and use social cues to evaluate testimony. *Developmental Psychology, 49,* 514–522.

Freitas, A. L., Liberman, N., Salovey, P., & Higgins, E. T. (2002). When to begin? Regulatory focus and initiating goal pursuit. *Personality and Social Psychology Bulletin, 28,* 121–130.

French, J. R. P. (1956). A formal theory of social power. *Psychological Review, 63,* 181–194.

French, J. R. P., & Raven, B. (1959). The bases of social power. In D. Cartwright (Ed.), *Studies in Social power* (pp. 150–167). Ann Arbor, MI: Institute of Social Relations.

Freud, A. (1937). *The ego and the mechanisms of defense*. New York: International Universities.

Freud, S. (1958). The dynamics of transference. In J. Strachey (Ed. & Trans.), *The standard edition of the complete psychological works of Sigmund Freud* (Vol. 20, pp. 99–108). London, England: Hogarth. (Original work published 1912)

Freud, S. (1961). The ego and the id. In J. Strachey (Ed. & Trans.), *Standard edition of the complete psychological works of Sigmund Freud* (Vol. 19, pp. 3–66). London, England: Hogarth. (Original work published 1923)

Friedman, R. S., Fishbach, A., Förster, J., & Werth, L. (2003). Attentional priming effects on creativity. *Creativity Research Journal, 15,* 277–286.

Friedman, R. S., & Förster, J. (2001). The effects of promotion and prevention cues on creativity. *Journal of Personality and Social Psychology, 81,* 1001–1013.

Fulmer, C. A., Gelfand, M. J., Kruglanski, A. W., Kim-Prieto, C., Diener, E., Pierro, A., & Higgins, E. T. (2010). On "feeling right" in cultural contexts: How person–culture match affects self-esteem and subjective well-being. *Psychological Science, 21,* 1563–1569.

Gabard-Durnam, L. J., Flannery, J., Goff, B., Gee, D. G., Humphreys, K. L., Telzer, E., . . . Tottenham, N. (2014). The development of human amygdala functional connectivity at rest from 4 to 23 years: A cross-sectional study. *Neuroimage, 95,* 193–207.

Gable, S. L., Gonzaga, G. C., & Strachman, A. (2006). Will you be there for me when things go right? Supportive responses to positive event disclosures. *Journal of Personality and Social Psychology, 91,* 904–917.

Gable, S. L., Gosnell, C. L., Maisel, N. C., & Strachman, A. (2012). Safely testing the alarm: Close others' responses to personal positive events. *Journal of Personality and Social Psychology, 103,* 963–981.

Gable, S. L., & Reis, H. T. (2010). Good news! capitalizing on positive events in an interpersonal context. *Advances in Experimental Social Psychology, 42,* 195–257.

Gable, S. L., Reis, H. T., Impett, E. A., & Asher, E. R. (2004). What do you do when things go right? The intrapersonal and interpersonal benefits of sharing positive events. *Journal of Personality and Social Psychology; Journal of Personality and Social Psychology, 87,* 228–245.

Garfinkel, H. (1967). *Studies in ethnomethodology*. Englewood Cliffs, NJ: Prentice-Hall.

Gergely, G., Bekkering, H., & Király, I. (2002). Rational imitation in preverbal infants. *Nature, 415,* 755.

Gibbons, A. (2007). Food for thought: Did the first cooked meals help fuel the dramatic evolutionary expansion of the human brain? *Science, 316,* 1558–1560.

Glassman, N. S., & Andersen, S. M. (1999). Activating transference without consciousness: Using significant-other representations to go beyond what is subliminally given. *Journal of Personality and Social Psychology, 77,* 1146–1162.

Glucksberg, S., & Krauss, R. M. (1967). What do people say after they have learned how to talk? Studies of the development of referential communication. *Merrill-Palmer Quarterly, 13,* 309–316.

Glucksberg, S., Krauss, R. M., & Higgins, E. T. (1975). The development of referential communication skills. In F. Horowitz, E. Hetherington, S. Scarr-Salapatek, & G. Siegel (Eds.), *Review of child development research* (Vol. 4. pp. 305–345). Chicago, IL: University of Chicago Press.

Goffman, E. (1959). *The presentation of self in everyday life.* Garden City, NY: Doubleday.

Goffman, E. (1961). *Encounters.* Indianapolis, IN: Bobbs-Merrill.

Gollwitzer, P. M. (1996). The volitional benefits of planning. In P. M. Gollwitzer and J. A. Bargh (Eds.), *The psychology of action: Linking cognition and motivation to behavior* (pp. 287–312). New York: Guilford.

Gonsalkorale, K., & von Hippel, W. (2012). Intergroup relations in the 21st century: Ingroup positivity and outgroup negativity among members of an internet hate group. In R. Kramer, G. Leonardelli, & R. Livingston (Eds.), *Social cognition, social identity, and intergroup relations: Festschrift in honor of Marilynn Brewer* (pp. 163–188). Boston, MA: Taylor & Francis.

Gopnik, A., & Graf, P. (1988). Knowing how you know: Young children's ability to identify and remember the sources of their beliefs. *Child Development, 59,* 98–110.

Grant Halvorson, H., & Higgins, E. T. (2013). *Focus: Use different ways of seeing the world for success and influence.* New York, NY: Penguin.

Greenwald, A. G., & Pratkanis, A. R. (1984). The self. In R. S. Wyer & T. K. Srull (Eds.), *Handbook of social cognition* (Vol. 3, pp. 129–178). Hillsdale, NJ: Erlbaum.

Grice, H. P. (1971). Meaning. In D. D. Steinberg & L. A. Jakobovits (Eds.), *Semantics: An interdisciplinary reader in philosophy, linguistics, and psychology* (pp. 436–444). London, England: Cambridge University Press.

Grice, H. P. (1975). Logic and conversation. In P. Cole & J. L. Morgan (Eds.), *Syntax and semantics: Vol. 3. Speech acts* (pp. 365–372). New York, NY: Seminar.

Guide. (1989). *Webster's Ninth New Collegiate Dictionary.* Springfield, MA: Merriam-Webster.

Gumperz, J. J., & Hymes, D. (Eds.). (1972). *Directions in sociolinguistics: The ethnography of communication.* New York, NY: Holt, Rinehart & Winston.

Hackman, J. R., & Katz, N. (2010). Group behavior and performance. In S. T. Fiske, D. T. Gilbert, and G. Lindzey (Eds.), *Handbook of social psychology, 5th Edition, Volume 2* (pp. 1208–1251). Hoboken, NJ:John Wiley & Sons.

Haidt, J. (2001). The emotional dog and its rational tail: A social intuitionist approach to moral judgment. *Psychological Review, 108,* 814–834.

Hamlin, J. K., Mahajan, N., Liberman, Z., & Wynn, K. (2013). Not like me = bad: Infants prefer those who harm dissimilar others. *Psychological Science, 24,* 589–594.

Harari, Y. N. (2015). *Sapiens: A brief history of humankind.* New York, NY: HarperCollins.

Hardin, C., D., & Higgins, E. T. (1996). Shared reality: How social verification makes the subjective objective. In R. M. Sorrentino & E. T. Higgins (Eds.), *Handbook of motivation and cognition: Vol. 3. The interpersonal context* (pp. 28–84). New York, NY: Guilford.

Harris, P. L. (2000). *The work of the imagination.* Oxford, England: Blackwell.

Harris, P. L. (2012). *Trusting what you're told: How children learn from others.* Cambridge, MA: Harvard University Press.

Harris, P. L., & Kavanaugh, R. D. (1993). Young children's understanding of pretense. *Monographs of the Society for Research in Child Development, 58*(1), 1–107.

Hart, D., & Matsuba, M. K. (2007). The development of pride and moral life. In J. L. Tracy, R. W. Robins, and J. P. Tangney (Eds.), *The self-conscious emotions: Theory and research* (pp. 114–113). New York: Guilford.

Harter, S. (1983). Developmental perspectives on the self-system. In P. H. Mussen (Ed.), *Handbook of child psychology: Vol. 4. Socialization, personality, and social development* (pp. 275–385). New York, NY: Wiley.

Harter, S. (1986). Cognitive-developmental processes in the integration of concepts about emotions and the self. *Social Cognition, 4,* 119–151.

Harter, S. (1999). *The construction of the self: A developmental perspective.* New York, NY: Guilford.

Harter, S. (2006). The self. In N. Eisenberg (Ed.), *Handbook of child psychology: Vol. 3. Social, emotional, and personality development* (6th ed., pp. 505–570). Hoboken, NJ: Wiley.

Harter, S. (2015). *The construction of the self: Developmental and sociocultural foundations* (2nd ed.). New York, NY: Guilford.

Hawkes, K. (2003). Grandmothers and the evolution of human longevity. *American Journal of Human Biology, 15,* 380–400.

Hay, D. F., & Rheingold, H. L. (1983). The early appearance of some valued behaviors. In D. L. Bridgeman (Ed.), *The nature of prosocial development: Interdisciplinary theories and strategies* (pp. 73–94). New York, NY: Academic Press.

Heider, F. (1958). *The psychology of interpersonal relations.* New York, NY: Wiley.

Heilman, M. D., & Toffler, B. L. (1976). Reacting to reactance: An interpersonal interpretation of the need for freedom. *Journal of Experimental Social Psychology, 12,* 519–529.

Heine, S. J., Lehman, D. R., Markus, H. R., & Kitayma, S. (1999). Is there a universal need for positive self-regard? *Psychological Review, 106,* 766–794.

Heiphetz, L., Spelke, E. S., Harris, P. L., & Banaji, M. R. (2014). The development of reasoning about beliefs: Fact, preference, and ideology. *Journal of Experimental Social Psychology, 49,* 559–565.

Henrich, J. (2016). *The secret of our success: How culture is driving human evolution, domesticating our species, and making us smarter.* Princeton, NJ: Princeton University Press.

Higgins, E. T. (1977). Communication development as related to channel, incentive, and social oclass. *Genetic Psychology Monographs, 96,* 75–141.

Higgins, E. T. (1981a). The "communication game": Implications for social cognition and persuasion. In E. T. Higgins, C. P. Herman, & M. P. Zanna (Eds.), *Social cognition: The Ontario Symposium* (pp. 343–392). Hillsdale, NJ: Erlbaum.

Higgins, E. T. (1981b). Role-taking and social judgment: Alternative developmental perspectives and processes. In J. H. Flavell & L. Ross (Eds.), *Social cognitive development: Frontiers and possible futures* (pp.119–153). New York, NY: Cambridge University Press.

Higgins, E. T. (1987). Self-discrepancy: A theory relating self and affect. *Psychological Review, 94,* 319–340.

Higgins, E. T. (1989a). Continuities and discontinuities in self-regulatory and self-evaluative processes: A developmental theory relating self and affect. *Journal of Personality, 57,* 407–444.

Higgins, E. T. (1989b). Self-discrepancy theory: What patterns of self-beliefs cause people to suffer? In L. Berkowitz (Ed.), *Advances in experimental social psychology* (Vol. 22, pp. 93–136). New York, NY: Academic Press.

Higgins, E. T. (1991). Development of self-regulatory and self-evaluative processes: Costs, benefits, and tradeoffs. In M. R. Gunnar & L. A. Sroufe (Eds.), *Self processes and development: The Minnesota Symposia on Child Psychology,* (Vol. 23, pp. 125–165). Hillsdale, NJ: Erlbaum.

Higgins, E. T. (1992). Achieving "shared reality" in the communication game: A social action that creates meaning. *Journal of Language and Social Psychology, 11,* 107–131.

Higgins, E. T. (1996a). Knowledge activation: Accessibility, applicability, and salience. In E. T. Higgins & A. W. Kruglanski (Eds.), *Social psychology: Handbook of basic principles* (pp. 133–168). New York, NY: Guilford.

Higgins, E. T. (1996b). The "self digest": Self-knowledge serving self-regulatory functions. *Journal of Personality and Social Psychology, 71,* 1062–1083.

Higgins, E. T. (1997). Beyond pleasure and pain. *American Psychologist, 52,* 1280–1300.

Higgins, E. T. (1998a). The "aboutness principle": A pervasive influence on social inference. *Social Cognition, 16,* 173–198.

Higgins, E. T. (1998b). Promotion and prevention: Regulatory focus as a motivational principle. In M. P. Zanna (Ed.), *Advances in experimental social psychology* (Vol. 30, pp. 1–46). New York, NY: Academic Press.

Higgins, E. T. (2000). Making a good decision: Value from fit. *American Psychologist, 55,* 1217–1230.

Higgins, E. T. (2001). Promotion and prevention experiences: Relating emotions to nonemotional motivational states. In J. P. Forgas (Ed.), *Handbook of affect and social cognition* (pp. 186–211). Mahwah, NJ: Erlbaum.

Higgins, E. T. (2005). Humans as applied motivation scientists: Self-consciousness from "shared reality" and "becoming." In H. S. Terrace & J. Metcalfe (Eds.), *The missing link in cognition: Origins of self-reflective consciousness* (pp. 157–173). Oxford, England: Oxford University Press.

Higgins, E. T. (2006). Value from hedonic experience *and* engagement. *Psychological Review, 113,* 439–460.

Higgins, E. T. (2008). Culture and personality: Variability across universal motives as the missing link. *Social and Personality Psychology Compass, 2,* 608–634.

Higgins, E. T. (2012). *Beyond pleasure and pain: How motivation works.* New York, NY: Oxford University Press.

Higgins, E. T., & Brendl, M. (1995). Accessibility and applicability: Some "activation rules" influencing judgment. *Journal of Experimental Social Psychology, 31*, 218–243.

Higgins, E. T., Camacho, C. J., Idson, L. C., Spiegel, S., & Scholer, A. A. (2008). How making the same decision in a "proper way" creates value. *Social Cognition, 26*, 496–514.

Higgins, E. T., & Cornwell, J. F. M. (2016). Securing foundations and advancing frontiers: Prevention and promotion effects on judgment & decision making. *Organizational Behavior and Human Decision Processes, 136*, 56–67.

Higgins, E. T., & Eccles-Parsons, J. (1983). Social cognition and the social life of the child: Stages as subcultures. In E. T. Higgins, D. N. Ruble, and W. W. Hartup (Eds.), *Social cognition and social development: A socio-cultural perspective* (pp. 15–62). New York, NY: Cambridge University Press.

Higgins, E. T., Echterhoff, G., Crespillo, R., & Kopietz, R. (2007). Effects of communication on social knowledge: Sharing reality with individual versus group audiences. *Japanese Psychological Research, 49*, 89–99.

Higgins, E. T., Friedman, R. S., Harlow, R. E., Idson, L. C., Ayduk, O. N., & Taylor, A. (2001). Achievement orientations from subjective histories of success: Promotion pride versus prevention pride. *European Journal of Social Psychology, 31*, 3–23.

Higgins, E. T., Idson, L. C., Freitas, A. L., Spiegel, S., & Molden, D. C. (2003). Transfer of value from fit. *Journal of Personality and Social Psychology, 84*, 1140–1153.

Higgins, E. T., & Pittman, T. (2008). Motives of the *human* animal: Comprehending, managing, and sharing inner states. *Annual Review of Psychology, 59*, 361–385.

Higgins, E. T., & Rholes, W. S. (1978). "Saying is believing": Effects of message modification on memory and liking for the person described. *Journal of Experimental Social Psychology, 14*, 363–378.

Higgins, E. T., Rholes, W. S., & Jones, C. R. (1977). Category accessibility and impression formation. *Journal of Experimental Social Psychology, 13*, 141–154.

Higgins, E. T., Shah, J., & Friedman, R. (1997). Emotional responses to goal attainment: Strength of regulatory focus as moderator. *Journal of Personality and Social Psychology, 72*, 515–525.

Higgins, E. T., & Silberman, I. (1998). Development of regulatory focus: Promotion and prevention as ways of living. In J. Heckhausen & C. S. Dweck (Eds.), *Motivation and self-regulation across the life span* (pp. 78–113). New York, NY: Cambridge University Press.

Hill, J. P., & Lynch, M. E. (1983). The intensification of gender-related expectancies during early adolescence. In J. Brooks-Gunn & A. C. Peterson (Eds.), *Girls at puberty* (pp. 201–228). New York, NY: Plenum.

Hoffman, M. L., & Saltzstein, H. D. (1967). Parental Discipline and the child's moral development. *Journal of Personality and Social Psychology, 5,* 45–57.

Hogg, M. A., & Abrams, D. (1993). Towards a single-process uncertainty reduction model of social motivation in groups. In M. A. Hogg & D. Abrams (Eds.), *Group motivation: Social psychological perspectives* (pp. 173–190). London, England: Harvester Wheatsheaf.

Hogg, M. A., & Rinella, M. J. (2018). Social identities and shared realities. *Current Opinion in Psychology, 23,* 6–10.

Holden, C. (1998). No last word on language origins. *Science, 282,* 1455–1458.

Houston, D. A. (1990). Empathy and the self: Cognitive and emotional influences on the evaluation of negative affect in others. *Journal of Personality and Social Psychology, 59,* 859–868.

Howells, W. W. (1997). *Getting here: The story of human evolution.* Washington, DC: Compass.

Howes, C. (1988). Peer interaction of young children. *Monographs of the Society for Research in Child Development, 53*(1), 217.

Horner, V. K., & Whiten, A. (2005). Causal knowledge and imitation/emulation switching in chimpanzees (Pan troglodytes) and children. *Animal Cognition, 8,* 164–181.

Idson, L. C., & Higgins, E. T. (2000). How current feedback and chronic effectiveness influence motivation: Everything to gain versus everything to lose. *European Journal of Social Psychology, 30,* 583–592.

Idson, L. C., Liberman, N., & Higgins, E. T. (2000). Distinguishing gains from nonlosses and losses from nongains: A regulatory focus perspective on hedonic intensity. *Journal of Experimental Social Psychology, 36,* 252–274.

Idson, L. C., Liberman, N., & Higgins, E. T. (2004). Imagining how you'd feel: The role of motivational experiences from regulatory fit. *Personality and Social Psychology Bulletin, 30,* 926–937.

Jablonka, E., & Lamb, M. J. (2005). *Evolution in four dimensions: Genetic, epigenetic, behavioral, and symbolic variation in the history of life.* Cambridge, MA: MIT Press.

Jacobs, R. C., & Campbell, D. T. (1961). The perpetuation of an arbitrary tradition through several generations of a laboratory microculture. *Journal of Abnormal and Social Psychology, 62,* 649–658.

James, W. (1948). *The principles of psychology.* New York, NY: World Publishing. (Original work published 1890).

Jaswal, V. K., & Markman, E. (2007). Looks aren't everything: 24-month-olds' willingness to accept unexpected labels. *Journal of Cognition and Development, 8,* 93–111.

Johnston, A. M., Byrne, M., Santos, L. R. (2018). What is unique about shared reality? Insights from a new comparison species. *Current Opinion in Psychology, 23,* 30–33.

Jones, E. E., & Davis, K. E. (1965). From acts to dispositions: The attribution process in person perception. In L. Berkowitz (Ed.), *Advances in experimental social psychology* (Vol. 2, pp. 219–266). New York, NY: Academic Press.

Jones, E. E., Davis, K. E., & Gergen, K. J. (1961). Role playing variations and their informational value for person perception. *Journal of Abnormal and Social Psychology, 63,* 302–310.

Jost, J. T., Banaji, M. R., & Nosek, B. A. (2004). A decade of system justification theory: Accumulated evidence of conscious and unconscious bolstering of the status quo. *Political Psychology, 25,* 881–919.

Jost, J. T., & Hunyady, O. (2005). Antecedents and consequences of system-justifying ideologies. *Current Directions in Psychological Science, 14,* 260–265.

Jost, J. T., Ledgerwood, A., & Hardin, C. D. (2008). Shared reality, system justification, and the relational basis of ideological beliefs. *Social and Personality Psychology Compass, 2,* 171–186.

Jost, J. T., Pelham, B. W., Sheldon, O., & Sullivan, B. N. (2003). Social inequality and the reduction of ideological dissonance on behalf of the sysem: Evidence of enhanced system justification among the disadvantaged. *European Journal of Social Psychology, 33,* 13–36.

Jussim, L., Crawford, J. T., & Rubinstein, R. S. (2015). Stereotype (in)accuracy in perceptions of groups and individuals. *Current Directions in Psychological Science, 24,* 490–497.

Kahneman, D., Knetsch, J. K., & Thaler, R. H. (1990). Experimental tests of the endowment effect and the Coase theorem. *Journal of Political Economy, 98,* 1325–1348.

Kahneman, D., Knetsch, J. K., & Thaler, R. H. (1991). The endowment effect, loss aversion, and status quo bias. *Journal of Economic Perspectives, 5,* 193–206.

Kahneman, D., & Tversky, A. (1979). Prospect theory: An analysis of decision under risk. *Econometrica, 47,* 263–291.

Kashima, Y. (2000). Maintaining cultural stereotypes in the serial reproduction of narratives. *Personality and Social Psychology Bulletin, 26,* 594–604.

Kashima, Y., Bratanova, B., & Peters, K. (2018). Social transmission and shared reality in cultural dynamics. *Current Opinion in Psychology, 23,* 15–19.

Kashima, Y., Kashima, E. S., Bain, P., Lyons, A., Tindale, R. S., Robins, G., . . . Whelan, J. (2010). Communication and essentialism: Grounding the shared reality of a social category. *Social Cognition, 28,* 306–328.

Kashima, Y., Lyons, A., & Clark, A. (2013). The maintenance of cultural stereotypes in the conversational retelling of narratives. *Asian Journal of Social Psychology, 16,* 60–70.

Katz, D. (1960). The functional approach to the study of attitudes. *Public Opinion Quarterly, 24,* 163–204.

Keller, H. (1902). *The story of my life.* New York, NY: Grosset & Dunlap.

Kelley, H. H. (1950). The warm-cold variable in first impressions of persons. *Journal of Personality, 18,* 431–439.

Kelley, H. H. (1952). Two functions of reference groups. In G. E. Swanson, T. M. Newcomb, & E. L. Hartley (Eds.), *Readings in social psychology* (2nd ed., pp. 410–420). New York, NY: Holt, Rinehart & Winston.

Kelley, H. H. (1973). The process of causal attribution. *American Psychologist, 28,* 107–128.

Kelman, H. C. (1958). Compliance, identification, and internalization: Three processes of attitude change. *Journal of Conflict Resolution, 2,* 51–60.

Kim, G., & Kwak, K. (2011). Uncertainty matters: impact of stimulus ambiguity on infant social referencing. *Infant Child Development, 20,* 449–463.

Kinzler, K. D., Dupoux, E., & Spelke, E. S. (2007). The native language of social cognition. *Proceedings of the National Academy of Sciences of the United States of America, 104,* 12577–12580.

Kitcher, P. (2011). *The ethical project.* Boston, MA: Harvard University Press.

Knetsch, J. L. (1989). The endowment effect and evidence of nonreversible indifference curves. *American Economic Review, 79,* 1277–1284.

Kochanska, G., Aksan, N., Knaack, A., & Rhines, H. M. (2004). Maternal parenting and children's conscience: Early security as a moderator. *Child Development, 75,* 1229–1242.

Kochanska, G., Casey, R. J., & Fukumoto, A. (1995). Toddlers' sensitivity to standard violations. *Child Development, 66,* 643–656.

Kochanska, G., & Knaack, A. (2003). Effortful control as a personalitycharacteristic of young children: Antecedents, correlates, and consequences. *Journal of Personality, 71,* 1088–1112.

Kochanska, G., Murray, K. T., Jacques, T. Y., Koenig, A. L., & Vandegeest, K. A. (1996). Inhibitory control in young children and its role in emerging internalization. *Child Development, 67,* 490–507.

Krosnick, J. A., & Alwin, D. F. (1989). Aging and susceptibility to attitude change. *Journal of Personality and Social Psychology, 57,* 416–425.

Kruglanski, A. W., Bélanger, J. J., Gelfand, M., Gunaratna, R., Hettiarachchi, M., Reinares, F., . . . Sharvit, K. (2013). Terrorism—a (self) love story: Redirecting the significance quest can end violence. *American Psychologist, 68,* 559–575.

Kruglanski, A. W., Gelfand, M. J., Bélanger, J. J., Sheveland, A., Hetiarachchi, M., & Gunaratna, R. (2014). The psychology of radicalization and deradicalization: How significance quest impacts violent extremism. *Political Psychology, 35,* 69–93.

Kruglanski, A. W., Raviv, A., Bar-Tal, D., Raviv, A., Sharvit, K., Ellis, S., . . . Mannetti, L. (2005). Says who? Epistemic authority effects in social judgment. In M. P. Zanna (Ed.), *Advances in Experimental Social Psychology* (Vol. 37, pp. 345–392). New York, NY: Academic Press.

Kuhl, P. K. (1983). Perception of auditory equivalence classes for speech in early infancy. *Infant Behavior and Development, 6,* 263–285.

Kwang, T., & Swann, W. B., Jr. (2010). Do people embrace praise even when they feel unworthy? A review of critical tests of self-enhancement versus self-verification. *Personality and Social Psychology Review, 14,* 263–280.

Lagattuta, K. H., & Thompson, R. A. (2007). The development of self-conscious emotions. In J. L. Tracy, R. W. Robins, & J. P. Tangney (Eds.), *The self-conscious emotions: Theory and research* (pp. 91–113). New York, NY: Guilford.

Laurenceau, J., Barrett, L. F., & Pietromonaco, P. R. (1998). Intimacy as an interpersonal process: The importance of self-disclosure, partner disclosure, and perceived partner responsiveness in interpersonal exchanges. *Journal of Personality and Social Psychology, 74,* 1238–1251.

Leary, M. R., Tambor, E. S., Terdal, S. K., & Downs, D. L. (1995). Self-esteem as an interpersonal monitor: The sociometer hypothesis. *Journal of Personality and Social Psychology, 68,* 518–530.

Lecky, P. (1945). *Self-consistency: A theory of personality.* New York, NY: Island Press.

Lee, A. Y., & Aaker, J. L. (2004). Bringing the frame into focus: The influence of regulatory fit on processing fluency and persuasion. *Journal of Personality and Social Psychology, 86,* 205–218.

Lee, A. Y., Aaker, J. L., & Gardner, W. L. (2000). The pleasures and pains of distinct self-construals: The role of interdependence in regulatory focus. *Journal of Personality and Social Psychology, 78,* 1122–1134.

Legerstee, M. (1991). The role of person and object in eliciting early imitation. *Journal of Experimental Child Psychology, 51,* 423–433.

Leikin, M. (2012). The effect of bilingualism on creativity: Developmental and educational perspectives. *International Journal of Bilingualism, 17*, 431–447.

Levine, J. M. (1999). Solomon Asch's legacy for group research. *Personality and Social Psychology Review, 3*, 358–364.

Levine, J. M., Alexander, K., & Hansen, T. (2010). Self-control in groups. In R. R. Hassin, K. N. Ochsner, and Y. Trope (Eds.), *Self control in society, mind, and brain* (pp. 449–472). New York: Oxford University Press.

Levine, J. M., Higgins, E. T., & Choi, H-S. (2000). Development of strategic norms in groups. *Organizational Behavior and Human Decision Processes, 82*, 88–101.

Levine, J. M., & Moreland, R. L. (1986). Outcome comparisons in group contexts: Consequences for the self and others. In R. Schwarzer (Ed.), *Self-related cognitions in anxiety and motivation* (pp. 285–303). Hillsdale, NJ: Erlbaum.

Levine, J. M., Resnick, L. B., & Higgins, E. T. (1993). Social foundations of cognition. *Annual Review of Psychology, 44*, 585–612.

Levine, J. M., & Ruback, R. B. (1980). Reaction to opinion deviance: Impact of a fence straddler's rationale on majority evaluation. *Social Psychology Quarterly, 43*, 73–81.

Levine, J. M., & Tindale, R. S. (2015). Social influence in groups. In M. Mikulincer & P. R. Shaver (Eds.), *Handbook of personality and social psychology: Vol. 2. Group processes* (pp. 3–34). Washington, DC: American Psychological Association.

Levinger, G., & Snoek, J. D. (1972). *Attraction in relationship: A new look at interpersonal attraction.* Morristown, NJ: General Learning.

Lewin, K. (1935). *A dynamic theory of personality.* New York, NY: McGraw-Hill.

Lewin, K. (1948). The background of conflict in marriage. In G. Lewin (Ed.), *Resolving social conflicts: Selected papers on group dynamics* (pp. 84–102). New York, NY: Harper.

Lewin, K. (1951). *Field theory in social science.* New York, NY: Harper.

Lewis, M. (1995). Embarassment: The emotion of self-exposure and evaluation. In J. Tangney and K. Fischer (Eds.), *Self-conscious emotions: The psychology of shame, guilt, embarassment and pride* (pp. 198–218). New York: Guilford Press.

Lewis, M. (2003). The role of the self in shame. *Social Research, 70*, 1181–1204.

Lewis, M. (2007). Self-conscious emotional development. In J. L. Tracy, R. W. Robins, & J. P. Tangney (Eds.), *The self-conscious emotions: Theory and research* (pp. 134–149). New York, NY: Guilford.

Lewis, M., Alessandri, S. M., & Sullivan, M. W. (1992). Differences in shame and pride as a function of children's gender and task difficulty. *Child Development, 63*, 630–638.

Liberman, N., Idson, L. C., Camacho, C. J., & Higgins, E. T. (1999). Promotion and prevention choices between stability and change. *Journal of Personality and Social Psychology, 77*, 1135–1145.

Liberman, N., Molden, D. C., Idson, L. C., & Higgins, E. T. (2001). Promotion and prevention focus on alternative hypotheses: Implications for attributional functions. *Journal of Personality and Social Psychology, 80*, 5–18.

Liberman, N., & Trope, Y. (2008). The psychology of transcending the here and now. *Science, 322*, 1201–1205.

Liberman, N., Trope, Y., Stephan, E. (2007). Psychological distance. In A. W. Kruglanski & E. T. Higgins (Eds.), *Social psychology: Handbook of basic principles* (2nd ed., pp. 353–381). New York, NY: Guilford.

Liszkowski, U. (2005). Human twelve-month-olds point co-operatively to share interest with and provide information for a communicative partner. *Gesture, 5*, 135–154.

Liszkowski, U. (2018). Emergence of shared reference and shared minds in infancy. *Current Opinion in Psychology, 23*, 26–29.

Liszkowski, U., Carpenter, M., Henning, A., Striano, T., & Tomasello, M. (2004). Twelve-month-olds point to share attention and interest. *Developmental Science, 7*, 297–307.

Livi, S., Kruglanski, A. W., Pierro, A., Mannetti, L., & Kenny, D. A. (2015). Epistemic motivation and perpetuation of group culture: Effects of need for cognitive closure on trans-generational norm transmission. *Organizational Behavior and Human Decision Processes, 129*, 105–112.

Loevinger, J. (1976). *Ego development: Conceptions and theories.* San Francisco, CA: Jossey-Bass.

Loftus, E. F. (2005). Planting misinformation in the human mind: A 30-year investigation of the malleability of memory. *Learning and Memory, 12*, 361–366.

Loftus, E. F., & Palmer, J. C. (1974). Reconstruction of automobile destruction: An example of the interaction between language and memory. *Journal of Verbal Learning and Verbal Behavior, 13*, 585–589.

Loyd, D. L., Wang, C. S., Phillips, K. W., & Lount, R. B., Jr. (2013). Social category diversity promotes premeeting elaboration: The role of relationship focus. *Organization Science, 24*, 757–772.

Luby, J. L. (2010). Preschool depression: The importance of identification of depression early in development. *Current Directions in Psychological Science, 19*, 91–95.

Lyons, A., & Kashima, Y. (2003). How are stereotypes maintained through communication? The influence of stereotype sharedness. *Journal of Personality and Social Psychology, 85*, 989–1005.

Lyons, D. E., Young, A. G., & Keil, F. C. (2007). The hidden structure of overimitation. *Proceedings of the National Academy of Sciences, 104*, 19751–19756.

Mandler, G. (1975). *Mind and emotion.* New York, NY: Wiley.

Manian, N., Papadakis, A. A., Strauman, T. J., & Essex, M. J. (2006). The development of children's ideal and ought Self-Guides: Parenting, temperament, and individual differences in guide strength. *Journal of Personality, 74*, 1619–1645.

March, J. G. (1994). *A primer on decision making: How decisions happen.* New York, NY: Free Press.

Markman, K. D., McMullen, M. N., Elizaga, R. A., & Mizoguchi, N. (2006). Counterfactual thinking and regulatory fit. *Judgment and Decision Making, 1*, 98–107.

Marks, G., & Miller, N. (1987). Ten years of research on the false consensus effect: An empirical and theoretical review. *Psychological Bulletin, 102*, 72–90.

Markus, H. (1977). Self-schemata and processing information about the self. *Journal of Personality and Social Psychology, 35*, 63–78.

Markus, H., & Kitayama, S. (1991). Culture and the self: Implications for cognition, emotion, and motivation. *Psychological Review, 98*, 224–253.

Markus, H., & Smith, J. (1981). The influence of self-schema on the perception of others. In N. Cantor & J. F. Kihlstrom (Eds.), *Personality, cognition, and social interaction* (pp. 233–262). Hillsdale, NJ: Erlbaum.

Marques, J. M., & Yzerbyt, V. Y. (1988). The black sheep effect: Judgmental extremity towards ingroup members in inter- and intra-group situations. *European Journal of Social Psychology, 18*, 287–292.

Mascolo, M., & Fischer, K. (1995). Developmental transformations in appraisals for pride, shame, and guilt. In J. Tangney & K. Fischer (Eds.), *Self-conscious emotions: The psychology of shame, guilt, embarassment and pride* (pp. 64–113). New York, NY: Guilford.

McGuire, W. J., McGuire, C. V., & Winton, W. (1979). Effects of household sex composition on the salience of one's gender in the spontaneous self-concept. *Journal of Experimental Social Psychology, 15*, 77–90.

Mead, G. H. (1934). *Mind, self, and society*. Chicago, IL: University of Chicago Press.

Merton, R. K. (1957). *Social theory and social structure*. Glencoe, IL: The Free Press.

Milgram, S. (1974). *Obedience to authority*. New York, NY: Harper & Row.

Miller, G. A., Galanter, E., & Pribram, K. H. (1960). *Plans and the structure of behavior*. New York, NY: Holt, Rinehart, & Winston.

Miller, N. E. (1944). Experimental studies of conflict. In J. McV. Hunt (Ed.), *Personality and the behavior disorders* (Vol. 1, pp. 431–465). New York, NY: Ronald Press.

Molden, D. C. (Ed.). (2014). *Understanding priming effects in social psychology* [Special issue], *32*(Suppl).

Molden, D. C., Lucas, G. M., Gardner, W. L., Dean, K., & Knowles, M. L. (2009). Motivations for prevention or promotion following social exclusion: Being rejected versus being ignored. *Journal of Personality and Social Psychology, 96*, 415–431.

Moretti, M. M., & Higgins, E. T. (1999). Internal representations of others in self-regulation: A new look at a classic issue. *Social Cognition, 17*, 186–208.

Moretti, M. M., Higgins, E. T., & Feldman, L. (1990). The self-system in depression: Conceptualization and treatment. In C. D. McCann & N. S. Endler (Eds.), *Depression: New directions in research, theory, and practice* (pp. 127–156). Toronto, ON: Wall & Thompson.

Moses, L. J., Baldwin, D. A., Rosicky, J. G., & Tidball, G. (2001). Evidence for referential understanding in the emotions domain at twelve and eighteen months. *Child Development, 72*, 718–735.

Mumme, D. L., & Fernald, A. (2003). The infant as onlooker: Learning from emotional reactions observed in a television scenario. *Child Development, 74*, 221–237.

Mumme, D. L., Fernald, A., & Herrera, C. (1996). Infants' responses to facial and vocal emotional signals in a social referencing paradigm. *Child Development, 67*, 3219–3237.

Murray, S. L., Holmes, J. G., & Griffin, D. W. (1996). The self-fulfilling nature of positive illusions in romantic relationships: Love is not blind, but prescient. *Journal of Personality and Social Psychology, 71*, 1155–1180.

Navon, D. (1977). Forest before trees: The precedence of global features in visual perception. *Cognitive Psychology, 9*, 353–383.

Nelson, K. (1992). Emergence of autobiographical memory at age 4. *Human Development, 35*, 172–177.

Nelson, K. (2003). Narrative and self, myth, and memory: Emergence of a cultural self. In R. Fivush and C. A. Haden (Eds.), *Autobiographical memory and the construction of a narrative self: Developmental and cultural perspectives* (pp. 72–90). Mahwah, NJ: Erlbaum.

Nelson, K. (2005). Emerging levels of consciousness in early human development. In H. S. Terrace & J. Metcalfe (Eds.), *The missing link in cognition: Origins of self-reflective consciousness* (pp. 116–141). Oxford, England: Oxford University Press.

Nelson, K. (2007). *Young minds in social worlds: Experience, meaning, and memory.* Boston, MA: Harvard University Press.

Newcomb, T. M. (1958). Attitude development as a function of reference groups: The Bennington study. In E. E. Maccoby, T. M. Newcomb, & E. L. Hartley (Eds.), *Readings in social psychology* (2nd ed., pp. 265–275). New York, NY: Holt, Rinehart & Winston.

Newcomb, T. M., Koenig, K. E., Flacks, R., & Warwick, D. P. (1967). *Persistence and change: Bennington College and its students after years.* New York, NY: Wiley.

Neuman, L. S., Higgins, E. T., & Vookles, J. (1992). Self-guide strength and emotional vulnerability: Birth order as a moderator of self-affect relations. *Personality and Social Psychology Bulletin, 18,* 402–411.

Nielsen, M. (2006). Copying actions and copying outcomes: Social learning through the second year. *Developmental Psychology, 42,* 555–565.

Norman, R. (1976). When what is said is important: A comparison of expert and attractive sources. *Journal of Experimental Social Psychology, 12,* 294–300.

Parten, M. B. (1932). Social participation among pre-school children. *Journal of Abnormal and Social Psychology, 27,* 243–269.

Pelham, B. W., & Swann, W. B. (1994). The juncture of intrapersonal and interpersonal knowledge: Self-certainty and interpersonal congruence. *Personality and Social Psychology Bulletin, 20,* 349–357.

Pennington, G. I., & Roese, N. J. (2003). Regulatory focus and temporal distance. *Journal of Experimental Social Psychology, 39,* 563–576.

Perreault, C., Brantingham, P. J., Kuhn, S. L., Wurz, S., & Gao, X (2013). Measuring the complexity of lithic technology. *Current Anthropology, 54* (Suppl 8), S397–S406.

Phillips, K. W., Liljenquist, K., & Neale, M. A. (2009). Is the pain worth the gain? The advantages and liabilities of agreeing with socially distinct newcomers. *Personality and Social Psychology Bulletin, 35,* 336–350.

Pinel, E. C., Long, A. E., Landau, M. J., Alexander, K., & Pyszczynski, T. (2006). Seeing I to I: A pathway to interpersonal connectedness. *Journal of Personality and Social Psychology, 90,* 243–257.

Piaget, J. (1926). *The language and thought of the child.* New York: Harcourt Brace.

Piaget, J. (1962/1951). *Play, dreams and imitation in childhood.* New York: Norton.

Piaget, J. (1965). *The moral judgment of the child.* New York, NY: Free Press. (Original translation published 1932)

Piaget, J. (1970). Piaget's theory. In P. H. Mussen (Ed.), *Carmichael's manual of child psychology* (3rd ed., Vol. 1, pp. 703–732). New York, NY: Wiley.

Pianta, R. C., Rimm-Kaufman, S. E., & Cox, M. J. (1999). Introduction: An ecological approach to kindergarten transition. In R. C. Pianta & M. J. Cox (Eds.), *The transition to kindergarten* (pp.3–12). Baltimore, MD: Brookes.

Piers, G., & Singer, M. B. (1971). *Shame and guilt.* New York, NY: Norton.

Przybylinski, E., & Andersen, S. M. (2015). Systems of meaning and transference: Implicit significant-other activation evokes shared reality. *Journal of Personality and Social Psychology, 109,* 636–661.

Reis, H. T., & Patrick, B. C. (1996). Attachment and intimacy: Component processes. In E. T. Higgins & A. W. Kruglanski (Eds.), *Handbook of personal relationships* (pp. 523–563). New York, NY: Guilford.

Reis, H. T., & Shaver, P. (1988). Intimacy as an interpersonal process. In S. Duck (Ed.), *Handbook of personal relationships* (pp. 367–389). Chichester, England: Wiley.

Reis, H. T., Smith, S. M., Carmichael, C. L., Caprariello, P. A., Tsai, F., Rodrigues, A., & Maniaci, M. R. (2010). Are you happy for me? how sharing positive events with others provides personal and interpersonal benefits. *Journal of Personality and Social Psychology, 99,* 311–329.

Reznik, I., & Andersen, S. M. (2007). Agitation and despair in relation to parents: Activating emotional suffering in transference. *European Journal of Personality, 21,* 281–301.

Rholes, W. S., Blackwell, J., Jordan, C., & Walters, C. (1980). A developmental study of learned helplessness. *Developmental Psychology, 16,* 616–624.

Rholes, W. S., & Ruble, D. N. (1984). Children's understanding of dispositional characteristics of others. *Child Development, 4,* 550–560.

Robson, D. (2013, January 14). There really are 50 Eskimo words for "snow." *Washington Post.* Retrieved from http://www.washingtonpost.com

Rokeach, M. (1973). *The nature of human values.* New York, NY: Free Press.

Rogers, C. R. (1959). A theory of therapy, personality, and interpersonal relationships, as developed in the client-centered framework. In S. Koch (Ed.), *Psychology: A study of a science: Vol. 3. Formulations of the person and the social context* (pp. 184–256). New York, NY: McGraw-Hill.

Rogers, C. R. (1961). *On becoming a person.* Boston, MA: Houghton Mifflin.

Rogers, T. B. (1981). A model of the self as an aspect of the human information processing system. In N. Cantor & J. F. Kihlstrom (Eds.), *Personality, cognition and social interaction* (pp. 193–214). Hillsdale, NJ: Erlbaum.

Rogoff, B. (1990). *Apprenticeship in thinking: Cognitive development in social context.* New York, NY: Oxford University Press.

Rogoff, B. (2003). *The cultural nature of human development.* New York, NY: Oxford University Press.

Rogoff, B., Paradise, R., Mejia Arauz, R., Correa-Chavez, M., & Angelillo, C. (2003). Firsthand learning through intent participation. *Annual Review of Psychology, 54,* 175–203.

Rommetveit, R. (1974). *On message structure: A framework for the study of language and communication.* New York, NY: Wiley.

Rosati, M. (2009). *Ritual and the sacred: A Neo-Durkheimian analysis of politics, religion and the self.* New York, NY: Routledge.

Rosenberg, M. (1965). *Society and the adolescent self-image.* Princeton, NJ: Princeton University Press.

Rosenberg, M. (1979). *Conceiving the self.* Malabar, FL: Krieger.

Rosenthal, R., & Jacobson, L. (1968). *Pygmalion in the classroom: Teacher expectancies and pupils' intellectual development.* New York, NY: Holt, Rinehart & Winston.

Ross, L., Bierbrauer, G., & Hoffman, S. (1976). The role of attribution processes in conformity and dissent: Revisiting the Asch situation. *American Psychologist, 31,* 148–157.

Ross, L., Greene, D., & House, P. (1977). The "false consensus effect": An egocentric bias in social perception and attribution precesses. *Journal of Experimental Social Psychology, 13,* 279–301.

Rossano, M. J. (2012). The essential role of ritual in the transmission and reinforcement of social norms. *Psychological Bulletin, 138,* 529–549.

Rossignac-Milon, M., Bolger, N., & Higgins, E. T. (2016, July). *Shared reality increases closeness in romantic and unacquainted dyads.* Paper presented at the International Association for Relationship Research Conference, Toronto, ON.

Rossignac-Milon, M., & Higgins, E. T. (2018a). Beyond intrapersonal cognitive consistency: Shared reality and the interpersonal motivation for truth. *Psychological Inquiry, 29*, 86–93.

Rossignac-Milon, M., & Higgins, E. T. (2018b). Epistemic companions: Shared reality development in close relationships. *Current Opinion in Psychology, 23*, 66–71.

Roth, M. T. (1997). *Law collections from Mesopotamia and Asia Minor* (2nd ed.). Atlanta, GA: Society of Biblical Literature.

Ruble, D. N. (1983). The development of social comparison processes and their role in achievement-related self-socialization. In E. T. Higgins, D. N. Ruble, & W. W. Hartup (Eds.), *Social cognition and social development: A socio-cultural perspective.* (pp. 134–157). New York, NY: Cambridge University Press.

Ruble, D. N., & Rholes, W. S. (1981). The development of children's perceptions and attributions about their social world. In J. D. Harvey, W. Ickes, & R. F. Kidd (Eds.), *New directions in attribution research* (Vol. 3, pp. 3–36). Hillsdale, NJ: Erlbaum.

Rusbult, C. E., Finkel, E. J., & Kumashiro, M. (2009). The Michelangelo phenomenon. *Current Directions in Psychological Science, 18*, 305–309.

Rusbult, C. E., & Van Lange, P. A. M. (2003). Interdependence, interaction, and relationships. *Annual Review of Psychology, 54*, 351–375.

Rutter, D. R., & Durkin, K. (1987). Turn-taking in mother–infant interaction: An examination of vocalizations and gaze. *Developmental Psychology, 23*, 54–61.

Saarni, C. (2000). Emotional competence: A developmental perspective. In R. Bar-On & J. D. A. Parker (Eds.), *The handbook of emotional intelligence: Theory, development, assessment, and application at home, school, and in the workplace* (pp. 68–91). San Francisco, CA: Wiley.

Saarni, C., Campos, J. J., Camras, A., & Witherington, D. (2006). Emotional development: Action, communication, and understanding. In N. Eisenberg (Ed.), *Handbook of child psychology: Vol. 3. Social, emotional, and personality development* (6th ed., pp. 226–299). Hoboken, NJ: Wiley.

Sapir, E. (1928). The unconscious patterning of behavior in society. In *The unconscious: A symposium* (pp. 114–142). New York, NY: Knopf.

Sarbin, T. R. (1952). A preface to a psychological analysis of the self. *Psychological Review, 59*, 11–22.

Sarbin, T. R., & Allen, V. L. (1968). Role theory. In G. Lindzey & E. Aronson (Eds.), *Handbook of social psychology* (2nd ed., Vol. 1, pp. 488–567). Reading, MA: Addison-Wesley.

Sassenberg, K., & Hansen, N. (2007). The impact of regulatory focus on affective responses to social discrimination. *European Journal of Social Psychology, 37,* 421–444.

Schachter, S. (1959). *The psychology of affiliation.* Stanford, CA: Stanford University Press.

Schachter, S. (1964). The interaction of cognitive and physiological determinants of emotional state. In L. Berkowitz (Ed.), *Advances in experimental social psychology* (Vol. 1, pp. 49–80). New York, NY: Academic Press.

Schachter, S., & Singer, J. E. (1962). Cognitive, social and physiological determinants of emotional state. *Psychological Review, 69,* 379–399.

Schmidt, M. F. H., Rakoczy, H., & Tomasello, M. (2012). Young children enforce social norms selectively depending on the violator's group affiliation. *Cognition, 124,* 325–333.

Scholer, A. A., Ozaki, Y., & Higgins, E. T. (2014). Inflating and deflating the self: Sustaining motivational concerns through self-evaluation. *Journal of Experimental Social Psychology, 51,* 60–73.

Scholer, A. A., Zou, X., Fujita, K., Stroessner, S. J., & Higgins, E. T. (2010). When risk-seeking becomes a motivational necessity. *Journal of Personality and Social Psychology, 99,* 215–231.

Schneider, D. J. (2004). *The psychology of stereotyping.* New York, NY: Guilford.

Schwartz, S. H. (1992). Universals in the content and structure of values: Theoretical advances and empirical tests in 20 countries. In M. P. Zanna (Ed.), *Advances in experimental social psychology* (Vol. 25, pp. 1–65). New York, NY: Academic Press.

Schwebel, D. C., Rosen, C. S., & Singer, J. L. (1999). Preschoolers' pretend play and theory of mind: The role of jointly constructed pretence. *British Journal of Developmental Psychology, 17,* 333–348.

Seibt, B., & Förster, J. (2004). Stereotype threat and performance: How self-stereotypes influence processing by inducing regulatory foci. *Journal of Personality and Social Psychology, 87,* 38–56.

Selman, R. L. (1980). *The growth of interpersonal understanding: Developmental and clinical analyses.* New York, NY: Academic Press.

Selman, R. L., & Byrne, D. F. (1974). A structural-developmental analysis of levels of role-taking in middle childhood. *Child Development, 45,* 803–806.

Semin, G. R. (2000). Agenda 2000: Communication: Language as an implementational device for cognition. *European Journal of Social Psychology, 30,* 595–612.

Semin, G. R., & Fiedler, K. (1988). The cognitive functions of linguistic categories in describing persons: Social cognition and language. *Journal of Personality and Social Psychology, 54,* 558–568.

Semin, G. R., & Fiedler, K. (1991). The linguistic category model, its bases, applications and range. In W. Stroebe & M. Hewstone (Eds.), *European review of social psychology* (Vol. 2, pp. 1–50). Chichester, England: Wiley.

Semin, G. R., Higgins, E. T., Gil de Montes, L., Estourget, Y., & Valencia, J. F. (2005). Linguistic signatures of regulatory focus: How abstraction fits promotion more than prevention. *Journal of Personality and Social Psychology, 89,* 36–45.

Shah, J. (2003). The motivational looking glass: How significant others implicitly affect goal appraisals. *Journal of Personality and Social Psychology, 85,* 424–439.

Shah, J. Y., Brazy, P. C., & Higgins, E. T. (2004). Promoting us or preventing them: Regulatory focus and manifestations of intergroup bias. *Personality and Social Psychology Bulletin, 30,* 433–446.

Shantz, C. U. (1983). Social cognition. In J. H. Flavell & E. M. Markman (Eds.), *Carmichael's manual of child psychology: Vol. 3. Cognitive development* (P. H. Mussen, Gen. ed., 4th ed., pp. 495–555.). New York, NY: Wiley.

Sherif, M. (1936). *The psychology of social norms.* New York, NY: Harper & Brothers.

Sherif, M., Harvey, O., White, B., Hood, W., & Sherif, C. (1961). *Intergroup conflict and cooperation: The robber's cave experiment.* Norman, OK: Institute of Group Relations, University of Oklahoma.

Shteynberg, G. (2015). Shared attention. *Perspectives on Psychological Science, 10,* 579–590.

Shteynberg, G. (2018). A collective perspective: Shared attention and the mind. *Current Opinion in Psychology, 23,* 93–97.

Shteynberg, G., & Apfelbaum, E. (2013). The power of shared experience: Simultaneous observation with similar others facilitates social learning. *Social Psychological & Personality Science, 4,* 738–744.

Shteynberg, G., Hirsh, J. B., Apfelbaum, E. P., Larsen, J. T., Galinsky, A. D., & Roese, N. J. (2014). Feeling more together: Group attention intensifies emotion. *Emotion, 14,* 1102–1114.

Shweder, R. A., Mahapatra, M., & Miller, J. G. (1987). Culture and moral development. In J. Kagan & S. Lamb (Eds.), *The emergence of morality in young children* (pp. 1–83). Chicago, IL: University of Chicago Press.

Sinclair, S., Hardin, C. D., & Lowery, B. S. (2006). Self-stereotyping in the context of multiple social identities. *Journal of Personality and Social Psychology, 90*, 529–542.

Sinclair, S., Lowery, B. S., Hardin, C. D., & Colangelo, A. (2005). Social tuning of automatic racial attitudes: The role of affiliative motivation. *Journal of Personality and Social Psychology, 89*, 583–592.

Smith, M. B., Bruner, J. S., & White, R. W. (1956). *Opinions and personality.* New York, NY: Wiley.

Smith, T. M., Tafforeau, P., Reid, D. J., Pouech, J., Lazzari, V., Zermeno, J. P., . . . Hublin, J-J. (2010). Dental evidence for ontogenetic differences between modern humans and Neanderthals. *Proceedings of the National Academy of Sciences of the United States of America, 107*, 20923–20928.

Sorce, J. F., Emde, R. N., Campos, J., & Klinnert, M. D. (1985). Maternal emotional signaling: its effect on the visual cliff behavior of 1-year-olds. *Developmental Psychology, 21*, 195–200.

Spelke, E. S. (2013). Developmental sources of social divisions. In A. M. Battro, S. Dehaene, and W. J. Singer (Eds.), *The proceedings of the Working Group on neurosciences and the human person: New perspectives on human activities. Pontifical Academy of Sciences, Scripta Varia, 121.* Vatican City.

Spiegel, S., Grant-Pillow, H., & Higgins, E. T. (2004). How regulatory fit enhances motivational strength during goal pursuit. *European Journal of Social Psychology, 34*, 39–54.

Stasser, G. (1992). Pooling of unshared information during group discussion. In S. Worchel, W. Wood, & J. A. Simpson (Eds.), *Group process and productivity* (pp. 48–67). Newbury Park, CA: SAGE.

Stasser, G. (1999). The uncertain role of unshared information in collective choice. In L. L. Thompson, J. M. Levine, & D. M. Messick (Eds.), *Shared cognition in organizations: The management of knowledge* (pp. 49–69). Hillsdale, NJ: Erlbaum.

Stenberg, G. (2009). Selectivity in infant social referencing. *Infancy, 14*, 457–473.

Stephen, T. D. (1984). A symbolic exchange framework for the development of intimate relationships. *Human Relations, 37*, 393–408.

Stern, D. N. (1985). *The interpersonal world of the infant.* New York, NY: Basic Books.

Stern, W. (1914). *Psychologie der fruehen Kindheit.* Leipzig, Germany: Quelle & Meyer.

Stipek, D. (1995). The development of pride and shame in toddlers. In J. Tangney & K. Fischer (Eds.), *Self-conscious emotions: The psychology of shame, guilt, embarrassment and pride* (pp. 237–252). New York, NY: Guilford.

Stipek, D., Recchia, S., & McClintic, S. (1992). Self-evaluation in young children. *Monographs of the Society for Research in Child Development, 57,* 1–84.

Stoner, J. A. F. (1961). *A comparison of individual and group decisions involving risk.* Unpublished MA thesis, MIT.

Stoner, J. A. F. (1968). Risky and cautious shifts in group decisions: The influence of widely held values. *Journal of Experimental Social Psychology, 4,* 442–459.

Stout, D. (2011). Stone toolmaking and the evolution of human culture and cognition. *Philosophical Transactions of the Royal Society B: Biological Sciences, 366,* 1050–1059.

Striano, T., Reid, V. M., & Hoehl, S. (2006). Neural mechanisms of joint attention in infancy. *European Journal of Neuroscience, 23,* 2819–2823.

Stryker, S. (1980). *Symbolic interactionism.* Mendo Park, CA: Benjamin/Cummings.

Stryker, S., & Statham, A. (1985). Symbolic interaction and role theory. In G. Lindzey & E. Aronson (Eds.), *Handbook of social psychology* (Vol. 1, pp. 311–378). New York, NY: Random House.

Suddendorf, T. (2013). *The gap: The science of what separates us from other animals.* New York, NY: Basic Books.

Sullivan, H. S. (1953). *The collected works of Harry Stack Sullivan: Vol. 1. The interpersonal theory of psychiatry.* Edited by H. S. Perry & M. L. Gawel. New York, NY: Norton.

Svetlova, M., Nichols, S. R., & Brownell, C. A. (2010). Toddlers' prosocial behavior: From instrumental to empathic to altruistic helping. *Child Development, 81,* 1814–1827.

Swann, W. B., Jr. (1984). Quest for accuracy in person perception: A matter of pragmatics. *Psychological Review, 91,* 457–477.

Swann, W. B., Jr. (1990). To be adored or to be known? The interplay of self-enhancement and self-verification. In E. T. Higgins & R. M. Sorrentino (Eds.), *Handbook of motivation and cognition: Foundations of social behavior* (Vol. 2, pp. 408–448). New York, NY: Guilford.

Swann, W. B., Jr., & Buhrmester, M. D. (2015). Identity fusion. *Current Directions in Psychological Science, 25,* 52–57.

Swann, W. B., Jr., Buhrmester, M. D., Gómez, Á., Jetten, J., Bastian, B., Vázquez, A., . . . Zhang, A. (2014). What makes a group worth dying for? Identity fusion fosters perception of familial ties, promoting self-sacrifice. *Journal of Personalilty and Social Psychology, 106,* 912–926.

Swann, W. B., Jr., Hixon, J. G., Stein-Seroussi, A., & Gilbert, D. T. (1990). The fleeting gleam of praise: Cognitive processes underlying behavioral reactions to self-relevant feedback. *Journal of Personalilty and Social Psychology, 59,* 17–26.

Swann, W. B., Jr., Jetten, J., Gómez, Á., Whitehouse, H., & Bastian, B. (2012). When group membership gets personal: A theory of identity fusion. *Psychological Review, 119,* 441–456.

Tajfel, H. (1974). Social identity and intergroup behavior. *Social Science Information, 13,* 65–93.

Tajfel, H. (1981). *Human groups and social categories: Studies in social psychology.* Cambridge: Cambridge University Press.

Tajfel, H. (1982). Social psychology of intergroup relations. *Annual Review of Psychology, 33,* 1–39.

Tajfel, H., Flament, C., Billig, M., & Bundy, R. P. (1971). Social categorization and intergroup behavior. *European Journal of Social Psychology, 1,* 149–178.

Tajfel, H., & Turner, J. C. (1979). An integrative theory of intergroup conflict. In W. G. Austin & S. Worchel (Eds.), *The social psychology of intergroup relations* (pp. 33–47). Monterey, CA: Brooks/Cole.

Tamis-LeMonda, C. S., Bornstein, M. H., & Baumwell, L. (2001). Maternal responsiveness and children's achievement. *Child Development, 72,* 748–767.

Terrace, H. S. (2005). Metacognition and the evolution of language. In H. S. Terrace & J. Metcalfe (Eds.), *The missing link in cognition: Origins of self-reflective consciousness* (pp. 84–115). Oxford, England: Oxford University Press.

Thaler, R. H. (1980). Toward a positive theory of consumer choice. *Journal of Economic Behavior and Organization, 1,* 39–60.

Thompson, R. A. (2006). The development of the person: Social understanding, relationships, conscience, self. In N. Eisenberg (Ed.), *Handbook of child psychology: Vol. 3. Social, emotional, and personality development* (6th ed., pp. 24–98). Hoboken, NJ: Wiley.

Tomasello, M. (2014). *A natural history of human thinking.* Cambridge, MA: Harvard University Press.

Tomasello, M., Carpenter, M., Call, J., Behne, T., & Moll, H. (2005). Understanding and sharing intentions: The origins of cultural cognition. *Behavioral and Brain Sciences, 28,* 675–735.

Tomasello, M., Carpenter, M., & Liszkowski, U. (2007). A new look at infant pointing. *Child Development, 78,* 705–722.

Trevarthen, C. (1979). Commuication and cooperation in early infancy: A description of primary intersubjectivity. In M. Bullowa (Ed.), *Before speech. The beginning of interpersonal communication.* New York, NY: Caambridge University Press.

Triandis, H. C. (1989). The self and social behavior in differing cultural contexts. *Psychological Review, 93,* 506–520.

Trope, Y., & Liberman, N. (2003). Temporal construal. *Psychological Review, 110,* 403–421.

Trope, Y., & Liberman, N. (2010). Construal-level theory of psychological distance. *Psychological Review, 117,* 440–463.

Turiel, E. (2006). The development of morality. In N. Eisenberg (Ed.), *Handbook of child psychology: Vol. 3. Social, emotional, and personality development* (6th ed., pp. 646–718). Hoboken, NJ: Wiley.

Turner, J. C., Hogg, M. A., Oakes, P. J., Reicher, S. D., & Wetherell, M. S. (1987). *Rediscovering the social group: A self-categorization theory.* Oxford, England: Blackwell.

Van Dijk, D., & Kluger, A. N. (2004). Feedback sign effect on motivation: Is it moderated by regulatory focus? *Applied Psychology: An International Review, 53,* 113–135.

Van Dijk, T. A. (1977). Context and cognition: Knowledge frames and speech act comprehension. *Journal of Pragmatics, 1,* 211–232.

Van Hook, E., & Higgins, E. T. (1988). Self-related problems beyond the self-concept: The motivational consequences of discrepant self-guides. *Journal of Personality and Social Psychology, 55,* 625–633.

Vygotsky, L. S. (1962). *Thought and language.* Translated by E. Hanfmann & G. Vakar. Cambridge, MA: MIT Press.

Vygotsky, L. S. (1978). *Mind in society: Development of higher psychological processes.* Edited by M. Cole. Cambridge, MA: Harvard University Press.

Wameken, F., Chen, F., & Tomasello, M. (2006). Cooperative activities in young children and chimpanzees. *Child Development, 77,* 640–663.

Warneken, F., & Tomasello, M. (2007). Helping and cooperation at 14 months of age. *Infancy, 11,* 271–294.

Watson, A. J., & Valtin, R. (1997). Secrecy in middle childhood. *International Journal of Behavioral Development, 21,* 431–452.

Wellman, H. M. (2014). *Making minds: How theory of mind develops.* New York, NY: Oxford University Press.

Wellman, H. M., Cross, D., & Watson, J. (2001). Meta-analysis of theory-of-mind development: The truth about false belief. *Child Development, 72,* 655–684.

Werker, J. F., & Tees, R. C. (1984). Cross-language speech perception: Evidence for perceptual reorganization during the first year of life. *Infant Behavior and Development, 7,* 49–63.

Whitehouse, H., McQuinn, B., Buhrmester, M., & Swann, W. B., Jr. (2014). Brothers in arms: Libyan revolutionaries bond like family. *Proceedings of the National Academy of Sciences, 111,* 17783–17785.

Whiten, A., McGuigan, N., Marshall-Pescini, S., & Hopper, L. M. (2009). Emulation, imitation, over-imitation and the scope of culture for child and chimpanzee. *Philosophical Transactions of the Royal Society B, 364,* 2417–2428.

Whiting, B. B., & Whiting, J. W. M. (1975). *Children of six cultures: A psycho-cultural analysis.* Cambridge, MA: Harvard University Press.

Whorf, B. L. (1956). *Language, thought and reality.* Boston, MA: MIT Press.

Wiener, N. (1948). *Cybernetics: Control and communication in the animal and the machine.* Cambridge, MA: MIT Press.

Wiessner, P. W. (2014). Embers of society: Firelight talk among the Ju/'hoansi Bushmen. *PNAS, 111,* 14027–14035.

Wimmer, H., & Perner, J. (1983). Beliefs about beliefs: Representation and constraining function of wrong beliefs in young children's understanding of deception. *Cognition, 13,* 103–128.

Winnicott, D. W. (1965). Ego distortion in terms of true and false self. In his *The maturational process and the facilitating environment: Studies in the theory of emotional development* (pp. 140–152). New York, NY: International Universities Press.

Wittgenstein, L. (1953). *Philosophical investigations.* New York, NY: Macmillan.

Word, C. O., Zanna, M. P., & Cooper, J. (1974). The nonverbal mediation of self-fulfilling prophecies on interracial interaction. *Journal of Experimental Social Psychology, 10,* 109–120.

Wrangham, R. (2009). *Catching fire: How cooking made us human.* New York, NY: Basic Books.

Wright, D. B., Self, G., & Justice, C. (2000). Memory conformity: Exploring the misinformation effects when presented by another person. *British Journal of Psychology, 91,* 189–202.

Wu, Z., & Su, Y. (2014). How do preschoolers' sharing behaviors relate to their theory of mind understanding? *Journal of Experimental Child Psychology, 120,* 73–86.

Yamagishi, T., Hashimoto, H., Cook, K. S., & Li, Y. (2012). Modesty in self-presentation: A comparison between the USA and Japan. *Asian Journal of Social Psychology, 15,* 60–68.

Youniss, J. (1980). *Parents and peers in social development.* Chicago, IL: University of Chicago Press.

Zahn-Waxler, C., Radke-Yamow, M., Wagner, E., & Chapman, M. (1992). Development of concern for others. *Developmental Psychology, 28*, 126–136.

Zajonc, R. B. (1960). The process of cognitive tuning and communication. *Journal of Abnormal and Social Psychology, 61*, 159–167.

Zeigarnik, B. (1938). On finished and unfinished tasks. In W. D. Ellis (Ed.), *A source book of gestalt psychology* (pp. 300–314). New York, NY: Harcourt, Brace, & World.

Zou, X., Scholer, A. A., & Higgins, E. T. (2014). In pursuit of progress: Promotion motivation and risk preference in the domain of gains. *Journal of Personality and Social Psychology, 106*, 183–201.

索 引 ①

标有字母 *f* 的页码代表图，标有字母 *t* 的页码代表表。

---

① 索引中的页码为英文原书页码，即本书边码，见于正文侧边。——译者注

译后记

  托里·希金斯（E. Tory Higgins）在我眼中是一位伟大的理论心理学家。他的调节定向理论和自我不一致理论（也译为自我差异理论）不仅是社会心理学家耳熟能详的经典理论，也被广泛地应用于各个研究领域。我仍清晰地记得与一位生物与农业工程学专业的教授探讨她如何将调节定向理论应用于健康经济领域的研究课题。因此，在接到本书的翻译任务时，我非常兴奋能够将"共享现实"这一相对较新的动机理论进行传播和推广，也预期它在未来的科学研究中有广泛的应用价值。

  虽然这本书适合有一定心理学背景和基础的人作为参考书，但它读起来并不晦涩难懂。希望感兴趣的读者在阅读本书的过程中能与我"共享现实"。

  本书已经是我第二次同中国人民大学出版社合作，在此感谢郦益编辑一直以来的信任。感谢杨宜音老师前期对我的鼓励，以及蒋奖老师提供的相关文献。在你们的支持下，我才有信心接受并完成这项翻译工作。最后，本书也得到2022年度国家社会科学基金重点项目（22ASH016）的支持。

张彦彦

2024 年 1 月 11 日

图书在版编目（CIP）数据

共享现实：是什么让我们成为人类 /（美）托里·
希金斯（E. Tory Higgins）著；张彦彦译 . -- 北京：
中国人民大学出版社，2024.2
书名原文：Shared Reality: What Makes Us Strong
and Tears Us Apart
ISBN 978-7-300-32507-1

Ⅰ.①共… Ⅱ.①托… ②张… Ⅲ.①心理学—研究
Ⅳ.① B84

中国国家版本馆 CIP 数据核字（2024）第 005327 号

共享现实

是什么让我们成为人类

[美] 托里·希金斯　著

张彦彦　译

Gongxiang Xianshi

出版发行	中国人民大学出版社	
社　　址	北京中关村大街 31 号	**邮政编码**　100080
电　　话	010-62511242（总编室）	010-62511770（质管部）
	010-82501766（邮购部）	010-62514148（门市部）
	010-62515195（发行公司）	010-62515275（盗版举报）
网　　址	http://www.crup.com.cn	
经　　销	新华书店	
印　　刷	北京联兴盛业印刷股份有限公司	
开　　本	720 mm × 1000 mm　1/16	**版　　次**　2024 年 2 月第 1 版
印　　张	26 插页 3	**印　　次**　2024 年 2 月第 1 次印刷
字　　数	302 000	**定　　价**　128.00 元